ROSWITHA WISNIEWSKI

KREUZZUGSDICHTUNG

IMPULSE DER FORSCHUNG

Band 44

ROSWITHA WISNIEWSKI

KREUZZUGSDICHTUNG

Idealität in der Wirklichkeit

1984

WISSENSCHAFTLICHE BUCHGESELLSCHAFT

DARMSTADT

CIP-Kurztitelaufnahme der Deutschen Bibliothek

Wisniewski, Roswitha:
Kreuzzugsdichtung: Idealität in d. Wirklichkeit / Roswitha Wisniewski. – Darmstadt: Wissenschaftliche Buchgesellschaft, 1984.
(Impulse der Forschung; Bd. 44)
ISBN 3-534-08393-8
NE: GT

12345

Bestellnummer 8393-8

Satz: Maschinensetzerei Janß, Pfungstadt
Druck und Einband: Wissenschaftliche Buchgesellschaft, Darmstadt
Printed in Germany
Schrift: Linotype Garamond, 9/11

ISSN 0174-0687
ISBN 3-534-08393-8

INHALT

EINLEITUNG

Der Beschäftigung mit Literatur, die im Zusammenhang mit den Kreuzzügen entstand, wohnt heute eine gewisse Aktualität inne, obwohl die Ereignisse schon mehr als 800 Jahre zurückliegen. In den Ländern des Nahen Ostens reißen die Auseinandersetzungen zwischen Moslems, Juden und Christen nicht ab. Vor allem der Libanon, einst blühendstes Levante-Land, ist durch die Kämpfe zerstört und politisch zerrissen. Das läßt den Blick zurückwandern ins Mittelalter und zu den Spannungen, die damals in denselben Landstrichen herrschten.

Die vorliegende Studie will einen Beitrag leisten zur literargeschichtlichen Aufarbeitung der sogenannten Kreuzzugsdichtung, worunter Dichtungen verstanden werden, die mit den Kriegszügen ins Heilige Land zwischen dem 11. und dem 14. Jahrhundert in Verbindung zu bringen sind. Das Corpus der untersuchten Texte wird begrenzt auf die Kreuzzugslyrik. Es werden außerdem einige frühmittelhochdeutsche Texte herangezogen, die nicht explizit auf die Kreuzzüge Bezug nehmen, jedoch von ihrem Inhalt her in die geistige Auseinandersetzung mit dem Islam hineingehören. Denn die geistige Auseinandersetzung des Christentums mit dem Islam soll im Mittelpunkt der Darstellung stehen. Diese Auseinandersetzung ist für die Dichtungen, die hier analysiert werden sollen, von größerer Bedeutung als die auf ihr basierenden kriegerischen Zusammenstöße. Es ist nicht beabsichtigt, eine umfassende Beschreibung der mittelhochdeutschen Kreuzzugslyrik zu geben. Vielmehr werden allgemeinere und zugleich speziellere Fragen gestellt. Sie kreisen um die Wirklichkeitsdeutung, die sich in diesen Dichtungen findet, soweit sie im Zusammenhang mit dem Islam und mit den Kreuzzügen steht. Dazu werden einige Prämissen zugrunde gelegt.

1. Es wird ein Wirklichkeitsverständnis akzeptiert, das für das Mittelalter unangefochten gültig war und das auch heute noch von vielen Menschen für richtig erachtet wird. Danach umfaßt die Wirklichkeit nicht nur das materielle und geistig-seelische Sein der diesseitigen, erfahrbaren Welt, sondern auch das reine Sein eines Jenseits, einer Transzendenz, die dem menschlichen Erkennen überhaupt nicht oder nur in eingeschränktem Maße zugänglich ist. Diesseits und Jenseits sind in den Dichtungen des Mittelalters aufeinander bezogen und für den Menschen untrennbar verbunden.
2. Religionen werden hier auch als Wirklichkeitsdeutungen begriffen. Die

von ihnen angebotenen Erklärungen des Daseins, wie sie sich in den Glaubenswahrheiten und den daraus erwachsenden religiösen Vorschriften darstellen, bestimmen nicht nur das religiöse Leben, sondern das gesamte individuelle und soziale Leben aller Menschen, die im Umkreis dieser Religionen existieren.

3. Christentum und Islam stimmen in dem umfassenden Wirklichkeitsverständnis überein und kennen neben dem Diesseits auch ein Jenseits. In der Deutung dieser Wirklichkeit unterscheiden sie sich jedoch zum Teil erheblich. Das resultiert aus einer unterschiedlichen Theologie, die jeweils zu unterschiedlichen Gestaltungen des menschlichen Lebens überhaupt führt.
4. Während für den Islam eher das Bestreben typisch ist, göttliches Sein von der Materie freizuhalten, ist für das Christentum die Überzeugung charakteristisch, daß Ideales im Diesseits verwirklicht wird, wenn auch – entsprechend dem diesseitigen Sein – unvollkommen, so doch in der Weise, daß Göttliches trotz aller Abstriche und Gebrochenheiten sichtbar wird.
5. Für beide Religionen gilt, daß menschliches Eintreten für Ideales Teil der Wirklichkeit sein kann und insofern als Movens menschlicher Handlungen ernstgenommen werden muß.

   Die Studie geht daher davon aus, daß gerade auch die geistigen Ziele in den zu analysierenden Texten als solche als Realität gesehen und gewertet werden müssen. Schließlich haben sie als Beweggründe für weltgeschichtliche Unternehmungen die Wirklichkeit Jahrhunderte hindurch bestimmt. Diese Ausgangsbasis bedeutet eine Absage an die in den letzten Jahren vielfach unter dem Stichwort 'Ideal und Wirklichkeit' vertretene Ansicht, daß der 'ideologische Überbau' letztlich nichts anderes sei als die Verbrämung handfester materieller Interessen. Das Bemühen um die 'Entlarvung' von mittelalterlicher Dichtung als panegyrischer Zweckdichtung, die angeblich dem Machterhalt der Herrschenden oder dem Erhöhungsstreben der Aufsteiger diente, ist die Folge solch eingeengten Seinsverständnisses und führt zur Verzeichnung der so interpretierten Literatur wie des menschlichen Seins überhaupt.
6. Im Hinblick auf die Literaturgeschichtsschreibung wird davon ausgegangen, daß bei der Betrachtung mittelalterlicher Literatur des 11. bis 14. Jahrhunderts stärker als bisher die Auseinandersetzung mit dem Islam berücksichtigt werden muß. Da die Kreuzzüge das ganze Volk erfaßten, blieb es nicht allein den Theologen überlassen, sich angesichts der Negierung des Christentums durch den Islam der Grundlagen, Inhalte und allgemeinen Auswirkungen der eigenen Religion zu vergewissern. So geht es, das wird zu zeigen sein, besonders in der frühmittel-

hochdeutschen geistlichen Lyrik darum, die nicht immer einfachen Gedankengänge des Christentums im Hinblick auf andersartige Aussagen des Islams darzustellen und verständlich zu machen. Für die Kreuzzugsdichtung der Minnesänger und Spruchdichter in der Blütezeit höfischer Dichtung ist dieser Ansatz weniger relevant. Dort tritt vielmehr die persönliche Deutung – anfangs meist als Adaption der in der Kreuzzugspredigt ausgebreiteten Argumente – der durch die Kreuzzüge geprägten Wirklichkeit hervor.

Die vorliegende Untersuchung verzichtet auf die umfassende Aufarbeitung der angesprochenen Problematik, wie es für ein Handbuch zu erwarten wäre. Es gibt mit Sicherheit einen sehr großen Kreis von mittelalterlicher Literatur, der heranzuziehen wäre. Hier soll zunächst einmal das Problem als solches an einem nicht zu umfangreichen Material vorgestellt und die Diskussion darüber eröffnet werden, ob die Einbeziehung des Islams als nicht immer benannten, aber stets gegenwärtigen Reflexionsgegenstandes mittelalterlicher christlicher Dichtung zu einer Erweiterung des literar-geschichtlichen Gesichtsfeldes und einer noch adäquateren Erfassung mittelalterlicher Dichtung der fraglichen Zeit führt.

Erstes Kapitel

DIE KRIEGERISCHE UND GEISTIGE AUSEINANDERSETZUNG DES CHRISTENTUMS MIT DEM ISLAM WÄHREND DES MITTELALTERS

Die mittelhochdeutsche Kreuzzugslyrik berichtet nicht von den Geschehnissen, die wir Kreuzzüge zu nennen gewohnt sind, nimmt aber andererseits vielfach darauf Bezug. So ist es notwendig, in einem kurzen Abriß den historischen Umkreis in Erinnerung zu rufen, in dem mittelhochdeutsche Kreuzzugsdichtung steht. Außerdem soll ein kurzes Resümee mittelalterlicher theologischer Schriften gegen den Islam gegeben werden, während die Kreuzzugspropaganda, bereits mehrfach in Bezug gesetzt zu deutschen Dichtungen, nicht berücksichtigt werden soll.[1]

Christliche Reiche im Nahen Osten zur Zeit der Kreuzzüge

Die nördlichen Landstriche des Nahen Ostens wurden seit etwa 100 v. Chr. nach und nach dem römischen Weltreich einverleibt. Kaiser Konstantin erklärte im Jahr 330 Konstantinopel zur zweiten Hauptstadt, zum 'Neuen Rom', dem christlich geprägten, im Gegensatz zum alten heidnischen Rom. Zum ersten Mal konnte sich das Christentum in dieser Region von staatlicher Macht geschützt und gefördert zu voller Blüte entfalten. Konstantin erneuerte das von Galerius 311 erlassene Toleranzedikt, führte die Sonntagsheiligung ein, trug zur Einheit der christlichen Kirche orthodoxer Prägung bei. Er selbst empfing die Taufe auf dem Sterbebett.

Seit dem 7. Jahrhundert erwuchs dem mehr und mehr erstarkenden Byzantinischen Reich ein gefährlicher Nachbar. Mohammed (ca. 570–632) brachte den Völkern des Nahen Ostens den Islam als neue Religion. Aus der für den Islam typischen theokratischen Struktur, der untrennbaren Einheit von Staat und Religion, bildeten sich bedrohlich starke politische Einheiten in der Nachbarschaft des christlichen Byzanz. Ein wesentlicher Bestandteil der Lehre des Islams ist der Dschihad, der Heilige Krieg, der Eroberungskrieg zur Ausbreitung des islamischen Glaubens. Der Islam steht mit dieser Pflicht zur Ausbreitung seiner Lehre mit Waffengewalt ganz im

[1] Das erste Kapitel beruht auf Vorarbeiten von Gabriele Bensberg-Esslinger.

Gegensatz zum Christentum, das – wenigstens theoretisch – allein den Verteidigungskrieg als gerecht anerkennt und zuläßt.

So erfolgte denn unter den Nachfolgern (= Kalifen) Mohammeds alsbald eine stürmische kriegerische Ausbreitung des Islams. Den eroberten Völkern wurden erhebliche Tributzahlungen auferlegt – nur wer zum Islam übertrat, erhielt eine Reduktion. Was wunder, daß sich der Islam in atemberaubender Geschwindigkeit ausbreitete.

Der Kalif Abu Bakr (632–634), der Schwiegervater Mohammeds, stieß nach Syrien und Persien vor. Omar (634–644) eroberte neben Syrien auch Palästina (Damaskus 635, Jerusalem 638), einer seiner Feldherren Ägypten. 642 mußten die Byzantiner Alexandria räumen. Seit dem 3. Jahrhundert war diese Stadt Hochburg des christlichen Glaubens. Die Araber hatten die Seeherrschaft inne und beherrschten neben Zypern und Rhodos die Inseln der Ägäis. Im Frühjahr 674 erschien ein mächtiges Geschwader vor Konstantinopel. Die Kämpfe dauerten den ganzen Sommer hindurch an. Im nächsten Frühjahr erschien die arabische Flotte wiederum, und so blieb es auch in den folgenden Jahren. 678 aber wurde die arabische Flotte geschlagen. Der Erfolg war einer Erfindung zu verdanken, die unter dem Namen 'Griechisches Feuer' bekannt ist (erfunden von dem griechischen Architekten Kallinikos). Der Explosivstoff, dessen Herstellung nur den Byzantinern bekannt war, wurde mit Hilfe sogenannter Siphone aus großer Entfernung gegen die Schiffe des Feindes geschleudert und verursachte starke Brände. Nach dem Verlust seiner Flotte mußte sich der Kalif Muawija I., Herr des arabischen Großreiches zwischen Ostpersien und Ägypten, nach vier Jahrzehnten ununterbrochener Siegeszüge gegen die christliche Welt zu einem dreißigjährigen Frieden verpflichten und alle Eroberungen in Westkleinasien, in der Ägäis und im Ostmittelmeer wieder herausgeben. So war Kaiser Konstantin IV. zum Retter des Byzantinischen Reiches geworden. In dem großen Abwehrkampf Europas gegen das arabische Vordringen stellt der Sieg von 678 einen Wendepunkt von welthistorischer Bedeutung dar, vergleichbar dem Sieg, den Karl Martell 732 im Westen des Abendlandes bei Poitiers über die Araber errang.

718 stürmten moslemische Reiterheere gegen Konstantinopel an, konnten jedoch abgewehrt werden. 740 errangen die Christen bei Akronion einen entscheidenden Sieg. Zwei Jahrhunderte später vermochte Kaiser Johannes I. Tzimiskes (969–976) Syrien und Palästina zurückzuerobern. Unter seinem Nachfolger Kaiser Basileos II. (976–1025) erlebte dann das christliche Reich von Byzanz seine höchste, langandauernde kulturelle und machtpolitische Blütezeit. Es galt als unüberwindliches Bollwerk des Christentums gegen die islamischen Völker im Osten der damals bekannten Welt.

Um die Mitte des elften Jahrhunderts begann der Niedergang dieses mächtigen Reiches. Ein schwacher Kaiser vermochte den Bruch mit der weströmischen Kirche im Jahr 1054 nicht zu verhindern. Wenig später, im Jahr 1071, fügten die Seldschuken, ein türkischer Volksstamm, der dem Islam neue Kraftimpulse gab, bei Matzikert in Ostanatolien dem für unschlagbar gehaltenen byzantinischen Heer eine empfindliche Niederlage zu. Die Seldschuken setzten sich nach und nach in Anatolien fest und verdrängten die Byzantiner aus diesem Zentrum ihres Reiches. Dadurch geriet die griechisch-christliche Kirche Anatoliens in Bedrängnis, und die Pilgerreisen zu den heiligen Stätten in Palästina wurden erschwert. 1077 wurde Jerusalem von den Seldschuken eingenommen.

Im März 1095 hielt Papst Urban II. in Piacenza ein Konzil ab. Auch Gesandte des byzantinischen Kaisers waren anwesend. Sie berichteten von der schwierigen Lage im Nahen Osten und gaben zu verstehen, daß westliche Söldner zur Verstärkung und Reorganisation des stark geschwächten byzantinischen Heeres willkommen sein würden. Ihre Darstellung der Lage war vielleicht übertrieben. Aber es gilt zu bedenken, daß zu jener Zeit der Islam das bei weitem größte Gebiet der damals bekannten Welt beherrschte und daß es immer wieder Berichte gab über grausame Überfälle auf christliche Pilger und Repressalien gegenüber Christen, die in den von Moslems beherrschten Ländern lebten, vor allem in Jerusalem. Wilhelm von Tyrus, ein Historiker des 12. Jahrhunderts, beschreibt, was damals im Abendland über diese Zustände bekannt war.

Es geschah, daß die von Ägypten aus ihren Ländern aufbrachen und alle Länder bis Antiochia eroberten. Mit den anderen Städten, die genommen wurden, fiel ihnen die Heilige Stadt Jerusalem in die Hände. Ihre Bewohner lebten ziemlich ruhig, soweit man es in der Gefangenschaft gut haben kann, bis es nach dem Willen Unseres Herrn und um Sein Volk zu prüfen, geschah, daß ein treuloser und grausamer Mensch Herr und Kalif von Ägypten wurde. Er hieß Hakim ... Von da an begann das Leben der Unsern in Jerusalem viel härter und schmerzensreicher zu werden als es vorher war, denn sie trugen große Trauer im Herzen wegen der Auferstehungskirche Unseres Herrn, deren Zerstörung sie mit ansehen mußten. Andererseits belastete man sie empfindlich mit Steuern, Abgaben und Frondiensten ... An dem Tag, von dem man wußte, daß er das höchste Fest der Christen war, ließ man sie nur noch um so mehr arbeiten und unter Gewalt fronen. Man verbot ihnen, aus den Türen ihrer Häuser zu treten, in denen man sie eingeschlossen hielt, damit sie kein Fest feiern könnten. Selbst in ihren Häusern waren sie nicht in Frieden und Sicherheit; man bewarf sie mit großen Steinen, und durch die Fenster warf man Kot und Schmutz und allerlei Unrat. Wenn es geschah, daß ein Christ ein einziges Wort sagte, das diesen Ungläubigen mißfiel, so wurde er sogleich, als habe er einen Mord begangen, ins Gefängnis geworfen und verlor deswegen Fuß oder Hand, oder er wurde ins Joch gespannt, und alle seine Habe wurde vom Kalifen beschlagnahmt. Oft schleppten die Ungläubigen die Söhne und Töchter der Christen in ihre Häuser und taten ihnen

Gewalt an; mehrere junge Leute veranlaßte man, bald durch Schmeicheleien, bald durch Schläge, ihrem Glauben abzuschwören.[2]

Aufgrund solcher Berichte und Klagen der byzantinischen Gesandten bildete sich in der Kurie die Meinung, dem Byzantinischen Reich könne nur mit großem Aufwand geholfen werden. Papst Urban II. rief in seinem berühmten Appell auf dem Konzil zu Clermont am 27. November 1095 zur Rettung der heiligen Stätten auf:

> Es ist unabweislich, unseren Brüdern im Orient eiligst die so oft versprochene und so dringend notwendige Hilfe zu bringen. Die Türken und die Araber haben sie angegriffen und sind in das Gebiet von Romanien vorgestoßen bis zu jenem Teil des Mittelmeeres, den man den Arm Sankt Georgs nennt; und indem sie immer tiefer eindrangen in das Land dieser Christen, haben sie diese siebenmal in der Schlacht besiegt, haben eine große Anzahl von ihnen getötet und gefangengenommen, haben die Kirchen zerstört und das Land verwüstet. Wenn ihr ihnen jetzt keinen Widerstand entgegensetzt, so werden die treuen Diener Gottes im Orient ihrem Ansturm nicht länger gewachsen sein . . .
>
> Wenn diejenigen, die dort hinunterziehen, ihr Leben verlieren, auf der Fahrt, zu Lande oder zu Wasser oder in der Schlacht gegen die Heiden, so werden ihnen in jener Stunde ihre Sünden vergeben werden . . . mögen diejenigen, die sonst Söldner waren um schnöden Lohn, jetzt die ewige Belohnung gewinnen . . . Auf der einen Seite werden die Elenden sein, auf der anderen die wahrhaft Reichen; hier die Feinde Gottes, dort seine Freunde. (Zitiert nach Pernoud, S. 21 f.)

Eine gewaltige religiöse Begeisterung erhob sich. Statt der von Byzanz erhofften Söldnerkontingente machte sich ein ganzes Kreuzfahrerheer auf den Weg. Wanderprediger verbreiteten die Nachricht auf Marktplätzen, Landstraßen und Jahrmärkten, was zur Folge hatte, daß auch die kleinen Leute bald vom Kreuzzugseifer erfaßt wurden. Einer der begabtesten Prediger war Peter von Amiens, den man Peter den Einsiedler nannte, ein heißblütiger Eiferer, der auf einem Esel reitend durch die Lande zog und sich fast nur von verdünntem Wein und von Fisch ernährte. Die Faszination, die von seinen Predigten ausging, war so stark, daß ihm bald unübersehbare Scharen aus Bauern, Handwerkern, Dirnen, Geistlichen und sogar Rittern folgten. War der Kampf bisher allein Sache des Adels gewesen, so fanden sich nun zum erstenmal Angehörige anderer Schichten zusammen und zogen aus, um die Heilige Stadt von den Moslems zu befreien. Sie machten sich bereits im April 1096 auf den Weg. Unter der Führung Peters durchquerten sie Mitteleuropa und gelangten schließlich nach Ungarn. Trotz freundlichster Aufnahme gaben sie sich dort bald den schlimmsten Ausschreitungen hin.

[2] Zitiert nach: Die Kreuzzüge in Augenzeugenberichten. Hrsg. u. eingel. von Regine Pernoud, Dt. von Hagen Thürnau. 5. Aufl. dtv 1980, S. 13f.

Am 1. August 1096 erreichte 'Peters Lumpenarmee' Konstantinopel. Bei Civitot fand der Kreuzzug des Volkes dann ein rasches und grauenvolles Ende. Von den Türken in einen Hinterhalt gelockt, wurden alle, ob Männer, Frauen oder Kinder, unterschiedslos niedergemacht.

Die Ritterheere brachen zum vereinbarten Termin auf, im August 1096. Insgesamt hatten etwa 300000 Gläubige das Kreuz genommen, wie Papst Urban den byzantinischen Kaiser wissen ließ. Die Kreuzfahrer aus dem Süden zogen über Italien, Dalmatien, Albanien, Saloniki, Roussa nach Byzanz, wo sie am 27. April 1097 anlangten. Die Lothringer, Brabanter und Wallonen schlugen unter ihrem Führer Gottfried von Bouillon die Route ein, die auch der Zug Peters genommen hatte, und trafen Weihnachten 1096 in der Stadt ein. Eine dritte Abteilung marschierte durch Italien. Die vierte Gruppe schließlich bildeten die sizilianischen Normannen, die unter Bohemund von Tarent und seinem Neffen Tankred die Adria überquerten und Konstantinopel am 16. April 1097 erreichten.

Nach langwierigen und schweren Kämpfen kontrollierten die Kreuzfahrer schließlich das ganze Gebiet von Nizäa bis Antiochia und eroberten auch die Stadt Marra. Am 7. Juni 1099 standen sie endlich vor den Toren Jerusalems. Nach drei Wochen waren zwei riesige Belagerungstürme fertiggestellt. Am 8. Juli umschritten die Kreuzfahrer in einer Prozession die Mauern Jerusalems – verlacht und verspottet von den Moslems, die diesen Zug beobachteten – um die Hilfe Gottes für die entscheidende Schlacht zu erflehen. Am folgenden Morgen begann der Sturm auf die Stadt. Gottfried von Bouillon gelang es, als erster über eine Sturmleiter in die Stadt einzudringen. Am Freitag, dem 15. Juli 1099, wurde Jerusalem eingenommen – ein eindrucksvoller Sieg, der allerdings durch ein scheußliches Blutbad der Christen befleckt wurde. Ein anonymer Chronist berichtet:

In die Stadt eingedrungen, verfolgten unsere Pilger die Sarazenen bis zum Tempel des Salomo, wo sie sich gesammelt hatten und wo sie während des ganzen Tages den Unsrigen den wütendsten Kampf lieferten, so daß der ganze Tempel von ihrem Blut überrieselt war. Nachdem die Unsrigen die Heiden endlich zu Boden geschlagen hatten, ergriffen sie im Tempel eine große Zahl Männer und Frauen und töteten oder ließen leben, wie es ihnen gut schien. Bald durcheilten die Kreuzfahrer die ganze Stadt und rafften Gold, Silber, Pferde und Maulesel an sich; sie plünderten die Häuser, die mit Reichtümern überfüllt waren. – Dann, glücklich und vor Freude weinend, gingen die Unsrigen hin, um das Grab Unseres Erlösers zu verehren, und entledigten sich Ihm gegenüber ihrer Dankesschuld. (Zitiert nach Pernoud S. 101.)

Der nüchterne Bericht läßt sehr eindrücklich die Spannweite mittelalterlicher Lebensformen erkennen mit ihrem Nebeneinander von grausamster Kriegführung und innigster Frömmigkeit. Mit modernen Maßstäben kann hier nicht gemessen werden.

Unmittelbar nach der Eroberung Jerusalems schritten die Kreuzfahrer zur Gründung eines lateinisch-christlichen Königreichs Jerusalem, um die Sicherheit der heiligen Stätten der Christenheit und der in diesen Gebieten lebenden Christen zu gewährleisten. Dem Königreich sollte keine lange Dauer beschieden sein. 1099 gegründet, ging es bereits 1187 wieder zugrunde. Dieses Schicksal teilte es mit einer ganzen Reihe kleinerer lateinisch-christlicher politischer Einheiten, die südlich vom byzantinischen Weltreich entstanden. Klein-Armenien, bereits 1081 gegründet, hatte, mit einer Unterbrechung, allerdings bis 1375 Bestand. Die Grafschaft Edessa jedoch konnte sich nur von 1098 bis 1146 behaupten, das Fürstentum Antiochia immerhin von 1098 bis 1268. Die Grafschaft Tripolis entstand 1102 und ging 1289 zugrunde. Das Königreich Zypern überdauerte alle diese christlichen Reiche auf dem Festland dank seiner Insellage und bestand von 1192 bis 1489.

Trotz der kurzen Dauer sind diese christlichen Gründungen weltpolitisch und religiös von größter Bedeutung. Sie zu erhalten und zu unterstützen war das Ziel jener abendländischen Unternehmungen, die wir unter der Bezeichnung Kreuzzug oder Kreuzfahrt kennen. Die bedeutendsten Werke mittelalterlicher deutscher Literatur sind in der Zeit entstanden, da diese Kreuzzüge stattfanden, viele von ihnen wurden von Teilnehmern an solchen Kreuzzügen gedichtet, viele lassen erkennen, wie sehr die Menschen der damaligen Zeit von den Geschehnissen im Heiligen Land bewegt und betroffen waren.

Die aus dem Abendland nach Jerusalem und den anderen Städten gekommenen Christen bildeten mit den in diesem Raum ansässigen Völkern bald ein nicht mehr auseinanderzudividierendes Gemisch. Fulcher von Chartres schreibt:

> Wir, die wir Abendländer waren, sind Orientalen geworden; dieser, der Römer oder Franke war, ist hier Galiläer oder Bewohner Palästinas geworden; jener, der in Reims oder Chartres wohnte, betrachtet sich als Bürger von Tyrus oder Antiochia. . . . Manche von uns besitzen in diesem Land Häuser und Diener, die ihnen gehören wie nach Erbrecht; ein anderer hat eine Frau geheiratet, die durchaus nicht seine Landsmännin ist, eine Syrierin oder Armenierin oder sogar eine Sarazenin, die die Gnade der Taufe empfangen hat . . . der eine bebaut Weingärten, der andere Felder; sie sprechen verschiedene Sprachen und haben es doch alle fertiggebracht, sich zu verstehen. Die verschiedensten Mundarten sind jetzt der einen wie der anderen Nation gemeinsam, und das Vertrauen nähert die entferntesten Rassen einander an. (Zitiert nach Pernoud S. 125.)

Die etwa zweihundertjährige lateinisch-christliche Herrschaft im Küstengebiet zwischen Antiochia und Gaza hat ihre Spuren bis heute hinterlassen.

Die Geschichte des Königreichs Jerusalem beginnt wenige Tage nach der Einnahme der Stadt. Die Barone versammelten sich, um aus ihren Reihen einen Verwalter und Verteidiger der Stadt zu wählen. Sie einigten sich auf den nieder-lothringischen Herzog Gottfried von Bouillon, der, da er die Königswürde ablehnte, den Titel eines 'Sachwalters des Heiligen Grabes' annahm. Er herrschte zunächst nur über Jerusalem und Lydda, Ramla, St. Abraham, Bethlehem und den Hafen Jaffa. Das dazwischen liegende Land blieb moslemisch. Später dehnte er seinen Einfluß auch auf die Ebenen Judäas und Samarias aus. Gottfried von Bouillon starb bereits am 18. Juli 1100. Nach seinem Tod wählten die Barone Gottfrieds Bruder Balduin, den Grafen von Edessa. Und er nahm den Titel eines Königs von Jerusalem an.

Auch unter Balduin I. blieb das Königreich Jerusalem gefährdet und wurde ständig in Kämpfe mit seinen mohammedanischen Gegnern verwikkelt. Eine besondere Schwierigkeit lag für den jungen Staat in dem Mangel an waffenfähigen Kriegern. Denn trotz des ständigen Zustroms an Pilgern blieb die Zahl der Christen gering. Viele erlagen dem ungewohnten Klima, andere kehrten alsbald nach Besuch der heiligen Stätten in das Abendland zurück.

Nur die Errichtung von zahlreichen Burgen, Befestigungen und Wällen verhinderte den schnellen Untergang des Königreiches. In ihrem Schutz konnte man auch mit einer Handvoll Ritter einem großen feindlichen Heer trotzen. In den Jahren 1101 bis 1110 gelang es sogar, den Moslems die Häfen Caesarea, Akkon, Beirut und Sidon zu entreißen, wodurch der Weg über das Meer, der von nun an bei den Pilger- und Kreuzfahrten bevorzugt wurde, wesentlich sicherer geworden war.

Balduin I. starb bereits 1118. Sein Vetter, Balduin de Bourg, trat als Balduin II. die Nachfolge an. Er starb im Jahre 1131. Über die Neubesetzung des Thrones hatte man schon vor seinem Tod entschieden. Die Wahl war auf den Grafen Fulko von Anjou gefallen.

Inzwischen war den Christen in der Gestalt Zengis, des Herrschers von Mosul und Aleppo, ein gefährlicher Gegner erwachsen, der ohne Unterlaß den Heiligen Krieg proklamierte. Doch konnte er von den Franken im Verein mit Byzanz zunächst zurückgedrängt und von einer Einnahme Damaskus' abgehalten werden. Kaum aber hatte Zengi seine Stellung wieder ein wenig gefestigt, zog er 1139 erneut gegen Damaskus. Durch eine christliche Allianz, die auch die damaszenische Bevölkerung guthieß, da Zengi in der moslemischen Welt für seine Grausamkeit und Machtgier bekannt war, konnte er schließlich zum Rückzug bewogen werden. Fulko nutzte diese Atempause, um die südliche Grenze des Königreiches weiter zu befestigen, indem er eine Reihe von Burgen zu Verteidigungszwecken erbauen ließ. Durch geschickte Verhandlungstaktik gelang es ihm noch kurz vor seinem

Tode, den byzantinischen Kaiser von seinem Plan, nicht nur Antiochia, sondern ganz Palästina wieder seiner Oberhoheit zu unterstellen, abzubringen. Nach Fulkos Tod (1143) übernahm seine Witwe Melisendis, Tochter Balduins II., die Regierung. Da das Königreich unter der Regentschaft Melisendis' und ihres noch unmündigen Kindes erheblich an Stärke eingebüßt hatte, konnte Zengi 1144 die Grafschaft Edessa erobern. Die noch verbliebenen Festungen zwischen Orontes und Euphrat wurden an Byzanz verkauft. Aber Byzanz konnte sie nur ein Jahr lang gegen die Moslems verteidigen.

1152 setzte Balduin III. seine Krönung zum alleinigen Herrscher des Königreichs Jerusalem durch.

Der dritte Balduin muß nach dem übereinstimmenden Urteil seiner Zeitgenossen eine sehr anziehende, äußerst sympathische Persönlichkeit gewesen sein, deren Zauber sich auch seine Feinde nicht entziehen konnten. Zudem war er höchst gebildet, bevorzugte tiefgründige Diskussionen mit gelehrten Männern, verfügte über hervorragende Rechtskenntnisse und war nicht zuletzt mit bedeutenden politischen Fähigkeiten ausgestattet. Sein größter außenpolitischer Erfolg bestand in der Eroberung Askalons, das sich nach fast neunmonatiger Belagerung am 19. August 1153 geschlagen geben mußte. Der militärische Ruf der Kreuzfahrerstaaten war damit wiederhergestellt und außerdem ein strategisch wichtiger Posten zurückerobert worden.

Nach dem überraschenden und zu Recht heftig beklagten Tod Balduins III., der 1162, kaum 33jährig, starb, übernahm sein Bruder Amalrich die Regierung.

Der damalige Machthaber Ägyptens, Schawar, wandte sich 1167, wie schon einmal, als er von Nur ed-Din bedrängt wurde, an Amalrich und bat ihn um Unterstützung. Obwohl ein endgültiger militärischer Sieg nicht erfochten werden konnte, erwies sich der christliche König als der Überlegene. In Kairo und Alexandria wurden fränkische Wachkommandos stationiert, und Schawar wurde zur Zahlung von jährlich 100000 Denar verpflichtet. Ägypten war damit unter fränkische Kontrolle geraten.

Inzwischen aber überstürzten sich die Ereignisse in Ägypten, und das Land geriet in die Machtsphäre Nur ed-Dins. Sein Leutnant Chirkuh ließ Schawar im Januar 1169 ermorden und erhob sich selbst zum Kalifen. Da er den Anschlag nur um wenige Monate überlebte, fiel Ägypten an seinen Neffen Saladin, mit dem eine neue glanz- und machtvolle Ära der moslemischen Welt begann.

Saladin ließ in Kairo eine stark befestigte Zitadelle erbauen, beseitigte entschlossen seine innenpolitischen Feinde und wurde innerhalb kürzester Zeit zum unbestrittenen Herrn Ägyptens. Er beendete das Schisma zwischen Abassiden und Schiiten, nahm 1170 die Kreuzfahrerburg Alila am Golf von Akaba ein und konnte bis zum Jemen vorstoßen.

Saladins Gegenspieler, Balduin IV., war beim Tode seines Vaters erst dreizehn Jahre alt und litt außerdem seit frühester Kindheit an Lepra. Dem von seinem furchtbaren Leiden gezeichneten jungen König konnte man Mut, Klugheit und staatsmännischen Weitblick nicht absprechen. Er wäre bei längerer Lebensdauer vielleicht der Mann gewesen, der das Königreich Jerusalem hätte retten können. Seiner Besonnenheit in kritischen Situationen war es zu verdanken, daß Saladin mehrfach zurückgeschlagen werden konnte.

Nach Balduins IV. und Balduins V. Tod wurden Sybille und ihr Gatte Guido von Lusignan im Jahre 1186 zur Königin und zum König von Jerusalem gekrönt. In Byzanz regierte zu jener Zeit Kaiser Isaak Angelos, Nachfolger des ermordeten Andronikos, ein äußerst schwacher Herrscher, unter dessen Regierung Byzanz zu einer zweitrangigen Macht herabsank. Diese Entwicklung wurde noch beschleunigt durch die Heirat Heinrichs VI. mit der normannischen Prinzessin Konstanze. Das Stauferreich ging damit ein Bündnis mit dem Erzgegner der Byzantiner ein und fühlte sich von nun an der normannischen Politik verpflichtet. Konstantinopel verlor seinen abendländischen Verbündeten und war gezwungen, den Ausgleich mit Saladin zu suchen. Als Gegenleistung verpflichtete es sich, dem berühmten Sultan freie Hand gegenüber den Kreuzfahrerstaaten zu gewähren.

Der willkommene Anlaß, das Heilige Land zurückzuerobern, sollte sich Saladin bald genug bieten. Rainald von Châtillon ließ es sich 1186 einfallen, eine von Damaskus nach Kairo ziehende Karawane zu überfallen und alle Mohammedaner, darunter die Schwester Saladins, gefangenzusetzen.

Saladin begnügte sich vorerst damit, einen Gesandten zu Rainald von Châtillon zu schicken, den dieser jedoch hochmütig abwies. Der Sultan entschied sich daraufhin, in den Krieg einzutreten und stellte ein großes und diszipliniertes Heer auf.

Der König von Jerusalem gab sich alle Mühe, den Widerstand zu organisieren. Die Kreuzfahrer zogen von Sephora aus mühsam durch ein ausgedörrtes Land bis zu einer Ebene, aus der sich zwei Hügel heraushoben, die Hörner von Hattin. Erschöpft und dem Verdursten nahe lagerten die Christen. Saladins Truppen aber waren schon aufmarschiert und hatten keine Schwierigkeiten, die ausgelaugten Feinde während der Nacht völlig einzuschließen. Das christliche Heer wurde zusammengedrängt und erbarmungslos niedergemacht. Ibn-al-Athir schreibt:

Wer die Zahl der Toten sah, glaubte nicht, daß es Gefangene gab, und wer die Gefangenen sah, glaubte nicht, daß es Tote gab. Niemals seit ihrem Einfall in Palästina hatten die Franken eine solche Niederlage erlitten. Ich selbst kam ein Jahr später über das Schlachtfeld und sah dort die Gebeine in Haufen. Hier und da lagen sie auch zerstreut, ohne zu rechnen, was die Gießbäche und die Raubtiere fortgetragen hatten, auf die Berge und in die Täler. (Zitiert nach Pernoud, S. 205.)

Nach der katastrophalen Niederlage von Hattin (4. Juli 1187) dauerte es nicht lange, bis das Heilige Land ganz verloren war. Saladin eroberte in rascher Folge Akkon, Nazareth, Cäsarea, Sidon und Askalon. Dann wandte er sich gegen Jerusalem. Obwohl die Stadt stark befestigt war und tapfer verteidigt wurde, konnte sie nicht lange standhalten. An einem Freitag zu Beginn des Oktobers 1187 wurde Jerusalem den Moslems übergeben. Saladin forderte, daß alle Männer zehn Goldstücke, Frauen fünf, männliche Kinder zwei, weibliche hingegen nur ein Goldstück Lösegeld zu zahlen hätten. Obwohl zusätzlich 30000 Goldstücke für die Armen der Stadt übergeben wurden, traf dennoch 16000 Christen das schwere Los der Sklaverei.

Am 4. März 1193 starb Saladin, die machtvollste Persönlichkeit des Orients während der Kreuzfahrerzeit. Er hatte das Werk Nur ed-Dins vollendet, die Einigung des Islams durchgesetzt und den abendländischen Christen Jerusalem und die meisten anderen Festungen des Heiligen Landes abgenommen. Keiner seiner Söhne aber reichte an den berühmten Vater heran – besonders was dessen Worttreue und Zuverlässigkeit anbetraf.

Nach dem Tode Saladins drohte die islamische Einheit zu zerbrechen. Thronkämpfe erschütterten das Land, aus denen am Ende Saladins Bruder Malik el-Adil als Sieger hervorging (1201). Seinem Durchsetzungsvermögen und seiner Entschlossenheit gelang es, den beginnenden Zerfall der moslemischen Union aufzuhalten.

Das fränkische Königreich bestand zu dieser Zeit nur mehr aus einem Küstenstreifen, der sich von Jaffa bis Tyros erstreckte, sowie aus Tripolis, dem Krak, Tortosa, Antiochia und dem umliegenden Land. Dennoch war seine Situation günstiger als die der ersten Kreuzfahrergeneration, da es freien Zugang zum Meer hatte und zudem Zypern kontrollierte, das für die Versorgung mit Nahrungsmitteln und als Ausgangspunkt militärischer Operationen außerordentlich wertvoll war. Jerusalem aber lag nach wie vor außerhalb der fränkischen Einflußsphäre.

Im Herbst 1190 starben die Königin Sibylle und ihre beiden Töchter. Die rechtmäßige Thronerbin war nunmehr Isabella. Konrad von Montferrat, der sich mit der entschlossenen Verteidigung von Tyros einen Namen gemacht hatte, strebte nach der Königskrone und leitete mit einem geschickten Schachzug die Scheidung Isabellas in die Wege, um sie dann am 24. 11. 1190 zu heiraten. In seine Regierungszeit fiel der Kreuzzug, der von den Königen Frankreichs und Englands, Philipp II. August und Richard Löwenherz, geführt wurde. Konrad von Montferrat wurde am 28. April

1192 von zwei Assassinen ermordet. Man beschuldigte zwar Richard von England der Anstiftung, doch wurde der eigentliche Hintermann nie überführt.

Isabellas dritter Gatte, Heinrich von Champagne, der aus nicht mehr völlig eruierbaren Gründen nie zum König gekrönt wurde, erwies sich als außerordentlich fähiger Herrscher.

Am 10. September 1197 tat er, am offenen Fenster stehend, einen unvorsichtigen Schritt, als er sich zur Begrüßung von Gesandten umwandte, stürzte in die Tiefe und war auf der Stelle tot. Sein Tod rief große Trauer und allgemeine Bestürzung hervor, denn Heinrich II. war ein äußerst begabter Regent gewesen, der alles getan hatte, um den Bestand des christlichen Königreichs im Heiligen Land zu sichern. In der damaligen bedrohlichen Situation mußte schnellstens ein Nachfolger für ihn gefunden werden, d. h. Isabella, die rechtmäßige Thronerbin, sah sich mit der Tatsache konfrontiert, eine vierte Ehe eingehen zu müssen. Die Barone einigten sich auf den König von Zypern, Amalrich II. Noch bevor er zum König gekrönt wurde, hatte er mit Hilfe deutscher und brabanter Kreuzfahrer versucht, Sidon und Beirut zurückzugewinnen. Sidon, das die Muselmanen als unhaltbar aufgaben, wurde zwar dem Erdboden gleichgemacht, Beirut aber konnte zurückerobert werden. Die Deutschen, die der Erfolg in Beirut zu neuen Kämpfen anstachelte, beschlossen, Jerusalem anzugreifen und belagerten im November 1197 die galiläische Festung Toron. Als aber die Nachricht vom Tode Kaiser Heinrichs eintraf und man von einem Bürgerkrieg in der Heimat zu wissen glaubte, hob man die Belagerung auf und brach den Kreuzzug ab. Nach dem Abzug der abendländischen Christen schloß Amalrich mit el-Adil einen Vertrag, der Sidon zwischen beiden teilte, el-Adil Jaffa und den Franken Dschebail und Beirut ließ.

Für Amalrich erwies sich diese Abmachung, die fünf Jahre und acht Monate hindurch Gültigkeit haben sollte, als günstig, da es im Norden wieder zu Thronstreitigkeiten gekommen war. Bohemunds III. Sohn, Raimund, hatte bei seinem plötzlichen frühen Tod nur einen kleinen, unmündigen Sohn namens Raimund-Ruben hinterlassen. Bohemund von Tripolis aber, der zweite Sohn des alten Bohemund, streckte bereits seine Hand nach Antiochia aus. Er ging sogar so weit, 1198 in die Stadt selbst einzufallen, seinen Vater zur Flucht zu zwingen und die Bürger zu veranlassen, ihm selbst den Treueid zu schwören. Doch die Gegnerschaft Roms bewirkte schließlich, daß Bohemund sich vorerst geschlagen geben mußte und nach Tripolis zurückkehrte. Auf irgendeine Weise gelang es ihm, sich mit seinem Vater auszusöhnen. Als Bohemund III. von Antiochia 1201 starb, hatte sein Sohn daher keine großen Schwierigkeiten, sich der Stadt endgültig zu versichern.

König Amalrich verfolgte die Unruhen im Norden zwar mit großer Besorgnis, griff aber nicht ein, da sein oberstes Ziel die Verhinderung eines neuen Krieges mit el-Adil war. Im September 1204 schlossen Amalrich II. und el-Adil einen Friedensvertrag auf sechs Jahre. El-Adil trat sowohl Beirut und Sidon als auch Jaffa und Ramleh an Amalrich ab und erleichterte außerdem die Konditionen für die Jerusalempilger. Amalrich II. wurde nun höher geschätzt als je zuvor, doch konnte er sich dieser neuerworbenen Achtung nicht lange freuen, da er am 1. April 1205 in Akkon plötzlich infolge übermäßigen Fischgenusses starb. Die Insel Zypern fiel an seinen Sohn Hugo I., die Regierungsgewalt im fränkischen Königreich ging wieder auf Isabella über, die ihrem vierten Gatten jedoch bald in den Tod nachfolgte.

Die Insel Zypern, 1192 von Richard Löwenherz erobert, gewann für die Kreuzfahrerstaaten als Nachschubbasis und Ausgangspunkt von Kreuzzügen immer größere Bedeutung. Aber auch Zypern hatte mit dem Problem zu kämpfen, daß seine Könige aufgrund von Seuchen und den Unbillen des Klimas oft viel zu früh starben. König Amalrichs Sohn, Hugo I., war beim Tode seines Vaters erst zehn Jahre alt, und sein Nachfolger, Heinrich I., gar nur acht Monate. An seiner Stelle regierte seine Mutter Alice, die Tochter Heinrichs von Champagne, die sich die Macht jedoch mit Verwaltungsbaillis teilen mußte.

Außerdem stand Zypern ebenso wie die griechischen Kreuzfahrerstaaten vor Schwierigkeiten, die sich aus den Beziehungen zu der griechisch-orthodoxen Kirche ergaben. Die Feindseligkeiten entzündeten sich vor allem an der Frage, ob man die Hostie aus gesäuertem oder, wie in der römisch-katholischen Kirche, aus ungesäuertem Brot bereiten sollte. Die Geschichte der Insel hat zahlreiche religiös bedingte Verfolgungen, die ausbrachen, wenn Bekehrungsversuche fruchtlos blieben, Ausweisungen, ja sogar Ketzerverbrennungen zu verzeichnen. Aber auch die orthodoxe Kirche selbst wurde von inneren Spaltungsversuchen erschüttert, denn ein Teil ihrer Gläubigen, die Konformisten, suchten den Ausgleich mit der lateinischen Kirche, während die strengen Orthodoxen eine völlig unnachgiebige Haltung zeigten.

Auch auf dem Festland waren im ersten Viertel des 13. Jahrhunderts nicht unwesentliche Umwälzungsprozesse in Gang gekommen. Saladins Abkommen mit Richard Löwenherz (1192) hatte das Königreich Jerusalem zwar wiederhergestellt, doch an die Stelle der alten Hauptstadt war Akkon getreten, und das von den Franken kontrollierte Gebiet beschränkte sich auf den Küstenstreifen zwischen Tyrus im Norden und Jaffa im Süden.

Zu dieser Zeit fiel den Kreuzfahrerstaaten, deren Wohlstand, nachdem die ersten Anfangs- und Anpassungsprobleme überwunden waren, ständig wuchs, bereits eine nicht unwesentliche ökonomische Rolle im Morgenland zu. Die Anwesenheit der abendländischen Christen in Palästina verschaffte aber besonders den großen mittelmeerischen Handelsstädten, Genua, Pisa, Venedig, Marseille usw., bedeutende Gewinne, da sie ihnen die Levantemärkte zugänglich machte, die die kostbaren Waren, nämlich Parfüme, Gewürze und Seidenstoffe lieferten und die Kaufherren schnell reich werden ließen. Marseille und Montpellier richteten sogar Faktoreien im Morgenland ein. Mit der wirtschaftlichen begann aber auch die politische Macht dieser Handelsstädte zu wachsen. Das hatte verhängnisvolle Folgen. Der vierte Kreuzzug führte aus solchen Gründen zur Zerstörung Konstantinopels durch ein christliches Heer und zur Zerschlagung des Byzantinischen Reiches. Die Neugründung des lateinischen Kaiserreiches an seiner Statt hatte nicht die erwarteten günstigen Konsequenzen für die lateinisch-christlichen Reiche im östlichen Mittelmeerraum.

Im Mai 1204 wurde Balduin von Flandern zum ersten Kaiser der Romania, des neuen lateinischen Kaiserreichs, gewählt. Das Amt des lateinischen Patriarchen wurde künftig trotz päpstlichen Einspruchs eine ziemlich sichere venezianische Pfründe. So wurde die Kirchenunion formal, nicht aber geistig vollzogen. Die Byzantiner blieben im Inneren ihrem alten Glauben treu.

Das lateinische Kaiserreich Konstantinopel sollte bis 1261, also mehr als ein halbes Jahrhundert, bestehen. Der Papst, der die Zerstörung des christlichen Zentrums der orientalischen Welt voller Empörung mitangesehen hatte, mußte sich mit diesem Faktum abfinden. Aber die Wendung des Kreuzzuges gegen die eigenen Glaubensbrüder fiel auf die lateinischen Christen selbst zurück. Sie begründete eine Zeit, die in der Befriedigung materieller Interessen und des persönlichen Ehrgeizes die vordringlichsten Gründe für die Fahrt über See sah.

Der deutsche Kaiser Friedrich II. war es, der Jerusalem für die Christen zurückgewann. Er schloß nach zähen Verhandlungen am 18. 2. 1229 mit Sultan el-Kamil zu Jaffa einen Friedensvertrag, der zehn Jahre Gültigkeit haben sollte.

Jerusalem fiel wieder an die Franken, ebenso einige Orte zwischen der Stadt und der Küste. Der Tempelplatz mit seinen beiden islamischen Heiligtümern blieb jedoch islamisch; die Moslems behielten dort ihre eigene Verwaltung. Das langersehnte Ziel war erreicht, und doch wurde dieses Abkommen viel geschmäht und fast überwiegend mißbilligt. Die Mohammedaner waren entsetzt über den Verrat des Islams, und die Christen beklagten, daß Jerusalem ohne Oultrejourdain auf Dauer nicht würde gehalten werden können. Auch nahm die Empörung der Ritterorden gefährliche Ausmaße an, als Friedrich, der verfassungsrechtlich nur die Regentenstellung für seinen kleinen Sohn innehatte, am 17. 3. 1229 nach Jerusalem zog, um sich krönen zu lassen. Der Kaiser zeigte sich von dem wenig begeisterten Empfang – der Patriarch verhängte sogar das Interdikt gegen die Stadt – unbeeindruckt und setzte sich am 18. März in der Grabeskirche eigenhändig die Königskrone aufs Haupt. Hiobsbotschaften aus Italien machten Friedrichs II. rasche Abreise notwendig. Obwohl er versucht hatte, Tag und Stunde geheimzuhalten, kam es zu unangenehmen Zwischenfällen. Ein Augenzeuge berichtet:

Auf häßliche Weise reiste er ab. Der Kaiser bereitete seine Überfahrt heimlich vor, und am ersten Mai, vor Sonnenaufgang und ohne es jemand wissen zu lassen, begab er sich auf eine Galeere vor dem Schlachthof. Es geschah nun, daß die Schlächter aus jenen Straßen ihn verfolgten und ihn unflätig angriffen mit Kaldaunen und Geschlinge. So schied der Kaiser von Akkon, verflucht und entwürdigt. (Zitiert nach Pernoud, S. 289f.)

Friedrich II. hatte den Christen Jerusalem zurückgegeben, aber er war auch verantwortlich für schwere Unruhen im Heiligen Land.

Bei seiner Abreise betraute er fünf ihm treu ergebene Barone mit der Regentschaft über Zypern. Gegen diese erhob sich jedoch bald eine so starke Opposition, daß sie 1230 vertrieben wurden. Friedrich II. aber war weit davon entfernt, diese Niederlage hinzunehmen. 1231 sandte er eine Flotte nach Palästina, die in Tyrus landete und mit der Belagerung Beiruts begann. Daraufhin spaltete sich das Land in zwei Parteien. Auf der einen Seite standen die Kaiserlichen, die Deutschritter, die Pisaner und die fünf von Friedrich II. in Zypern eingesetzten Baillis. Auf der Gegenseite machten die Genuesen und die einflußreichen Barone Palästinas Front gegen den Kaiser. Im Jahre 1232 wählten sie Johann von Ibelin zum Führer ihres Aufstandes. Die kaiserliche Flotte konnte Ibelin am 3. Mai 1232 zwar eine schwere Niederlage zufügen, doch am 15. Juni wurde sie bei Agridi in Zypern vernichtend geschlagen, und nach der Kapitulation Kyrenias (1233) war die Herrschaft der Ibelinfamilie gesichert. Zypern hatte sich erfolgreich gegen die Übergriffe Kaiser Friedrichs II. zur Wehr gesetzt.

1239 lief der Vertrag, den Friedrich II. mit el-Kamil geschlossen hatte, ab, und die Moslems besetzten noch im selben Jahr die Stadt Jerusalem, die jedoch von einer kleinen Gruppe von Kreuzfahrern wieder befreit werden konnte. Überhaupt befanden sich die Christen zu dieser Zeit in einer recht günstigen Position, denn Sultan el-Kamil war nicht nur mit der Neuordnung des Aiyūbidenreiches beschäftigt, sondern mußte sich außerdem gegen alle möglichen Feinde zur Wehr setzen. Nach seinem Tode (1238) wurde das Reich von den Diadochenkämpfen seiner beiden Söhne erschüttert. Als 1240 ein weiteres Kreuzfahrerheer in Palästina eintraf, schloß Ayub mit dem Anführer, dem Earl von Cornwall, einen Vertrag, der die Vereinbarungen el-Kamils mit Kaiser Friedrich II. aus dem Jahre 1229 bestätigte, den Christen jedoch außerdem den Osten Galilaeas und Tiberias, das an Sidon angrenzende Land und das Gebiet von Jaffa und Askalon zugestand. Damit hatte das Königreich Jerusalem die größte Ausdehnung seit dem ersten Kreuzzug erreicht. – Als Sultan Ayub Syrien bedrängte, kam es noch einmal zu einer Erneuerung des Bündnisses von 1139 zwischen Damaskus und dem christlichen Königreich. Aber die Ägypter konnten dieser Herausforderung gelassen entgegensehen. Ayub verbündete sich mit den Hwārimiern, die, ohne auf nennenswerte Gegenwehr zu stoßen, Jerusalem einnehmen konnten, das damit für die Franken unwiderruflich verloren war. Am 17. Oktober 1244 wurden die christlich-damaszenischen Truppen von den Ägyptern bei Gaza vernichtend geschlagen. Es war dies die größte Katastrophe seit der Niederlage bei Hattin (1187). Die Folgen waren die Einigung des Ayūbidenreiches (1245) und der Verlust Askalons (1247) sowie des östlichen Galilaeas für die Christen.

In der zweiten Hälfte des 13. Jahrhunderts stellten die Mongolen das drängendste Problem für die christlichen Staaten im Nahen Osten dar. Der Norden versuchte, sich mit ihnen zu verbünden, ebenso die Armenier, da sie ihnen die Befreiung von ihrem alten Gegner, den anatolischen Seldschuken, verdankten. Einer beiderseitigen Verbrüderung schien nicht mehr allzuviel im Wege zu stehen, da die Mongolen inzwischen nestorianisch beeinflußt waren und man die Hoffnung hegte, daß sie eines Tages ganz zum Christentum übertreten würden. Auch das Fürstentum Antiochia, das seit der Heirat Bohemunds IV. mit der Tochter Hethums Armenien angegliedert war, schloß sich diesem Bündnis an.

Der fränkische Süden entschied anders, denn ihm erschienen, bedingt durch seine geographische Lage, die Ägypter wesentlich gefährlicher als die Mongolen zu sein.

In Kairo waren inzwischen große Dinge geschehen. Nach der Ermordung des Sultans Kutuz stieg der Mitverschworene Baibars, ein äußerst begabter und risikofreudiger Feldherr, der entschlossen war, die Christen endgültig aus dem Heiligen Land zu vertreiben, zum Alleinherrscher auf. Er zog wie ein Sturm über Palästina hin und ging dabei nach der Politik der verbrannten Erde vor. Baibars vernichtete nacheinander Nazareth (1263) und Cäsarea, er besetzte Haifa, Toron und Arsuf und eroberte im Süden ganz Galilaea. 1268 fiel Jaffa und bald darauf Antiochia, jenes Fürstentum, das als erstes im Heiligen Land gegründet worden war.

1279 starb Baibars, der den Franken alle festen Punkte im Landesinneren geraubt hatte. Sein Sohn Qalāwūn hielt sich nicht einmal mehr an Waffenstillstandsverträge, sondern eroberte nacheinander Latakia und Tripolis. Auch sein plötzlicher Tod im Jahre 1290 wirkte sich nicht zum Vorteil für die Franken aus, im Gegenteil, das Heilige Land ging nun endgültig und unwiderruflich verloren. Akkon fiel nach längerer Belagerung Qalāwūns Sohn zum Opfer; die noch verbliebenen Stützpunkte wurden kampflos geräumt. Nur der Herr von Gubail hielt noch bis 1298 stand, und die Templer behaupteten ihren letzten Zufluchtsort Ruad sogar bis 1303. Dann aber fiel auch er an die Mamelucken.

Das Hl. Land war verloren, aber nicht vergessen. Als der Italiener Martoni 1394 nach Zypern kam, fiel ihm auf, daß sich die adligen Damen in der Öffentlichkeit in langen schwarzen Gewändern zeigten, die nur ihre Augen frei ließen. Er fragte, was es damit für eine Bewandtnis habe, und erfuhr, dies geschehe noch immer aus Trauer um den Verlust der Stadt Akkon im Jahre 1291.[3]

Die Kreuzzüge

Es war die wechselvolle, an Katastrophen reiche Geschichte der kleinen lateinisch-christlichen Fürstentümer im Nahen Osten, die während zweier Jahrhunderte Menschen des europäischen Abendlandes immer erneut die weite Reise antreten ließ, um die dort lebenden Glaubensbrüder vor dem drohenden Untergang zu retten und die heiligen Stätten der Christenheit wieder unter christlichen Schutz zu stellen.

Man hat sich daran gewöhnt, sieben oder acht Kreuzzüge zu unterscheiden, obwohl diese Zählung nur beschränkte Gültigkeit besitzt; denn in Wahrheit bestand eine dauernde Bewegung des Kommens und Gehens, die jene Länder mit dem Abendland verband. Die gezählten Kreuzzüge sind nur Unternehmungen, die durch Ereignisse oder durch die sie anführenden Fürsten von besonderer Bedeutung sind. Dennoch ist es sinnvoll, bei der einmal eingeführten Strukturierung dieser westöstlichen Begegnungen zu bleiben.

Der erste Kreuzzug

1096 begonnen, 1099 mit der Einnahme Jerusalems ruhmreich beendet, wurde, da er zur Gründung des Königreichs Jerusalem führte, schon oben (S. 8ff.) behandelt.

[3] Hans Eberhard Mayer, Geschichte der Kreuzzüge. 5. Aufl. Stuttgart 1980, S. 255f.

Der zweite Kreuzzug (1145–1149 mit Konrad III.)

Zum eigentlichen Auslöser für den zweiten Kreuzzug wurde der Fall Edessas (1144), das als militärisches Vorwerk der Fürstentümer Antiochia und Tripolis gegolten und damit auch dem Königreich Jerusalem Schutz geboten hatte. So löste der Fall Edessas einen Schock in der abendländischen Christenheit aus. Bernhard von Clairvaux begann in päpstlichem Auftrag mit leidenschaftlichen, von inbrünstigem Glaubenseifer getragenen Predigten für einen neuen Kreuzzug zu werben. Mit seiner ungeheuren Beredsamkeit vermochte er sogar, den anfangs durchaus einer Kreuzfahrt abgeneigten deutschen König Konrad III. von der Notwendigkeit einer Kreuznahme zu überzeugen. Der französische König Ludwig VII. bedurfte nicht der Mahnung. Er erklärte sich sogleich zu einer Kreuzfahrt bereit.

König Konrad brach als erster (Ende Mai 1147) mit einem etwa 20000 Mann starken, gut ausgerüsteten Heer von Regensburg aus auf. Bedeutende Große des Reichs hatten sich ihm angeschlossen, so Herzog Friedrich von Schwaben und Bischof Otto von Freising. Wladislaw von Böhmen und Boleslaw IV. von Polen gehörten dem Kreuzzug als Vasallen des deutschen Königs an. Etwas später, am 8. Juni 1147, setzte sich Ludwig VII. in Marsch, begleitet von seiner Frau, der schönen und klugen, aber recht lebenshungrigen Eleonore von Aquitanien. In den aus so verschiedenartigen Nationen zusammengesetzten Truppen traten bald die ersten Spannungen auf. Die Slawen haßten die Deutschen und hätten gerne die Fessel ihrer Lehnsabhängigkeit gesprengt; die Deutschen wiederum verstanden sich nicht mit den Franzosen und waren auch den Lothringern nicht sonderlich zugeneigt. Zusammenstöße mit der einheimischen Bevölkerung wurden, je länger der Marsch dauerte, immer häufiger und steigerten sich noch, als man griechischen Boden betrat.

Auch nach der Ankunft in Konstantinopel war noch kein Friede eingekehrt. Das Verhältnis des deutschen Königs zu seinem Verwandten, Kaiser Manuel, war alles andere als ungetrübt. Konrad verwarf ohne lange Überlegung Manuels klugen Vorschlag, längs der Küste durch byzantinisches Gebiet nach Syrien zu marschieren und wählte statt dessen den Weg nach Nicäa, den der erste Kreuzzug eingeschlagen hatte. Dort entschied er sich dafür, mit seinem Heer weiter durch Anatolien zu ziehen, nachdem er zuvor die Kampfunfähigen und Pilger unter der Führung Ottos von Freising die Küstenstraße entlang gesandt hatte. Doch die deutschen Kreuzfahrer sollten nicht weit kommen. Bei Dorylean wurden sie 1147 von den Truppen des Sultans Masud I. überfallen und in die Flucht geschlagen. Nur eine sehr geringe Zahl konnte sich retten und entkam dem Verhängnis. Damit war dieses Kreuzfahrerheer, das zur Befreiung des Heiligen Landes ausgezogen war, vernichtend geschlagen worden.

Die Franzosen, die später aufgebrochen waren, erreichten Konstantinopel erst am 4. Oktober 1147. Sie trafen in Nicäa mit Konrad III. und den versprengten Resten seines Heeres zusammen. Die beiden Könige beschlossen, auf den unter griechischer Kontrolle stehenden Küstenstraßen weiter nach Süden zu ziehen. Zur Zeit des Weihnachtsfestes aber befiel Konrad eine so schwere Krankheit, daß er bettlägerig wurde und nicht daran denken konnte, aufzubrechen. In dieser Situation rettete ihn nur das Eingreifen Kaiser Manuels, der den erkrankten König per Schiff nach Konstantinopel bringen ließ, um ihn dort gesund zu pflegen. Konrad genas und war dem Basileus so dankbar, daß alle früheren Querelen beigelegt wurden. Diesem neu gegründeten Einverständnis entsprang der einige Zeit später auch verwirklichte Plan, Theodora, die Nichte des Kaisers, dem Bruder Konrads zur Frau zu geben.

Während Konrad in Konstantinopel von seiner Krankheit genas, befand sich Ludwig VII. mit seinen Truppen auf dem Weg nach Syrien. Als die französischen Kreuzfahrer die kaum zugänglichen Gebirgsketten zwischen Laodikäa und Attalia erreicht hatten, wurden die Leiden des Hungers und der Kälte immer unerträglicher und verursachten besonders den Damen bittere Schmerzen. Dennoch zog man unverdrossen weiter und hatte die Paßhöhe fast schon erklommen, als türkische Reiter plötzlich einen Angriff unternahmen. Da die zerklüfteten Felsen keinen sicheren Standort boten, wurden viele in den Abgrund gerissen und kamen elend um. Obwohl König Ludwig sich heldenhaft verteidigte, waren die Verluste so erheblich, daß er mit einem schwer angeschlagenen Heer in Attalia ankam. Aufgrund dieser bösen Erfahrungen entschloß sich Ludwig nun für die Weiterreise zur See. Allerdings konnten die Schiffe, da sie nicht in ausreichender Zahl vorhanden waren, nur einen kleinen Teil seiner Truppen befördern, die übrigen mußten auf dem gefährlichen Landweg weitermarschieren. Der König aber gelangte im März 1148 sicher in das christliche Antiochia, das von dem Onkel seiner Frau, Fürst Raimund, regiert wurde. Dort erholte man sich bei guter Bewirtung und zahlreichen Festveranstaltungen bald von den überstandenen Schrecken. Raimund von Poitiers hielt es für das klügste, zunächst Aleppo anzugreifen und sich dann gegen Edessa zu wenden. Dieser wohldurchdachte Plan traf bei Ludwig VII. jedoch auf wenig Gegenliebe – nicht zuletzt aus persönlichen Gründen, soll doch zwischen Eleonore von Aquitanien und ihrem Onkel ein Liebesverhältnis bestanden haben. Da dem König daran gelegen war, möglichst viele Meilen zwischen seine anziehende Frau und den Fürsten zu legen, faßte er den übereilten Entschluß, unverzüglich nach Jerusalem aufzubrechen. Dort suchte er sogleich nach seinem Eintreffen die heiligen Stätten auf, versank im Gebet und erfüllte somit zumindest einen Teil seines Kreuzzugsgelübdes.

Der zweite Kreuzzug endete in einem Desaster, ausgelöst durch das wahnwitzige Vorhaben,[4] Damaskus anzugreifen, das erstens durch seine Lage praktisch uneinnehmbar war und sich außerdem mit dem Königreich Jerusalem verbündet hatte und an diesem Bündnis, angesichts der bedrohlichen Nachbarschaft Aleppos, auch treu festhielt.

Die Kontingente, die sich auf Damaskus zubewegten, setzten sich aus Deutschen, Franzosen und einheimischen Franken zusammen. Man besetzte zunächst die Obsthaine und Plantagen im Süden der Stadt und begann von hier aus mit der Belagerung. Da die Situation äußerst gefährlich war, wandte sich der Sultan von Damaskus, Unur, trotz der Feindschaft zwischen ihm und Nur ed-Din, an den Sohn Zengis und Herrscher von Aleppo mit der dringenden Bitte um Unterstützung. Zugleich ließ er die Truppen seines Königreiches zusammenziehen. Einzelne Gruppen drangen wiederholt unbemerkt in das Lager der Christen ein, so daß die Kreuzfahrer, die die Chance eines Überraschungsangriffs verpaßt hatten, ihr Heer schließlich auf einer Ebene vor der Ostmauer stationierten. Diese Verlegung sollte sich als verhängnisvoller Fehler erweisen, da nun die glühende Sommerhitze in einer wasserarmen Gegend auf sie niederbrannte. Zudem wurden sie von den Soldaten des alten Unur so heftig attackiert, daß die fränkischen Barone schon am vierten Tag der Belagerung aufgeben wollten. Die beiden Könige waren darüber so empört, daß sie gar nicht erst versuchten, ihre Verbündeten umzustimmen. Tags darauf, am 28. Juli 1148, begann man mit dem Abzug, jedoch so überstürzt und planlos, daß sehr viele Christen den Pfeilen der sie verfolgenden moslemischen Reiter zum Opfer fielen. Als erster verließ der deutsche König, aufs äußerste erbost über die fränkischen Barone, das Land. Er verbrachte das Weihnachtsfest auf Einladung des Basileus in Konstantinopel, wo die byzantinische Prinzessin Theodora, wie es verabredet war, mit Heinrich Jasomirgott vermählt wurde. Ludwig VII. verließ erst acht Monate später das Heilige Land.

Der zweite Kreuzzug hatte sich als völliger Fehlschlag erwiesen. Die Gründe hierfür liegen einmal in der Zerstrittenheit der einzelnen Heere, die von nationalen Vorurteilen herrührte, zum anderen in den mangelnden Führungsqualitäten der beiden Könige und nicht zuletzt in der ungenügenden Unterstützung des Kreuzzuges durch Konstantinopel, das sich, be-

[4] Runciman kommentiert: „Es war ein unsagbar törichter Beschluß." Steven Runciman, Geschichte der Kreuzzüge. Aus dem Engl. übertr. v. P. de Mendelssohn. München 1978, S. 585.

droht von den süditalienischen Normannen, mit anderen Problemen herumschlug.

Der Mißerfolg dieses mit so viel Engagement begonnenen Unternehmens führte besonders in Deutschland erstmals zu einer grundsätzlichen Kritik an der Institution des Kreuzzugs, die man nicht länger zweifelsfrei als gottgewollt hinnehmen konnte.

Der dritte Kreuzzug (1189–1192, mit Friedrich Barbarossa)

Im christlichen Abendland rief der Fall Jerusalems äußerste Bestürzung hervor. Die Überlebenden der Schlacht von Hattin, die sich nach Tyrus geflüchtet hatten, sandten Boten aus an den Papst und die Könige des Westens, damit sie ihnen in ihrer verzweifelten Lage zu Hilfe kämen. Gregor VIII. schickte sofort ein Rundschreiben an die abendländischen Christen und versprach allen Kreuzfahrern den vollkommenen Ablaß. Einer der ersten, die das Kreuz nahmen, war der König von Sizilien. Ihm folgten Richard von England, Philipp August von Frankreich sowie der deutsche Kaiser Friedrich Barbarossa. Im Gegensatz zum ersten und zweiten Kreuzzug wurde diesmal der Zug ins Heilige Land gründlich vorbereitet und vor allem in Deutschland gut organisiert. Aufgrund einer kaiserlichen Verordnung ließ man nur diejenigen zu, die im Waffenhandwerk geübt waren und für zwei Jahre selbst für ihren Lebensunterhalt aufkommen konnten. Es wurde ein reines Ritterheer aufgestellt. Damit vermied man den Wallfahrtscharakter des ersten Kreuzzugs. Am 11. Mai 1189 brach das Heer von Regensburg aus auf. Mit Kaiser Friedrich Barbarossa, damals etwa 65 Jahre alt, zogen sein ältester Sohn, Herzog Friedrich von Schwaben, und die Bischöfe von Lüttich, Würzburg, Passau, Regensburg, Basel, Osnabrück, Meißen. Landgraf Ludwig III. von Thüringen und später auch Herzog Leopold V. von Österreich wählten den Seeweg.

Sobald das Heer byzantinisches Gebiet betreten hatte, häuften sich die Feindseligkeiten gegen die Kreuzfahrer. Aus dem friedlichen Durchmarsch wurde bald ein offener Krieg, in dem es Barbarossa gelang, mehrere byzantinische Städte einzunehmen. Dadurch sah sich Konstantinopel gezwungen, einen Friedensvertrag mit dem deutschen Kaiser zu schließen. Nachdem man die Überfahrt glücklich bewältigt hatte, marschierte man unter großen Schwierigkeiten auf die ehemals christliche Stadt Konya zu, die nach kurzem siegreichen Kampf von der moslemischen Herrschaft befreit wurde. Daß das ermattete, von Hunger und Durst geplagte Heer einen solchen Triumph feiern konnte, ist vorzugsweise der mitreißenden Persönlichkeit Friedrich Barbarossas zuzuschreiben, der allgemein geliebt und verehrt wurde. Enthusiasmierend wirkte auch eine Vision des heiligen Georg, der das Christenheer, auf einem weißen Roß reitend, angeführt haben soll und so den Kämpfenden neuen Mut gab. Hierin besteht ein Anklang an die Erscheinungen des ersten Kreuzzugs, woraus man schließen kann, daß Intensität und teilweise mystische Ausrichtung des Glaubens noch durchaus vorhanden waren.

Durch den plötzlichen, überraschenden Tod Friedrich Barbarossas – er kam 1190 im Fluß Saleph um – aber verlor das deutsche Ritterheer seine Stoßkraft und seinen Siegeswillen. Die Wirkung dieses Todes war ungeheuer. Einige waren so betroffen, daß sie sich sogar das Leben nahmen, während andere an Gott verzweifelten und zum Islam übertraten. Mut und Kampfeseifer des Kreuzfahrerheeres, das unter Friedrich von Schwaben, Barbarossas Sohn, weiter nach Antiochia zog, waren gebrochen. Der großangelegte deutsche Kreuzzug unter der Führung des Kaisers war damit gescheitert; zurück blieben Trauer und bittere Klagen.

In der Zwischenzeit aber waren die englischen und französischen Heere einschließlich der englischen Flotte im September 1190 in Messina eingetroffen. Nach der ersten herzlichen Begrüßung entwickelte sich jedoch bald eine erbitterte Feindschaft zwischen Richard Löwenherz und dem französischen König, die solche Formen annahm, daß die französischen Kreuzfahrer allein nach Palästina aufbrachen.

Richard Löwenherz eroberte Zypern und landete am 8. Juni 1191 vor Akkon, wo es zu langdauernden Kämpfen kam. Hunger und Krankheiten griffen um sich und forderten zahlreiche Opfer. Zusätzlich erschwert wurde die Situation durch den Haß, der zwischen dem englischen und dem französischen König schwelte, und die Streitigkeiten der Angehörigen verschiedener Nationalitäten, so daß die vor Akkon versammelten Kontingente bisweilen als Karikatur eines Kreuzfahrerheeres gelten konnten.

Doch endlich erlahmte die Widerstandskraft der Belagerten. Da seine eigenen Leute ihm in entscheidender Stunde den Gehorsam verweigerten, sah sich Saladin gezwungen, einen Friedensvertrag zu schließen, in dem ihm freier Abzug gewährt wurde gegen die Wiederherstellung des Königreichs Jerusalem, Befreiung von 2500 christlichen Kriegsgefangenen, Rückgabe des Heiligen Kreuzes und Zahlung von 200000 Golddinaren.

So konnten die christlichen Kämpfer am 12. Juli 1191 endlich in Akkon einziehen. Ein Teil der Kreuzfahrer hielt mit der Eroberung Akkons sein Gelübde für erfüllt und begab sich auf den Heimweg, so König Philipp August von Frankreich. Als sich die Verhandlungen mit Saladin über die Modalität der Rückgabe des Heiligen Kreuzes und die Termine der zu leistenden Zahlungen hinauszogen, ließ Richard Löwenherz kurzerhand alle Mohammedaner, die in seiner Gewalt waren, hinrichten. Es war dies wohl die größte Schädigung, die die Sache der Kreuzfahrer je durch eine Person aus dem eigenen Lager erfahren hat, und sie rief nicht nur bei den Ungläubigen Abscheu und Entsetzen hervor.

Nach dem Abzug des französischen Königs wurde der dritte Kreuzzug nun ganz von Richard Löwenherz bestimmt. Dieser letzte Abschnitt des Kreuzzuges war gekennzeichnet durch große militärische Erfolge, die dem englischen König zu verdanken waren. Richard Löwenherz unternahm verschiedene Expeditionen gegen Jerusalem, kehrte aber ebenso oft wieder um, ohne einen Angriff zu wagen. Er zeigte damit wenig Kreuzfahrergeist, denn auf Jerusalem sollte eigentlich das ganze Streben eines Kreuzfahrers gerichtet sein. Während dieser Züge fanden ständig Unterredungen zwischen Richard und Saladin statt, die jedoch ohne Erfolg blieben. Verrieten sie Richards eigensüchtiges, rein persönliches Interesse an der Zukunft des Heiligen Landes? Am 2. September 1192 kam ein Friede zustande, da Richard Löwenherz schlechte Nachrichten aus England erhalten hatte, die ihn zu einem Vergleich zwangen.

Die Franken mußten die Hoffnung aufgeben, Askalon, Darum und Gaza in der Hand behalten zu können. Nur der Küstenstrich nördlich von Tyrus bis südlich von Jaffa bildete noch das Königreich Jerusalem. Jerusalem selbst verblieb innerhalb des Machtbereiches Saladins, doch erhielten die christlichen Pilger Zutritt zu den heiligen Stätten, ohne Steuern zahlen zu müssen. Hans Eberhard Mayer faßt zusammen:

> Der größte abendländische Kreuzzug war vorbei. Der Erfolg war mager genug; der größere Teil Palästinas verblieb den Muslimen. Aber die vereinigten Kräfte der Franken und des Abendlandes hatten den Bestand der Kreuzfahrerstaaten für ein weiteres Jahrhundert gesichert. Eine ähnliche Anstrengung hat Europa jedoch nie mehr unternommen. (S. 142.)

Der „deutsche Kreuzzug" von 1197 (mit Heinrich VI.)

Bald nachdem der Schock über den unglücklichen Ausgang des dritten Kreuzzugs vorüber war, wurde ein neuer Kreuzzug geplant. Kaiser Heinrich VI. nahm 1195 das Kreuz und versprach, neben dem Kreuzfahrerheer auf eigene Kosten 1500 Panzerritter und 1500 Knappen als Söldner bereitzustellen. Namentlich in Deutschland wurde in den folgenden Jahren für dieses Unternehmen geworben. Ab März 1197 schiffte sich das Heer in Süditalien ein. Das Hauptkontingent brach unter der Führung Heinrichs von Kalden und des Kanzlers Konrad von Querfurt Anfang September nach Akkon auf. Das Heer konnte einen beträchtlichen Erfolg verbuchen. Unter der Führung des Herzogs von Brabant wurde die Landverbindung zwischen dem Königreich Jerusalem und der Grafschaft Tripolis durch die Eroberung von Sidon und Beirut wiederhergestellt (im Oktober 1197).

Aber auch dieser – kaum begonnene und daher nicht gezählte – Kreuzzug, der im wesentlichen ein deutsches Unternehmen war, endete mit dem plötzlichen Tod des Kaisers. Heinrich VI. starb am 28. September in Messina. Sein Tod stürzte das mittelalterliche Kaiserreich in eine tiefgreifende Krise.

Der vierte Kreuzzug (1198–1204, gegen Konstantinopel)

Der vierte Kreuzzug wurde ins Leben gerufen und maßgeblich beeinflußt von einer engagierten, willensstarken Persönlichkeit, von Innozenz III., der 1198 zum Papst gewählt wurde. Bald darauf predigte er, vor allem in Frankreich, den vierten Kreuzzug, der ursprünglich unter rein geistlicher Leitung stehen sollte. Dieser Kreuzzug wurde systematisch organisiert und finanziell geplant. Innozenz besteuerte alle Geistlichen und verlangte die Zahlung eines Zwanzigstels, von den Kardinälen sogar die eines Zehntels. Jeder Diözese wurde ein volkstümlicher Prediger zuerkannt, der auch das Volk für den Kreuzzug begeistern sollte. Die Kreuzprediger selbst waren zugleich Verwaltungs- und Finanzbeamte, die u. a. für die Verteilung der Kreuzzugsgelder zu sorgen hatten. Die Predigt selbst veränderte sich, was ihren Inhalt anbetrifft. Sie setzte den Akzent auf eine reinigende Buße hier und jetzt und nahm immer mehr den Charakter einer praktischen Moralpredigt an. Eine wesentliche Rolle in ihr spielte das Ablaßversprechen des Papstes. Der Ablaß sollte nur unter der Bedingung ausgesprochen werden, daß der Kreuzzug einzig um des Seelenheiles willen unternommen wurde und daß Bekenntnis und Reue des Sünders vorangingen. Selbstverständlich wurden nicht die Sünden selbst vergeben, sondern nur die zeitlichen Sündenstrafen erlassen. Das vulgäre Verständnis aber war wesentlich anders. Man glaubte, nach dem Tode werde jeder Kreuzzugsteilnehmer direkt ins Paradies eingehen und sprach jedem gefallenen Kreuzfahrer das Martyrium zu.

Ein geschichtliches Novum stellt die scharfe Kritik dar, die diesen Kreuzzug von Anfang an begleitete. Sie richtete sich in erster Linie gegen den Mißbrauch der Ablösung oder Umwandlung des Kreuzzugsgelübdes und die Verwendung der Kreuzzugssteuern für andere Zwecke. Im ›Renner‹ des Hugo von Trimberg heißt es ironisch: *Der bâbest ist sînen kinden holt, er nimt ir silber und ir golt.* (V. 9121 f.) Diese Reaktionen der Christenheit demonstrieren, daß der Kreuzzugsgedanke den führenden Schichten fremd zu werden begann und von anderen Klassen übernommen wurde. Von daher kann es nicht verwundern, daß an dem vierten Kreuzzug städtische

Bürgersöhne und Bauern in überraschend großer Zahl teilnahmen. Innozenz III. hatte bewußt davon Abstand genommen, gekrönte Häupter zur Teilnahme aufzufordern. Die Erfahrung hatte gezeigt, daß die Anwesenheit von Königen und Kaisern auf Kreuzzügen nicht durchaus wünschenswert war. Der einzige Kreuzzug, der zu einem vollständigen Erfolg geführt hatte, war der erste gewesen, an dem kein gekröntes Haupt teilgenommen hatte. Es wurde vermutet, daß ein Kreuzzug der Barone, die alle mehr oder weniger der gleichen Volksgruppe entstammten und ein einheitliches Ganzes bildeten, die königlichen und nationalen Rivalitäten vermeiden würde, welche dem zweiten und dem dritten Kreuzzug so schwer geschadet hatten. Die ersten Kontingente, die sich 1199 formierten, bestanden vorwiegend aus Rittern unter der Führung Theobalds von der Champagne, Ludwigs von Blois und Balduins von Flandern.

Der 4. Kreuzzug ist dann allerdings durch die verhängnisvolle Perversion in die Geschichte eingegangen, daß er nicht gegen die Moslems, sondern gegen die byzantinischen Christen geführt wurde und die Vernichtung Konstantinopels zur Folge hatte.

Die Führer des vierten Kreuzzuges schlossen in Venedig einen Vertrag mit dem Dogen Enrico Dandolo. Venedig verpflichtete sich, gegen die Zahlung von 85000 Mark Silber ein Jahr lang Schiffsraum und Verpflegung für 4500 Ritter, 9000 Knappen und 20000 Fußsoldaten zur Verfügung zu stellen und willigte außerdem ein, den Kreuzzug mit 50 Kriegsschiffen aktiv zu unterstützen. Da man die Zahl der Teilnehmer aber zu hoch veranschlagt hatte, mußte man den Venezianern, die auf ihrem Preis beharrten, eine große Summe schuldig bleiben.

In dieser Situation schlug der Doge ein Schuldenmoratorium vor, falls die Kreuzfahrer die 1186 von Venedig abgefallene Stadt Zara an der dalmatinischen Küste zurückeroberten. Diese Stadt aber war christlich. Gegen diese Ablenkung von dem eigentlichen Ziel des Unternehmens erhob sich heftiger Protest, besonders von seiten des Papstes, der die Venezianer und das gesamte Heer exkommunizierte und in den Bann tat. Doch schließlich konnte Innozenz III. zum Einlenken bewegt werden, da er unter allen Umständen den Kreuzzug retten wollte. So wurde Zara 1202 völlig zerstört und geplündert.

Die zweite Abirrung dieser Kreuzfahrt knüpfte sich an die Person des byzantinischen Thronprätendenten Alexios IV., Angelos, des Schwagers des deutschen Königs Philipp von Schwaben. Gesandte von Alexios und Philipp schlugen dem Kreuzfahrerheer, das in Zara überwinterte, vor, zunächst nach Byzanz zu ziehen und dessen legitimen Herrscher wieder in seine Rechte einzusetzen. Alexios stellte dafür die Kirchenunion mit Rom in Aussicht, verpflichtete sich zu hohen Geldzuwendungen und sagte die

Mitwirkung der Byzantiner am eigentlichen Kreuzzug zu. Gegen diesen Plan stand eine erbitterte Opposition auf; einige einflußreiche Männer verließen das Heer mit zahlreichen gleichgesinnten Anhängern.

Der Papst verbot nachdrücklich diese Fahrt; dennoch entschloß man sich, sie zu wagen. Die Masse der Kreuzfahrer wurde überzeugt, indem ihnen lockend vor Augen geführt wurde, welch große Reliquienschätze das unwürdige, schismatische Byzanz beherbergte.

Am 17. Juli 1203 stürmte das Heer gegen Konstantinopel. Der verbrecherische Bruder von Alexios IV. floh, und Alexios IV. wurde zum Mitkaiser im Verbund mit seinem Vater eingesetzt.

Bald aber vermochte er nicht länger zu verhehlen, daß er die getroffenen Abmachungen nicht einhalten konnte oder wollte. Als er zusammen mit seinem Vater während eines Aufstandes ermordet wurde und der lateinerfeindliche Alexios V. den Thron bestieg, entschieden sich die Kreuzfahrer für eine endgültige Vernichtung des Oströmischen Reiches und belagerten erneut Konstantinopel, das ihnen am 13. April 1204 in die Hände fiel. Bei der Einnahme wurde entsetzlich geplündert und gemordet, wobei zahllose unersetzliche Kulturwerte verlorengingen.

Der Kinderkreuzzug (1212)

Im Mai des Jahres 1212 erschien ein zwölfjähriger Hirtenjunge namens Stephan vor dem französischen König Philipp und überbrachte die Botschaft, Christus sei vor ihn getreten und habe ihm befohlen, zu einem neuen Kreuzzug aufzurufen. Obwohl der König ihn abwies, war der Knabe von einer solch ekstatischen Begeisterung erfüllt, daß er trotzdem zu predigen begann und seinen kleinen Zuhörern versprach, das Meer werde vor ihnen austrocknen, und sie würden, wie Moses durch das Rote Meer, wohlbehalten ins Heilige Land hinüberziehen. Stephan war so erfolgreich, daß sich mehrere tausend Kinder um ihn versammelten; die meisten stammten aus bäuerlichen Schichten, doch waren auch adlige Jungen und Mädchen darunter. In den letzten Tagen des Juni setzte sich der Zug über Tours und Lyon nach Marseille in Bewegung. Die Reise war so beschwerlich, daß viele der jungen Kreuzfahrer unterwegs entkräftet zurückblieben und starben. In Marseille angelangt, fanden die Kinder zwei Kaufleute, die sich bereit erklärten, ihnen Schiffe für die Überfahrt nach Palästina zu verschaffen. – Aber erst als beinahe zwei Jahrzehnte vergangen waren, sollte man etwas über ihr weiteres Schicksal erfahren. Ein Priester, der an Stephans Zug teilgenommen hatte und aus moslemischer Gefangenschaft entlassen worden war, erzählte den gebannt lauschenden Eltern, daß die Marseiller Kaufleute insgeheim einen Vertrag mit Sklavenhändlern geschlossen hatten und alle Kinder, die die Meeresstürme überlebten, auf Sklavenmärkte an der algerischen Küste und in Ägypten geschafft worden seien.

Unterdessen hatte die Welle des neubelebten Kreuzzugsenthusiasmus auch Deutschland erreicht. Nicht lange nach Stephans Auszug trat im Rheinland ein Knabe mit Namen Nikolaus auf, der sehr überzeugend zu reden verstand und von dem Glauben durchdrungen war, sie, die Kinder, seien vorherbestimmt, das zu erreichen, was den Erwachsenen versagt geblieben war: die Befreiung des Heiligen Grabes. Bald schon hatte sich ihm eine große Zahl Kinder angeschlossen, teils heimlich, teils mit dem Einverständnis ihrer Eltern. Man brach auf in zwei Abteilungen. Die erste leitete Nikolaus selbst und führte sie über Basel durch die Westschweiz nach Genf, um von dort aus die Alpen zu überqueren. Die Anstrengungen waren so gewaltig, daß zwei Drittel der Kinder vor Erschöpfung am Wege liegenblieben und starben. Nachdem der verbliebene Rest Genua erreicht hatte, warteten auch diese kleinen Kreuzfahrer vergeblich darauf, daß das Meer sich vor ihnen teilte. Einige waren darüber so enttäuscht, daß sie dem Kreuzzug abschworen und Bürger von Genua wurden. Andere wanderten mit Nikolaus weiter nach Pisa und hofften immer noch, das Meer werde sich vor ihnen öffnen. In Pisa wurden einige der Jungen und Mädchen an Bord von Schiffen genommen, die nach Palästina unterwegs waren. Ihr weiteres Los ist unbekannt. Nikolaus machte sich mit einer kleinen Schar gläubiger Anhänger auf den Weg nach Rom. Die tiefe Frömmigkeit der kleinen Gruppe rührte zwar auch Papst Innozenz; aber er befahl ihnen dennoch, sofort zurückzukehren und ihr Kreuzzugsgelübde später als Erwachsene zu erfüllen. Die Anzahl der Kinder, die tatsächlich Eltern und Geschwister wiedersahen, war jedoch erschreckend gering. – Die zweite Abteilung dieses ungewöhnlichen Kreuzzugsunternehmens war über den St. Gotthard nach Italien gezogen und bei Ancona ans Meer gelangt. Als die Wasser trotz inbrünstiger Gebete nicht abfließen wollten, wanderte man weiter nach Brindisi. Dort wurden einige der Kinder von Schiffen aufgenommen, die das Heilige Land ansteuerten. Die übrigen begaben sich auf den Heimweg, doch konnten nur sehr wenige von ihnen sich bis nach Deutschland durchschlagen.

Die Katastrophe von Damiette (1221)

Auf dem großen Laterankonzil der katholischen Kirche im Jahre 1215 proklamierte man, wobei die Hauptinitiative von Papst Innozenz ausging, einen neuen Kreuzzug. Beauftragte der Kurie bereisten auch die entlegensten Gegenden Europas, um den Zug ins Heilige Land zu predigen. Auch Papst Honorius betrieb das begonnene Werk seines Vorgängers voller Eifer weiter. Auf jenem Konzil hatte man Ägypten als Hauptkriegsziel ins Auge gefaßt, und nachdem die Kreuzzugsheere und -schiffe in Palästina eingetroffen waren, einigte man sich schließlich auf den Vorschlag König Johanns von Akkon, den Hafen von Damiette anzugreifen. Sollte es gelingen, die Muselmanen aus dem Niltal zu vertreiben, würden sie nicht nur ihre reichste Provinz verlieren, sondern auch außerstande sein, im östlichen Mittelmeer eine Flotte zu unterhalten. Das Heer der Christen segelte 1218 unter Führung Johanns von Akkon in Richtung Ägypten.[5] Als sie vor Damiette Anker geworfen hatten, griffen sie als erstes einen auf einer Insel nahe dem Westufer befindlichen Turm an, an dem eine Kette befestigt war, die die einzige befahrbare Rinne undurchlässig machte.

Ein Sturmangriff verlief so erfolgreich, daß der Turm fiel, die Kette gesprengt werden konnte und der Durchgang für die christlichen Schiffe nunmehr frei war.

Währenddessen hatte ein päpstlicher Kriegszug unter dem Oberbefehl des Kardinals Pelagius die Kreuzfahrer erreicht. Pelagius stärkte den Mut der Kämpfenden, indem er sie wissen ließ, Friedrich II., der schon seit 1215 das Kreuz trug, werde mit einem größeren Heer nachfolgen. Ab und an aufflackernde Kampfhandlungen wurden durch eine plötzliche Überschwemmung am 29. Februar 1218 jäh beendet, und man war noch mit der Wiederherstellung des Lagers beschäftigt, als dazu eine Epidemie ausbrach, der ein Sechstel der Kreuzfahrer zum Opfer fiel. Die Ägypter hielten sich bereit und erwarteten täglich den Großangriff der Franken auf Damiette. Diese aber zögerten. Da vernichtete ein Angriff der gegnerischen Moslems beinahe das gesamte Kreuzfahrerheer. So war es eigentlich ein großer Glücksfall, daß Sultan el-Kamil mehr denn je geneigt war, Frieden zu schließen, denn Ägypten drohte eine Hungersnot, da der Nil in jenem Sommer nur sehr wenig gestiegen war. Er machte den Kreuzfahrern das Angebot, aus Ägypten abzuziehen gegen die Zusage, Jerusalem, ganz Mittelpalästina, Galiläa, sowie das Heilige Kreuz zu übergeben. Die Mohammedaner selbst beanspruchten nur die Burgen von Oultrejourdain, für die sie jedoch Tributzahlungen leisten wollten. Dieses Angebot anzunehmen, das so überraschende Zugeständnisse enthielt, wäre nur klug gewesen, aber Pelagius hielt eine friedliche Einigung mit den Ungläubigen grundsätzlich für falsch, und so wurde dieser Friedensvorschlag gegen den Willen König

[5] Unter ihnen befand sich auch ein hervorragender Gast, Franz von Assisi, der von dem Wunsch beseelt war, die Ungläubigen friedlich und ohne Waffengewalt zu bekehren.

Johanns und der meisten Adligen abgelehnt. Als Späher am 5. 11. 1219 erkundet hatten, daß der Außenwall von Damiette nicht besetzt war, stürmten die Christen vor und konnten die Stadt, ohne auf ernstliche Gegenwehr zu stoßen, besetzen. Viele wohlhabende und einflußreiche Bürger wurden als Geiseln genommen, die unbedeutenderen aber in die Sklaverei verkauft. Pelagius war so durchdrungen von diesem leichten Sieg, daß er die vollständige Ausmerzung des Islams bereits in greifbare Nähe gerückt sah und den Plan faßte, ganz Ägypten zu erobern. Da die Ankunft Friedrichs II. sich aber immer mehr verzögerte, stand der Kreuzzug erst einmal still.

Im Abendland hatte Friedrich II., nachdem er zum Kaiser gekrönt worden war, das bindende Versprechen abgelegt, den Zug ins Heilige Land zu unternehmen. Zahlreiche Kreuzfahrer gingen unter der Führung des Herzogs Ludwig von Bayern in See. Als der Herzog das Lager der Kreuzfahrer erreicht hatte, hungerte er nach Kampf, und da der Aufbruch Friedrichs II. immer noch nicht erfolgt war, erklärte er sich mit Pelagius' Vorschlag, in das Innere Ägyptens vorzudringen, einverstanden.

Am 12. Juli 1221 rückten die christlichen Heere, denen sich auch der König von Akkon angeschlossen hatte, gegen Fariskar vor. In der darauffolgenden Woche gelang es ihnen, Scharimschah zu besetzen. Am 24. Juli lagen die Kreuzfahrer längs des Bahr as-Saghir der starken Streitmacht der Ägypter gegenüber. Vier Wochen später mußte auch Pelagius einsehen, daß die Feinde zahlenmäßig überlegen waren und die Christen vollständig eingeschlossen hatten. Nur ein sofortiger Rückzug verhieß noch Hoffnung auf Rettung. Dieser wurde jedoch außerordentlich schlecht organisiert. Die Soldaten mußten durch sumpfiges Gelände marschieren, da die Gegner, die von dem bevorstehenden Abzug der Christen erfahren hatten, alle Schleusen öffneten, und die Reiterei des Sultans den Kreuzfahrern dicht auf den Fersen blieb. Am 28. August 1221 gab Kardinal Pelagius endgültig auf. Er ließ durch Unterhändler die Friedensbedingungen el-Kamils einholen und akzeptierte notgedrungen die Forderungen des Sultans, Damiette zu räumen und einen achtjährigen Waffenstillstand zu schließen, den Friedrich II. bestätigen sollte. Außerdem wurde ein gegenseitiger Gefangenenaustausch sowie die Rückgabe des Heiligen Kreuzes vereinbart. Der Kreuzzug war damit zu Ende. Er hätte, wäre ein kluger, allseits respektierter Heerführer vorhanden gewesen, zum Erfolg führen können. Pelagius, der sich auf die bedingungslose Kapitulation des Islams versteift hatte, schlug in seinem törichten Eigensinn zweimal ein überaus großzügiges Friedensangebot des Sultans aus, das die Christen wieder in den Besitz der Heiligen Stadt gebracht hätte. So aber konnten sie nicht einmal das Heilige Kreuz zurückgewinnen. Als es ausgehändigt werden sollte, war es nicht mehr aufzufinden.

Der fünfte Kreuzzug (1228–1229, mit Friedrich II.)

Friedrich II. hatte ein besonderes, vor allem wohl machtpolitisches Interesse an den Geschicken des Heiligen Landes, war er doch am 9. 11. 1225 mit der Tochter des Herrschers von Akkon, Isabella, vermählt worden. Der Kaiser entsprach denn auch wenig dem Idealbild eines frommen Kreuzfahrers. Seine geistigen Fähigkeiten waren glänzend, doch sein anmaßendes, hochfahrendes Wesen schuf ihm wenig Freunde, und als Kind einer Insel, die halb griechisch und halb arabisch sprach, war er anderen Religionen gegenüber sehr aufgeschlossen und interessierte sich besonders für den Islam, mit dem er von Jugend auf enge Berührung gehabt hatte.

Im Jahre 1225 hatte er vor zwei päpstlichen Legaten den Eid abgelegt, daß er im August 1227 endgültig nach Palästina aufbrechen und sein Kreuzzugsversprechen einlösen werde. Während des Sommers warb er in jenem besagten Jahr ein großes Heer an und stach am 8. September 1227 auch wirklich in See. Auf den Schiffen brach jedoch überraschend eine Seuche, die Malaria, aus, an der auch der Kaiser erkrankte, und zwar so schwer, daß er sein Schiff verließ, um sich zur Genesung in den Kurort Pozzuoli zu begeben.

Mittlerweile aber hatte in Rom Gregor IX. den nachsichtigen, gutgläubigen Honorius abgelöst. Der neue Papst brachte im Gegensatz zu dem früheren Lehrer des Kaisers für Friedrich keinerlei Sympathie auf und sah in seiner vorgeblichen Krankheit nur einen Vorwand, um den Aufbruch ins Heilige Land erneut zu verzögern. Er war darüber so empört, daß er Friedrich unverzüglich in den Bann tat. In der Zwischenzeit war auch Isabella gestorben, und Friedrich II. war nun nicht länger König von Akkon, sondern nurmehr Vormund seines kleinen Sohnes Konrad, der die Königswürde erbte.

Johann von Ibelin, Isabellas nächster männlicher Verwandter, besaß zur damaligen Zeit in Outremer den größten Einfluß, nicht allein aufgrund seines Reichtums, sondern auch wegen seiner untadeligen Persönlichkeit. Er war von daher eine ernste Gefahr für die hochgespannten Ziele Kaiser Friedrichs, die dieser nach seiner körperlichen Wiederherstellung und seiner Ankunft im Heiligen Land schmiedete. Die erste Machtprobe, die im übrigen ein bezeichnendes Licht auf den Charakter des Kaisers wirft, endete mit einem Vergleich. Friedrich schloß 1229 einen Vertrag mit Sultan el-Kamil, dessen Inhalt bereits (S. 7) beschrieben wurde.

Der sechste Kreuzzug (1248–1254, mit Ludwig IX. von Frankreich)

Als Ludwig IX. von Frankreich im Dezember 1244 lebensgefährlich erkrankte, gelobte er, im Falle seiner Genesung einen neuen Kreuzzug zu unternehmen. Dieser französische König stellt ohne Zweifel vom ethisch-moralischen Standpunkt aus die beeindruckendste Herrschergestalt seiner Zeit dar. Besonders zeichneten ihn Bescheidenheit, Zuverlässigkeit, wirkliche Demut und eine tiefempfundene Frömmigkeit aus.

Die Vorbereitungen für den Kreuzzug – er war nach dem Zusammenbruch von Gaza bitter nötig geworden – zogen sich über drei Jahre hin. Am 25. 8. 1248 endlich stach Ludwig in Begleitung seiner Gattin und zweier seiner Brüder in See. Der Kriegsplan konzentrierte sich vorerst auf Ägypten, da es die fruchtbarste und am wenigsten geschützte Provinz des Ayubitenreiches war. Im Mai 1249 segelte man in Richtung Ägypten und erreichte Damiette am 4. Juni desselben Jahres. Schon bei der Landung des Königs kam es zu erbitterten Kämpfen mit den Soldaten Sultan Ayubs, die allerdings zugunsten der Kreuzfahrer verliefen. Damiette wurde mühelos erobert und besetzt.

Der Sultan versprach den Franken für die Räumung der Stadt sogar die Übergabe Jerusalems, doch Ludwig IX. konnte sich nicht dazu aufraffen, mit einem Ungläubigen zu verhandeln, und nachdem Verstärkung aus der Heimat unter der Führung seines Bruders Alfons von Poitou eingetroffen war, brach das Kreuzfahrerheer nach Kairo auf. Der Hauptfeind der Christen, Sultan Ayub, lag zu dieser Zeit auf dem Sterbebett. Schon zuvor war er durch sein Leiden an Lungenschwindsucht so geschwächt gewesen, daß er seine Truppen nicht selbst hatte befehligen können. Am 23. November 1249 starb dieser letzte bedeutende Sproß des Ayubitenhauses. Die Franken drängten vorwärts, da sie nach dem Tod des Sultans leichtes Spiel zu haben glaubten. Mittlerweile war Turanschah, der Sohn Sultan Ayubs und sein rechtmäßiger Erbe, im ägyptischen Lager eingetroffen. Seinem Befehl gemäß begannen die Ägypter mit dem Bau leichter Schiffe, um die Fahrzeuge abfangen zu können, die die Kreuzfahrer mit Lebensmitteln aus Damiette versorgten. Den Christen drohten nun Hungersnot und Krankheiten aller Art.[6] Die einzige Rettungsmöglichkeit bestand in einem schnellen

[6] „Und durch dieses Unglück und wegen der Ungunst des Landes, wo niemals ein Tropfen Regen fällt, vertrocknete das Fleisch unserer Beine, und die Haut unserer Beine bekam wie ein alter Stiefel schwarze und erdfarbene Flecke; und die diese Krankheit hatten, bekamen entzündetes Zahnfleisch, und beinahe keiner überstand diese Krankheit, sondern er mußte sterben. Wenn die Nase blutete, so war dies das Anzeichen eines baldigen Todes." (Pernoud, S. 305.)

Rückzug, nachdem Turanschah alle Verhandlungsangebote, zu denen Ludwig IX. sich schließlich doch noch hatte durchringen können, abgelehnt hatte. Während der mühevollen Rückreise aber wurde der König mit den Resten seines Heeres gefangengenommen.

Auf ägyptischer Seite hatte sich in der Zwischenzeit eine Palastrevolution ereignet. Die Mamelucken, freigelassene Kaufsklaven türkischer und tscherkessischer Herkunft, hatten unter Sultan Ayub große Macht und hohes Ansehen gewonnen. Die Soldaten des mameluckischen Bahriden-Regimentes rebellierten gegen den jungen Sultan, und ihr Anführer, Baibars Bundukdari, tötete ihn schließlich mit einem Säbelhieb. Der rangälteste mameluckische Befehlshaber, Izz el-Din Aibek, wurde zum Regenten ernannt und festigte seine Stellung, indem er die verwitwete Sultana Schadschar el-Durr heiratete. Damit hatte sich am Hof von Kairo ein entscheidender Machtwechsel vollzogen.

Die Mamelucken, die gleichfalls daran interessiert waren, in den Genuß des vereinbarten Lösegeldes zu kommen, zögerten nicht, den Vertrag der Ayubiden mit Ludwig IX. zu bestätigen. Als der König die geforderte Summe, die auf 400000 Pfund „tournois" herabgesetzt worden war, unter großen Schwierigkeiten endlich hatte aufbringen können, nahmen er und die Barone von Damiette aus, wo man sie festgehalten hatte, Kurs auf Akkon. Viele Verwundete mußten in der Stadt zurückgelassen werden, und entgegen anderslautenden Zusicherungen brachten die Ägypter sie alle ohne Ausnahme um.

Inzwischen war die Lage in Frankreich immer prekärer geworden, und Blanche, die Mutter des Königs, die mit der Regentschaft betraut worden war, forderte immer dringender die Rückkehr ihres Sohnes. Ludwig IX. aber war der Überzeugung, das Heilige Land brauche ihn nötiger, und sein ausgeprägtes Pflichtgefühl ließ ohnehin nicht zu, Akkon zu verlassen, bevor die letzten Gefangenen aus ägyptischer Hand befreit worden waren. Er blieb mit seiner Gemahlin in Akkon und wurde bald zum eigentlichen Herrscher des Königreiches, der auch die Außenpolitik in stürmischer Zeit klug und vorausplanend in die Hand nahm. Die große Anerkennung, die Ludwig selbst in den Reihen seiner Feinde fand und die auf seiner persönlichen Integrität und Tapferkeit basierte, wirkte sich auch zum Segen für das Fürstentum Antiochia aus. Er brachte auch eine endgültige Versöhnung zwischen Antiochia und Armenien zustande, indem er Bohemund VI., der unbelastet war von den Auseinandersetzungen der Vergangenheit, die Heirat mit Sibylle, der Tochter Hethums von Armenien, nahelegte. Da auf Hilfe aus dem Westen zu dieser Zeit keine Aussicht bestand, war der französische König ständig auf der Suche nach anderen Bundesgenossen gegen die Ungläubigen. So näherte er sich den Assassinen, mit denen er ein gegenseitiges Verteidigungsabkommen unterzeichnete, und warb auch von neuem um die Freundschaft der Mongolen. Im Frühling des Jahres 1254 aber war er zum Verlassen des Heiligen Landes gezwungen, da in Frankreich nach dem Tode seiner Mutter über die Erbschaftsfrage in Flandern der Bürgerkrieg ausbrach.

Ludwig IX. hatte als Feldherr völlig versagt, als Mensch und Herrscher aber konnte er so viel moralisches Ansehen erwerben, daß er als Schiedsrichter des Abendlandes anerkannt wurde. Seine militärischen Mißerfolge hinterließen jedoch bei den christlichen Völkern Europas eine tiefe Unsicherheit. Bisher hatte man die Fehlschläge der Kreuzzugsunternehmen als Strafe Gottes für Laster und Verderbtheit der Kreuzzugsführer begreifen können. Ludwig von Frankreich aber galt in sittlicher Hinsicht als vorbildhaft, und diese Erklärung war daher nun nicht mehr möglich.

Der siebente Kreuzzug (1270)

Ludwigs Interesse an den Geschicken des Heiligen Landes war nie erlahmt. Jährlich schickte er einen gewissen Betrag zur Unterhaltung von Truppen, die er in Akkon zurückgelassen hatte, nach Palästina. Aber erst 1270 erlaubten es ihm die Erfordernisse seines Landes, an einen neuen Kreuzzug zu denken.

Dieser fromme Plan des Königs wurde jedoch von seinem Bruder Karl pervertiert und zunichte gemacht. Karl von Anjou, berechnend und überaus ehrgeizig, charakterlich das genaue Gegenbild seines idealistischen Bruders, beabsichtigte, ganz Italien an sich zu bringen und den Griechen Konstantinopel wieder zu entreißen. Der Kreuzzug seines Bruders paßte durchaus nicht in Karls Konzept, da er französisches Geld und französische Soldaten ausschließlich für seine Zwecke und nicht für irgendein fernes Königreich verwendet sehen wollte.

Er lenkte daher den Kreuzzug in eine für ihn günstige Richtung, indem er dem König einzureden wußte, der Emir von Tunis, der sich durch die Aufnahme aufständischer Sizilianer Karls Feindschaft zugezogen hatte, sei bereit, sich taufen zu lassen.

Ludwig von Frankreich, dessen Klarsicht zu dieser Zeit durch Alter und Krankheit wahrscheinlich schon ein wenig getrübt war, vertraute seinem Bruder und stach am 1. Juli 1270 an der Spitze eines gewaltigen Kriegszuges tatsächlich in See. Als er mitten im afrikanischen Sommer vor Karthago einlief, stellte sich jedoch heraus, daß der Emir nicht die geringste Lust zeigte, zum Christentum überzutreten, sondern statt dessen gegen die Kreuzfahrer rüstete. Doch er brauchte nicht zu kämpfen, da es das Klima an seiner

Stelle tat. Seuchen griffen um sich und rafften die bedeutendsten Männer Frankreichs dahin. Der König war einer der ersten, den die Krankheit niederwarf und tötete. Der in sittlicher Hinsicht vorbildhafteste Kreuzfahrer starb mit dem Namen der Stadt auf den Lippen, die er mit eigenen Augen nie gesehen, der aber sein ganzer Einsatz gegolten hatte: Jerusalem. Das energische Eingreifen seines Bruders Karl rettete den Kreuzzug bis zum Herbst vor einer völligen Katastrophe; dann zahlte der Emir ihm eine große Summe dafür, daß er sich zurückzog.

Der eigentliche Kreuzzug aber war kläglich gescheitert, und von nun an sollte sich nie wieder ein westliches Heer aufmachen, um die Christen von Outremer vor ihren moslemischen Gegnern zu verteidigen.

Die geistige Auseinandersetzung des Christentums mit dem Islam im Mittelalter

Die militärischen und politischen Auseinandersetzungen zwischen Christen und Mohammedanern waren nur die Folge der tiefgreifenden Unterschiede, die die beiden Religionen in ihren Glaubensüberzeugungen und den darin gegründeten Lebensformen voneinander trennen. Verständnislos berichtet der Moslem Usama ibn Munqidh (geb. 1095) in seinen Memoiren von folgendem Vorfall: „Ich sah einmal einen Franken zum Emir Mu'inaddin kommen, als dieser sich gerade im Felsendom aufhielt. Der Franke fragte: ‚Möchtest du Gott als kleines Kind sehen?‘ Der Emir bejahte, worauf der Franke nahe vor uns hintrat und ein Bild Mariens mit dem Messias – Friede über Ihm! – als kleines Kind auf ihrem Schoß zeigte. Er sprach: ‚Dies ist Gott als kleines Kind! – Aber weit erhaben ist Gott über allem, was die Ungläubigen sagen!‘“ [7]

Die kleine Szene führt mitten ins Zentrum der Auseinandersetzungen. Aus dem Glauben an die Menschwerdung Gottes entspringen fundamentale theologische und anthropologische Überzeugungen. Sie bewirken bei den Anhängern des christlichen Glaubens eine recht andere Haltung gegenüber Gott und Welt als bei den Moslems, die diesen Glauben für eine Beleidigung Gottes halten und der Überzeugung sind, daß Gott sich niemals in die Niederungen menschlichen Daseins begeben würde.

Den geistigen Kampf gegen den nach Judentum und Christentum im Vorderen Orient neu aufkommenden Glauben nahm zuerst die orientalische, dann die byzantinische Kirche auf. Namhafte Theologen, aber auch

[7] Usama ibn Munqidh, Ein Leben im Kampf gegen Kreuzritterheere. Übs. von Gernot Rotter. Tübingen u. Basel 1978, S. 155.

Kaiser beteiligten sich daran. Anfangs war es das Ziel, die Christen, die durch die Eroberungszüge der Mohammedaner politisch zu Untertanen des Kalifen geworden waren, im christlichen Glauben zu stärken und sie trotz aller Anfeindungen darin zu erhalten.

Als erster Apologet ist Johannes von Damaskus († um 750) bekannt. Er war zunächst hoher Beamter am Omajjadenhof, kannte also den Islam aus eigener Anschauung. Später wurde er Mönch im Kloster des hl. Sabas in Palästina. Wie so viele Kenner der drei Religionen betrachtete er den Islam nicht als neue Religion, sondern als Verzerrung des Christentums und des Judentums.

Ein Briefwechsel zwischen einem Moslem und einem nestorianischen Christen soll, so wird im Vorwort der Schrift behauptet, am Hof des Kalifen el-Mamun (813–833) entstanden sein. Dieser Schriftwechsel war das ganze Mittelalter hindurch bekannt und spielt in der anti-islamischen Theologie eine nicht unerhebliche Rolle. Die beiden Briefeschreiber sollen bei Hofe in angesehenen Stellungen gewesen sein.

In diesem Briefwechsel begegnet bereits die offenbar sehr alte Erzählung, daß Mohammed durch einen (abgefallenen) nestorianischen Mönch namens Sergius und durch einige Juden gegen das Christentum aufgehetzt worden sei – vielleicht eine bildhafte Verdeutlichung jener strukturellen Zusammenhänge der drei Religionen. Breit ausgestaltet findet sich diese Darstellung im Bericht von der Entstehung des Islams, den der Byzantiner Theophanes († 819) verfaßte. Dort wird behauptet, daß die Juden Mohammed zunächst für den Messias hielten. Als er jedoch Kamelfleisch gegessen habe, hätten sie ihren Irrtum erkannt. Nun hätten sie Mohammed benutzt, um der christlichen Kirche zu schaden und hätten ihm die schändlichsten Verleumdungen gegen das Christentum eingeredet. Theophanes berichtet weiter, daß der häretische Mönch Sergius ein Verhältnis mit der Gattin Mohammeds gehabt und daß er die Angaben Mohammeds über eine Vision des Engels Gabriel bestätigt habe. Daraufhin habe Mohammeds Gattin, die durch die epileptischen Anfälle ihres Mannes verunsichert gewesen sei, nicht mehr gezweifelt und Mohammed vor den Frauen zum Propheten erklärt. Dies wiederum sei die Grundlage dafür gewesen, daß Abu Bakr Anhänger Mohammeds wurde.

Solche und ähnliche Beschreibungen des Lebens Mohammeds waren das ganze Mittelalter hindurch im Abendland verbreitet – teilweise von Haß verzerrt und phantastisch ausgemalt. Daran hat die Erzählung des Theophanes beträchtlichen Anteil; denn sein Werk wurde auszugsweise vom römischen Bibliothekar Anastasius in dessen Historia ecclesiastica aufgenommen und dadurch weithin bekannt. Theophanes vermittelte dem Abendland auch die Kenntnis der Vorstellung vom Heiligen Krieg, der im

Namen Allahs zur Ausbreitung seiner Lehre geführt werden soll. Ebenso stellt Theophanes die Paradiesvorstellungen Mohammeds dar.

Eine zweite Phase, in der die vergleichende Analyse von Glaubensinhalten im Vordergrund steht, beginnt im 9. Jahrhundert. Kaiser Basileos veranlaßte den Theologen und Philosophen Niketas von Byzanz, eine Schrift zu verfassen, in der die christlichen Wahrheiten den Irrlehren des Islams gegenübergestellt wurden. Ebenfalls auf Anregung eines Kaisers, des Alexios Komnenos (1081–1118), schrieb zur Zeit der Kreuzzüge der Mönch Euthymios Zigabenos eine „Waffenrüstung des orthodoxen Glaubens oder dogmatisches Waffenarsenal" gegen 24 Häresien. Die 24. ist der Islam.

Schließlich haben zwei Kaiser direkt in die Auseinandersetzung eingegriffen. Kaiser Johannes Kanta Kuzenos († 1383) legte zunächst die Grundwahrheiten des christlichen Glaubens dar und wies dann die Behauptungen Mohammeds als irrig zurück. Sein Enkel, Kaiser Manuel II. Paläologus, faßte seine Kritik am Islam in 26 Dialoge mit einem alten Türken.

Im Abendland beginnt die geistige Auseinandersetzung mit dem Islam auf wissenschaftlichem Niveau im 11. Jahrhundert. Petrus Alphonsus, ein getaufter spanischer Jude, verfaßte eine Widerlegung des Korans. Weiter bekannt und viel benutzt wurde die lateinische Übersetzung des Korans, die von Abt Peter von Cluny († 1156) veranlaßt wurde. Er beauftragte damit einen Archidiaconus namens Robertus Retenensis. Dieser hatte auf Reisen durch Dalmatien, Griechenland und Syrien Land und Leute des Mittelmeerraumes kennengelernt und war des Arabischen kundig. Seine vollständige Übertragung des Korans wurde in vielen Handschriften verbreitet und vermittelte dem abendländischen Mittelalter die Kenntnis dieses wichtigen Textes. Da die Übertragung viele Fehler enthält, wurden spätere Benutzer – darunter auch der berühmte Nikolaus von Cues – zu irrtümlichen Aussagen über den Islam veranlaßt.

Abt Peter von Cluny ließ noch andere arabische Schriften ins Lateinische übersetzen. Sie wurden zusammen mit der Koran-Übersetzung des Robertus Retenensis im Jahr 1543 in einem Sammelband des Züricher Pfarrers Theodor Bibliander gedruckt und haben somit noch Bedeutung für die Islam-Diskussion der frühen Neuzeit.

Noch zur Zeit der Kreuzzüge setzte eine Missionsbewegung ein, die es sich zur Aufgabe machte, die Juden und Moslems in Spanien und im Vorderen Orient zum Christentum zu bekehren. Namentlich der Dominikanerorden wurde zum Träger dieser Missionsarbeit. Ihr Organisator war Raymund von Pennaforte († 1275). Er errichtete in Barcelona ein Studium Hebraicum und in Valencia ein Studium Arabicum. Er war es auch, der Thomas von Aquin zu seiner ›Summa contra gentiles‹ (1261–69) anregte.

Ein zweites Werk des Thomas bezieht sich noch eindeutiger auf die Widersacher der Christen im Orient: ›De rationibus fidei contra Saracenos, Graecos et Armenos ad cantorem Antiochenum.‹

Als Missionar im Heiligen Land ist vor allem der Dominikaner Wilhelm von Tripolis bekannt geworden. Er verfaßte 1273 eine Schrift ›De statu Saracenorum et de Mahomete pseudopropheta eorum et eorum lege et fide‹. Sein Hauptanliegen war es, die Punkte aufzuzeigen, in denen Christentum und Islam mehr oder weniger eng übereinstimmen, um auf diese Weise die Bekehrung der Moslems zum Christentum zu erleichtern.

Von besonderer Wichtigkeit aber ist die Schrift des Florentiner Dominikaners Ricoldus de Monte Croce († 1320), denn sie hat die spätere Islam-Diskussion stark beeinflußt. Ricoldus, in Monte Croce in der Toscana geboren, unternahm eine lange Orientreise und studierte in dem seit 1258 von den Mongolen beherrschten Bagdad Sprache und Religion der Araber. Seine Widerlegung des Korans ergeht sich nicht in billiger Polemik. Er hebt die vielen guten Werke, die er Moslems habe tun sehen, hervor und rühmt den Bildungseifer, die Gastfreundschaft, die Mildtätigkeit und die Frömmigkeit der Mohammedaner.

Dank seiner guten Sprachkenntnisse unterlaufen dem Ricoldus nicht solche verhängnisvollen Fehler, wenn er Koranstellen übersetzt oder interpretiert, wie sie bei Robertus Retenensis zu verzeichnen sind. Nicolaus von Cues hebt denn auch in seinem kleinen Forschungsüberblick die Arbeit des Ricoldus wegen ihrer guten Qualität besonders hervor.

Die Widerlegung des Korans muß Ricoldus kurz vor 1300 verfaßt haben. Sie wurde vom Byzantiner Demetrius Cydonius ins Griechische übersetzt. Auf dieser griechischen Fassung beruht die Kenntnis des Werkes in den folgenden Jahrhunderten. Im Jahr 1506 fertigte der Italiener Bartholomeus de Monte Arduo eine lateinische Rückübersetzung an. Sie lag Luther vor, als er 1542 die ›confutatio Alcorani‹ – wie ein späterer Herausgeber die Schrift des Ricoldus vereinfachend und treffend betitelte – ins Deutsche übertrug. Sie wurde damit bequem zugänglich in Martin Luthers Werken (Kritische Gesamtausgabe, Bd. 53, Weimar 1920).

Natürlich bestreitet auch Ricoldus die Richtigkeit der islamischen Glaubenslehren, aber er ist bemüht, sie zunächst einmal bekannt zu machen und dann durch Vernunftgründe zu widerlegen. Dabei zählt er zehn „Hauptirrtümer" des Korans auf:

1. die Ablehnung der göttlichen Dreieinigkeit,
2. die Behauptung, Christus sei nicht Gottes Sohn und sei nicht von den Juden gekreuzigt worden,
3. die Behauptung, Mohammed sei zum Himmel aufgefahren,
4. die Behauptung, auch Teufel könnten selig werden,

5. die Behauptung, der Heilige Geist sei ein Geschöpf,
6. die Behauptung, die ewige Seligkeit bestehe in der Befriedigung irdischer Begierden,
7. die Duldung der Sodomie,
8. den Zwang zur Beschneidung,
9. die Erlaubnis zur Vielweiberei,
10. den Befehl, jeden zu töten, der die Lehren des Islams verwirft, also den Heiligen Krieg des Islams.

Die eingangs erwähnte Hochschätzung der Mohammedaner hindert Ricoldus nicht daran, vor allem die moralische Unzulänglichkeit der Lehren des Korans hervorzuheben: Im Gegensatz zur Bibel und zu den antiken Philosophen lehre der Koran keine Tugenden, sondern setze die ewige Seligkeit mit weltlicher Lust gleich und hebe das Gesetz des Moses auf, das sexuelle Schrankenlosigkeit verbiete (5. Kap. und 8. Kap.). Der Koran gebiete häufig und nachdrücklich das Töten der Andersgläubigen, während es den Christen aufgegeben sei, ihre Feinde zu lieben und nicht die Gewalt, sondern das Kreuz zu verherrlichen (10. Kap.). Der Koran dulde, ja gebiete teilweise sogar Mord, Raub, Ehebruch und Meineid (12. Kap.). Auch Mohammed selbst sei in seinem Lebenswandel so unsittlich gewesen, daß er unmöglich ein heiliges Gesetz geschaffen haben könne (8. Kap. und 13. Kap.). Der eigentliche Schöpfer des Korans sei vielmehr der Teufel, der sich des Menschen Mohammed bedient habe, um verhängnisvolle Lehren zu verbreiten, die die Menschen nicht dazu anhalten, ihr Leben zu vervollkommnen (13. Kap.).

Im Umgang mit gelehrten Sarazenen scheint Ricoldus häufig der Meinung begegnet zu sein, die er im 17. Kapitel ausführlich darlegt. Das Evangelium sei zwar von Gott, enthalte aber der menschlichen Natur widersprechende Gebote und sei daher sehr schwer zu befolgen. Deshalb habe Gott den Menschen ein neues, leichteres Gesetz gegeben, nämlich den Koran, der auch das Gesetz der Seligkeit genannt werde. Ricoldus wendet sich empört gegen dieses Argument. Er führt an, Gott könne die Grenzen der menschlichen Natur sehr wohl abschätzen, verweist auf islamische Vorschriften wie Fasten, Beschneidung und ständiges Gebet, die auch nicht leicht zu erfüllen seien, und gibt zu bedenken, daß der Rekurs auf die Schwachheit der menschlichen Natur nur dazu verleite, noch leichtere Gesetze zu erlassen, so daß schließlich jeder nach seinem eigenen Ermessen und seiner Willkür handele.

Des Ricoldus Schrift war, wie schon gesagt, von besonderer Bedeutung für das ausgehende Mittelalter. Hier begegnen in klarer und angemessener Argumentation auch tatsächlich einige der Hauptstreitpunkte und -unterschiede von Christentum und Islam. Aus dieser Schrift kann auch der heutige Leser am ehesten die theologischen Gedankengänge entnehmen, die im hohen Mittelalter gegenüber dem Islam im christlichen Lager vorhanden waren.

Abschluß und Höhepunkt der mittelalterlichen geistigen Auseinandersetzung mit dem Islam bildet die ›Cribratio Alkorani‹ des Nikolaus von Cues (geb. 1400 oder 1401, gest. 1464, seit 1448 Kardinal). Nikolaus von Cues nahm seit 1432 an dem Konzil in Basel teil, dessen Hauptanliegen es war, die immer kritischer werdende Lage der griechischen Kirche zu bessern. Doch die Päpste riefen vergeblich zum Kreuzzug auf. Die Idee eines bewaffneten Widerstands gegen die Ungläubigen hatte ihre Faszination verloren.

Als Konstantinopel am 29. Mai 1453 in die Hände der Mohammedaner fiel, und die Osmanen Nachfolger der christlichen byzantinischen Kaiser wurden, blühte immerhin die geistige Auseinandersetzung mit dem Islam wieder auf. Die Gefahr eines moslemischen Übergreifens auf das christliche Abendland war unübersehbar geworden.

In diesen historischen Zusammenhang muß die berühmte Schrift des Nikolaus von Cues eingeordnet werden. Sie unternimmt den Versuch, das Evangelium aus dem Koran heraus zu beweisen, und sie ist damit Ausdruck der Grundüberzeugung ihres Verfassers, daß alle Religionen nur unzureichende Darstellungen der einzig wahren Religion seien, so wie die Welt trotz ihrer Mannigfaltigkeit nur Ausprägung des einen Gottes sei.

Im Mittelpunkt der Auseinandersetzung steht denn auch das Bemühen, den Grundansatz christlichen Denkens verständlich zu machen, in allem Irdischen und Menschlichen das Göttliche zu erkennen. So ist Nikolaus von Cues im 2. Buch darum bemüht, das Geheimnis der Dreieinigkeit durch den Vergleich mit der ebenso beschaffenen sichtbaren Welt und menschlichen Natur zu erklären. Entgegen den Anfeindungen des Korans schildert er hier auch die Bedeutung der Menschwerdung Gottes in Christus mit ihrer verwandelnden Wirkung für das menschliche Leben, das, gespannt zwischen Geburt und Tod, seit Christus aber auch auf die Auferstehung ausgerichtet sei. Besonders hervorgehoben wird auch die Gottebenbildlichkeit des Menschen (2. Buch) und die Verantwortlichkeit des Menschen. Nikolaus wirft Mohammed vor, daß der Koran diese aufhebe, indem er den Glauben an die Vorherbestimmtheit allen menschlichen Tuns verbreite (3. Buch).

Diese wenigen Bemerkungen zur Geschichte der theologischen Auseinandersetzung mit dem Islam im Mittelalter müssen hier genügen. Es läßt sich erkennen, daß angesichts der Fülle sonstigen theologischen Schrifttums diese für den Bestand des Abendlandes und mehr noch für den Bestand des Christentums im Orient unendlich wichtige Aufgabe wohl nicht in der Intensität und mit der hingebungsvollen Gründlichkeit von der mittelalterlichen Theologie geleistet worden ist, die angesichts der weltpolitischen Folgen notwendig gewesen wäre.

Aber man darf wohl auch nicht dem Trugschluß verfallen, daß allein die theologische Literatur in lateinischer Sprache Träger der Replik auf den Islam gewesen ist. Weniger vielleicht in der Sprache gelehrter Argumentation, mehr vielleicht in der begeisterten Verherrlichung christlicher Glaubensinhalte, in der Bewußtwerdung verborgener Werte des christlichen Glaubens durch die Reflexion beim in Frage stellenden Angriff des Fremden mag sich diese Antwort an den Islam aussprechen. Als Kronzeuge für die Anti-Islam-Theologie, die in ihren wesentlichen Inhalten offenbar auch – und vielleicht sogar vor allem – mündlich tradiert wurde, kann Nikolaus von Cues herangezogen werden. Seine ›Sichtung des Alkorans‹ ist zwar wesentlich später als die hier behandelten mittelhochdeutschen Dichtungen entstanden, lebt aber offensichtlich aus einem Traditionszusammenhang, der in die Entstehungszeit frühmittelhochdeutscher geistlicher Dichtungen zurückreicht.

Dadurch daß mittelhochdeutsche Dichtung zu diesem Traditionszusammenhang in Beziehung gesetzt wird, kann der schon gründlich behandelten Thematik der Einflüsse des Islams und der Kreuzzüge auf Leben und Literatur des Mittelalters ein neuer Aspekt hinzugefügt werden. Die Beschränkung auf diesen Aspekt bei der Behandlung mittelhochdeutscher Dichtungen fällt um so leichter, als auf vorzügliche Werke mit anderer, wenn auch verwandter, Zielsetzung verwiesen werden kann: Mit der kulturellen Überlegenheit des Islams, der das griechische Erbe antreten konnte, gegenüber dem römisch geprägten Westen beschäftigen sich vor allem die Arbeiten R. W. Southerns und Sigrid Hunkes. Auf die Orientvorstellungen und die Bewertung morgenländischer Lebensgestaltung in mittelhochdeutscher Literatur gehen besonders Hans Szklenars „Studien zum Bild des Orients“ ein. Kreuzzugsideologie als Sinngebung des Kreuzfahrertums behandelt die bekannte Gesamtdarstellung von Wentzlaff-Eggebert.

Diesen[8] und vielen anderen Arbeiten, die hier ungenannt bleiben

[8] Sigrid Hunke, Allahs Sonne über dem Abendland. Unser arabisches Erbe. Stuttgart 1960. 61.–64. Tsd. 1977. – Hans Szklenar, Studien zum Bild des Orients in vorhöfischen deutschen Epen. Göttingen 1966 (Palaestra 243). – R. W. Southern, Western views of Islam in the Middle Ages. 2. Aufl. Cambridge/Mass. 1978. – Friedrich-Wilhelm Wentzlaff-Eggebert, Kreuzzugsidee und mittelalterliches Weltbild. DVjs 30 (1956), S. 71–88. – Ders., Wandlungen der Kreuzzugsidee in der Dichtung vom Hoch- zum Spätmittelalter, WW 12 (1962), S. 1–7. – Ders., Kreuzzugsdichtung des Mittelalters. Studien zu ihrer Geschichte und dichterischen Wirklichkeit. Berlin 1960. – G. Wolfram, Kreuzpredigt und Kreuzlied. ZfdA 30 (1886), S. 89–132

müssen, dankbar verpflichtet, soll im folgenden der beschriebene Ansatz durchgeführt werden.

gibt eine Auflistung der Grundgedanken der Kreuzzugspredigt in den deutschen Kreuzliedern, und zwar nach folgenden Grundmustern: 1. Gott hat für uns gelitten, 2. wir müssen ihm vergelten, 3. auch unsere Sünden fordern eine Sühne, 4. wir erwerben durch unseren Dienst die ewige Seligkeit. – Volkmar Cramer, Die Kreuzzugspredigt zur Befreiung des Heiligen Landes 1095–1270. Studien zur Geschichte und Charakteristik der Kreuzzugspropaganda. Köln 1939. (Sonderdr. aus: Das Heilige Land 79–82, 1935–38 und Palästina, Hefte des Deutschen Vereins v. Heiligen Land Heft 17–20, S. 43–204). – Ursula Schwerin, Die Aufrufe der Päpste zur Befreiung des Heiligen Landes von den Anfängen bis zum Ausgang Innozenz' IV. Ein Beitrag zur Geschichte der kurialen Kreuzzugspropaganda und der päpstlichen Epistolographie. Diss. Berlin 1936.

Der Koran wird zitiert nach der Übersetzung von Ludwig Ullmann, neu bearb. v. L. W. Winter. München 1959.

Zweites Kapitel

CHRISTENTUM UND ISLAM IN FRÜHMITTELHOCHDEUTSCHER RELIGIÖSER LYRIK

Grundzüge von Christentum und Islam

Ein Vergleich einiger wichtiger Grundzüge von Christentum und Islam läßt erhebliche Unterschiede zwischen beiden Religionen erkennen. Sie traten natürlich sehr bald in das Bewußtsein der Christen, die dem Islam begegneten, und sind noch heute für beide Religionen bestimmend. Der Islam entstand etwa 600 Jahre später als das Christentum, und zwar durchaus in der Auseinandersetzung mit Judentum und Christentum. Mohammed betrachtete seine neue Lehre als legitime Weiterbildung und Erfüllung von Judentum und Christentum. Die neue Religion verselbständigte sich erst, als Juden und Christen diesen Anspruch nicht anerkannten.

Zweifellos war der Islam im Mittelalter als Erbe der griechischen Kultur im Mittelmeerraum und ihr Vermittler in das europäische Abendland ein höchst bedeutender Faktor, vor allem für den naturwissenschaftlichen und medizinischen Fortschritt. Es stellt sich aber auch die Frage, wie das Verhältnis von Christentum und Islam auf den anderen kulturellen Gebieten zu sehen ist, und wie sich Christen in ihren literarischen Äußerungen im Verlauf des Mittelalters zu den tiefgreifenden Unterschieden beider Religionen und der daraus erwachsenden allgemeinen Lebensführung verhalten haben.

In beiden Religionen wird Gott als allmächtiger Schöpfer verehrt. Aber den christlichen Glauben an die Trinität Gottes verneint der Islam. Das bedeutet Verzicht auf die Verehrung der Einheit bei gleichzeitiger personaler Unterschiedenheit als Wesenszug des göttlichen Seins. Die Unterscheidung in Personen und Kräfte wird in der Trinitätsvorstellung ergänzt durch die unlösbare Verbundenheit der Personen in Liebe zueinander. Diese Seite der Trinitätslehre findet ihre anthropologische Entsprechung in der christlichen Auffassung vom Wesen des Menschen. Er ist zugleich in seiner personalen Würde unantastbares Individuum wie auch soziale Verantwortung tragendes Glied der menschlichen Gemeinschaft. Die Spannung und Untrennbarkeit dieser beiden Komponenten in der christlichen Anthropologie ist für das Abendland grundlegend geworden und die Jahrhunderte hindurch geblieben.

Auch die christliche Sozialauffassung mit ihrem Grundprinzip der Liebe trotz aller Unterschiedenheit von Einzelgliedern und Gruppen sowie mit ihrer Einsicht in die Notwendigkeit und Sinnhaftigkeit des Zusammenwirkens von Unterschiedenem, wie es etwa in der Vorstellung von der Gemeinschaft der Gläubigen als Leib Christi sichtbar wird (1 Kor. 12,4ff.), wurzelt in diesem Grundsatz der Untrennbarkeit von individueller Freiheit und sozialer Verantwortung und Liebe zu *allen* Menschen, auch zu Andersgläubigen.

Der Moslem ist ebenso wie der Christ davon überzeugt, daß Christus eine besondere Bedeutung zukommt. Aber er verehrt Christus nur als Propheten und besonderen Menschen. Die Göttlichkeit Christi wird bestritten. Mit dem Verzicht auf den Glauben an die Inkarnation Gottes fällt aber auch die für das Christentum im höchsten Maße charakteristische Heiligung der Welt und des Menschen. Das muß trotz aller weltfeindlichen Strömungen, die immer wieder innerhalb des Christentums auftauchen, festgehalten werden. Im Vergleich mit dem Islam wird diese weltbejahende Grundhaltung des Christentums besonders deutlich. Denn durch das Dasein Gottes in der Welt, durch seine Teilnahme am menschlichen Leben, durch seine Annahme der menschlichen Natur, durch seine Teilhabe am Tod der Menschen, aber auch durch sein Weiterwirken in der Welt durch die Präsenz in der Kirche, in den Sakramenten und im Menschen wird die Gott-Durchwobenheit der Welt zu einer tragenden Lebensgrundlage für den Christen.

Die Weltbejahung des Christentums kommt also nicht nur im Gott-Menschen Christus zum Ausdruck, sondern auch in der Kirche als festgefügter Organisation, in der Priesterschaft und Hierarchie, in den Sakramenten und Sakramentalien, in Bildern und Symbolen. In den Sakramenten werden Brot und Wein, Salz, Öl und Wasser zum Träger göttlichen Seins und göttlicher Gnade. Das bedeutet Einbeziehung von Materie in das Heilige.

Für den Islam ist eher das Bestreben charakteristisch, die Erhabenheit Gottes über alles Irdische und Menschliche herauszustellen. Die islamische Orthodoxie war stets darauf aus, deutlich zu machen, wie sehr Allah von den Menschen unterschieden ist, und wie weit er über ihnen und allem Wandelbaren steht. So ist dem Islam ein dualistischer Grundzug eigen. Die Trennung von Geist und Materie wird recht stark betont. Das gilt trotz aller Sinnenfreude, wie sie etwa in den bekannten Paradiesvorstellungen zum Ausdruck kommt. Materie- und Leibfeindlichkeit signalisieren die strengen Fastengebote für alle und die Verbote bestimmter Speisen und Getränke. Das Verbot bildlicher Darstellungen religiöser Inhalte, das Fehlen einer kirchlichen Organisation mit einer geweihten Priesterschaft – in all diesem spricht sich der Wunsch aus, die rein geistige Sphäre des Göttlichen nicht durch Verobjektivierungen zu beschmutzen. Vor allem auch das Fehlen von Sakramenten im Islam ist charakteristisch für diese Grundhaltung. Andererseits ist der Glaube an die lenkende Einflußnahme Allahs auf alles, was in der Welt geschieht, sowie der Glaube an Vorherbestimmung bis hin zur fatalistischen Ergebung in die Prädestination Grundlage einer sehr innigen Ausrichtung des einzelnen Menschen auf Gott.

Ein weiterer Schwerpunkt christlichen Glaubens ist die Vorstellung, daß der Mensch Gottes Ebenbild ist. Er ist es nicht nur in seinem geistig-seelischen, sondern auch in seinem leibhaften Sein. So trägt der Mensch in seinen geistig-seelischen Kräften das Abbild der Trinität in sich, etwa in *memoria, ratio, voluntas* (Erinnerungsvermögen, Verstand, freier Wille). Die Freiheit des einzelnen Menschen, seine Berufung zu Entscheidung und schöpferischer Arbeit sind hierin gegründet. Andererseits gehört zur Freiheit auch die Fähigkeit zur Schuld, zu böser Überschreitung von Normen, die Gott definierte und dem Menschen als Richtschnur gab. Dieser gesamte Komplex steht im Mittelpunkt christlicher Auffassungen über Würde, Verantwortung, Schuldfähigkeit, Rechtsverantwortlichkeit des Menschen. Das kann quälerische Selbstprüfungen hervorrufen, aber auch eine ständige Überprüfung der Angemessenheit von Rechtspositionen etc.

Der Islam betont stärker die alleinige Allmacht Gottes und die daraus resultierende Abhängigkeit des Menschen. Statt freier und verantwortungsbewußter Lebensgestaltung gemäß grundsätzlichen Geboten dominiert im Islam die strenge Regelung des täglichen Lebens durch gesetzliche Vorschriften, vor allem in den fünf Grundpflichten: dem Bekenntnis zur Einheit Gottes und zur Prophetenschaft Mohammeds, dem fünfmaligen täglichen Gebet, dem Geben von Almosen, dem Fasten im Monat Ramadan mit absolutem Verbot der Nahrungsaufnahme von Sonnenaufgang bis Sonnenuntergang, der wenigstens einmaligen Pilgerfahrt nach Mekka für alle Männer. Die Pflicht, am Heiligen Krieg teilzunehmen gilt nicht für den einzelnen, sondern als heilige Verpflichtung der muslimischen Gemeinde insgesamt.

Im Islam ist die Schuldfrage ebenso wie die Betonung der menschlichen Freiheit weniger ausgeprägt (vgl. S. 68ff.). Der Mensch steht stärker im Verhältnis der Abhängigkeit zu Allah. „Er führt in die Irre, wen er will, und leitet auf den rechten Weg, wen er will." (Sure 13, 27; 16, 95; 74, 34. Koran-Übersetzung von Ludwig Ullmann, neu bearb. v. L. W. Winter. München 1959). Der Mensch vertraut auf Allahs gute Leitung und darauf, daß er nicht zu den Vergessenen und Verlorenen, das sind alle Ungläubigen, ins Höllenfeuer geworfen wird (Sure 59, 19/20). In der islamischen Theologie besteht der Widerspruch zwischen der Prädestination des menschlichen Lebens und dem Glauben an ein Jüngstes Gericht als ungelöstes Problem, wenn man den einschlägigen Darstellungen folgt. Aber für den einzelnen bedeutet dieses Wissen auch ruhige Ergebenheit und Gelassenheit.

Die folgende Koran-Stelle bietet eine zusammenfassende Beschreibung des vollkommenen Menschen nach der Vorstellung des Islams: „Die Gerechtigkeit besteht nicht darin, daß ihr das Antlitz (beim Gebet) nach Ost oder West richtet, sondern jener ist gerecht, der an Allah glaubt und an den Jüngsten Tag und an die Engel und an die Schrift und die Propheten; der voll Liebe von seinem Vermögen gibt: den Verwandten, Waisen und Armen und den Pilgern, überhaupt jedem, der darum bittet; der Gefangene löst, das Gebet verrichtet, Almosen spendet; der an geschlossenen Verträgen festhält; der geduldig Not und Unglück und standhaft die Schrecken des Krieges erträgt. Dieser ist gerecht: Er ist wahrhaft gottesfürchtig." (2. Sure, 178)

Ein bedeutender Unterschied liegt zwischen Christentum und Islam auch in der Beurteilung des menschlichen Leibes und vor allem der stets am meisten als geist-feindlich empfundenen sexuellen Vorgänge. Während nach christlicher Auffassung der Mensch auch hinsichtlich seines Leibes Ebenbild Gottes ist und die Ehe als Abbild der liebenden Verbundenheit von Christus und seiner Kirche gilt, und während die Ehe – übrigens im 12. Jahrhundert und somit vielleicht im Zusammenhang mit den eben besprochenen Gegebenheiten – zum Sakrament erhoben wurde, bewirkt nach Auffassung des Islams jeder eheliche Umgang Unreinheit. Unrein ist auch die Frau in der Zeit der Menstruation. Die durch sexuelle Vorgänge entstandene Unreinheit muß durch rituelle Waschungen überwunden werden. Moscheenbesuch, Berührung des Korans, Aufsagen von Koran-Versen sind während der Dauer der Unreinheit verboten.

Vielleicht hängt es mit diesen Vorbehalten gegen die menschliche Sexualität zusammen, daß die Frau gegenüber dem Mann im Islam eine erheblich geringere Stellung einnimmt. Man darf dabei allerdings nicht vergessen, daß die die Frauen betreffenden Regelungen des Korans einen bedeutenden Fortschritt gegenüber den voraufgehenden nomadischen Religionen darstellen. Dennoch bleibt gegenüber den christlichen Kulturen auch des Mittelalters ein beachtlicher Unterschied in diesem Bereich zu registrieren. Die Stellung der Frau erscheint im Islam an den Bedürfnissen des Mannes ausgerichtet. Er darf bis zu vier Frauen heiraten, die Frau aber nicht vier Männer. Er darf daneben noch Zeit-Ehen eingehen (etwa auf Kriegszügen) und im übrigen so viele Geliebte haben, wie er mag. Die einzige Bedingung bei all dem ist, daß er die Frauen gerecht behandeln und für ihren Lebensunterhalt aufkommen muß. Die Frauen sind zur ehelichen Treue einem Mann gegenüber verpflichtet.

Für das Christentum muß festgestellt werden, daß viele Jahrhunderte hindurch faktisch auch hier die Stellung der Frau nicht an die des Mannes heranreichte. Aber die Entwicklung seit dem Mittelalter zeigt deutlich die für das Christentum grundlegende Beurteilung der Frau, die sich allmählich in den entsprechenden Gesetzen und Lebensgewohnheiten Geltung verschafft. Aus der personalen Würde, die jedem Menschen zukommt, leitet sich die Anerkennung der Frau als dem Mann gleichwertiges Wesen ab. Die unauflösliche Einehe, mit dem Konsens beider Partner geschlossen, ist Ausdruck der Anerkennung dieses Grundsatzes. Ebenso ist die Möglichkeit, als alleinstehende Frau, sei es als gottgeweihte Jungfrau oder als Einsiedlerin oder als Beghine, ein geachtetes Leben führen zu können, die Konsequenz der christlichen Auffassung von der Frau. Dies alles galt schon für das Mittelalter.

Es ist sicher kein Zufall, daß in der Zeit der Kreuzzüge die Marienverehrung zu höchster Vollendung gelangte. In Maria als der jungfräulichen Gottesgebärerin fließen viele der eben genannten Züge in eins zusammen: eine Frau als würdigste Vertreterin des Menschengeschlechts, als sich Gott weihende Jungfrau, als hingebungsvolle Mutter.

Wenn man sich einige der Hauptunterschiede zwischen Christentum und Islam vor Augen führt, wird deutlich, wie sehr sie die Lebensformen der jeweils von ihnen bestimmten Völker prägen müssen. Im folgenden soll an einigen frühmittelhochdeutschen Texten gezeigt werden, wie die Auseinandersetzung mit solchen Grundpositionen im Mittelalter verlief.

Das Ezzolied

Die Geschichte der mittelalterlichen deutschen Literatur weist eine Lücke auf. Nach dem beeindruckenden Bemühen, in althochdeutscher Sprache christliches Denken und christliche Glaubensinhalte in einer germanisch geprägten Umwelt bekannt zu machen, verstummte deutsche Literatur noch einmal auf mehr als einhundertfünfzig Jahre. Von etwa 900 bis etwa 1050 entstanden fast keine deutschsprachigen Dichtungen. Danach bricht frühmittelhochdeutsche Dichtung plötzlich mit Macht hervor.

Was war die Ursache? Waren Pilgerfahrten und Kreuzzüge und damit die Beschäftigung breiter Teile der Bevölkerung mit christlichen Glaubensinhalten der Anlaß für die Entstehung geistlicher Dichtungen in der Volkssprache? Die älteste frühmittelhochdeutsche Dichtung, ein von einem Kanoniker Ezzo gedichteter Hymnus, steht im Zusammenhang mit einer Pilgerfahrt ins Heilige Land, ist also Vorläufer der Kreuzzugslyrik.

Dieses Lied gehört in die Zeit, die durch die Bedrohung der Christenheit in Byzanz und die zunehmende Erstarkung des Islams im Nahen Osten geprägt ist. Während des 11. Jahrhunderts begegneten Pilger, die die Reise ins Heilige Land unternahmen, den größten Schwierigkeiten. Vielfach wird von Erpressungen, Überfällen, Folterungen berichtet. Auch die berühmteste dieser Pilgerfahrten, von Deutschland im Jahr 1065 ausgehend, war von solchen Schrecknissen begleitet. Das Ezzolied ist auf dieser Pilgerfahrt entstanden oder auf ihr gesungen worden.

Die ›Vita Altmanni‹ berichtet:

Zu jener Zeit gingen viele Vornehme nach Jerusalem, um das Grab des Herrn aufzusuchen, getäuscht durch eine gewisse öffentliche Meinung, daß das Jüngste Gericht nahe bevorstünde, weil Ostern in jenem Jahr auf den 6. April fiel, den Tag, an dem die Auferstehung Christi stattgefunden haben soll. Durch diesen Schrecken erregt, verließen nicht nur das gemeine Volk, sondern auch die Vornehmsten der Völker, durch Abstammung und Würde ausgezeichnet, und auch Bischöfe verschiedener Länder, von großem Ruhm und höchster Ehre, die Heimat, die Verwandten und ihren Besitz. Sie trugen auf dem beschwerlichen Weg das Kreuz und folgten Christus nach.

Ihr herausragender Führer und der Initiator war Gunther, der Bischof von Bamberg, ein Mann von Schönheit des Körpers und Weisheit des Geistes. In seiner Begleitung befanden sich viele bekannte Männer, Kleriker wie Laien. Die kamen aus dem ostfränkischen Reich und aus Bayern. Unter ihnen ragten vor allem zwei Geistliche hervor. Zum einen war das Ezzo, der Scholasticus, ein Mann, der mit umfassender Weisheit und mit Eloquenz begabt war, und der auf jener Reise das Lied von den Wundern Christi *(cantilenam de miraculis Christi)* in seiner Heimatsprache *(patria lingua)* vornehm *(nobiliter)* verfaßte. Zum anderen war Konrad dabei, geschmückt mit Weisheit und Beredsamkeit, der nachher in unserem Kloster der Probst der Kanoniker war. Als Reisebegleiter und Gefährte ihrer Mühsal wurde ihnen Altmann von der Seite der Königin zusammen mit vielen bei Hofe hochgestellten Männern zugeordnet.

Sie begaben sich also auf die beschwerliche Pilgerfahrt und mußten oft einen Hinterhalt, den die Heiden legten, erdulden. Dabei verloren sie viele ihrer Gefährten und deren Sachen. Wie entsetzlich! Die Feinde Christi stürzten sich selbst auf die Rücken der Priester Christi und trieben sie das Feld entlang, indem sie auf ihnen ritten, und bedrängten sie mit den Sporen wie Pferde. Auf dieser Reise ereignete sich etwas Denkwürdiges, was ich als Beispiel einfügen will, damit dadurch alle erschreckt werden, die sich den Ratschlägen der Weisen widersetzen, weil ihr Sinn verstockt ist. Bei der Abreise war eine vornehme Äbtissin dabei. Ihr Körper war wohlgestaltet, ihr Geist fromm. Sie setzte die Sorge um die ihr anvertrauten Schwestern hintan. Entgegen dem Rat aller Weisen nahm sie das Risiko einer so weiten Pilgerfahrt auf sich. Sie wurde von den Heiden gefangengenommen und vor den Augen aller von den Unzüchtigen so lange mißbraucht, bis sie zur Schande aller Christen schließlich den Geist aushauchte.

Nachdem diese und viele andere Schandtaten vor Christus von den Feinden Christi begangen und überall den Engeln und Menschen als Schauspiel vor Augen geführt worden sind, weil sie die Wahl getroffen hatten, durch vielerlei Drangsal hindurch in das Reich Gottes eingehen zu wollen, erreichten sie endlich nach vielen Mühen Jerusalem. Dort lösten sie ihre Gelübde ein, boten Gott ihr Lobopfer dar und kehrten voll Freude in die Heimat zurück.

Als sie nach Pannonien gelangten und in Weißenburg frohe Tage verbrachten, ging Gunther, der Gott wohlgefällige Bischof, aus dieser Welt in die Freude seines Herrn ein, *super omnia bona constituendus.* (MGH XII [1856], S. 226ff.)

Etwa zwölftausend Pilger sollen an dieser Pilgerfahrt teilgenommen haben. Der hoffnungsfrohe Aufbruch erfolgte im September 1064. Im Sommer 1065 kamen die Übriggebliebenen nach Deutschland zurück. Viele waren wie Bischof Gunther auf der Reise gestorben. So war die Heimkehr kläglich.

Die Schilderung der ›Vita Altmanni‹ läßt die Wirklichkeit dieser Pilgerfahrten mit bestürzender Deutlichkeit sichtbar werden. Das Lied, von Ezzo gedichtet, erwähnt dagegen nichts von derartigen Geschehnissen. Es ist ganz auf die Glaubensaussagen konzentriert.[1]

Über die Entstehung der älteren Fassung des Ezzoliedes gibt es zwei unterschiedliche Angaben. Sie sind aber beide mehr als sechzig Jahre jünger als der zwischen 1063 und 67 entstandene Text; denn die ›Vita Altmanni‹ wurde ca. 1130, die Eingangsstrophe der Vorauer Fassung, wie diese selbst, in der ersten Hälfte des 12. Jahrhunderts verfaßt. Während die ›Vita Altmanni‹ berichtet, daß Ezzo das Lied während der Pilgerreise dichtete, meldet die Vorauer Fassung des Ezzoliedes, daß es in Bamberg verfaßt worden sei. Es scheint eine bemerkenswerte Wirkung gehabt zu haben: *duo ilten si sich alle munechen* heißt es in der 1. Strophe der Vorauer Fassung.

Man bezieht diese Worte gern auf die Einweihung des Stiftes St. Gangolf in Bamberg im Jahr 1063. Bamberger Kanoniker lebten danach als regulierte Chorherren und insofern wie Mönche in diesem Stift. Zu erwägen ist aber auch, ob diese Zeilen nicht mit Kreuznahme oder Beitritt zu einem

[1] Der Text wird zitiert nach: Waag (Hrsg.), Kleinere deutsche Gedichte des 11. und 12. Jahrhunderts nach der Auswahl von Albert Waag hrsg. von Werner Schröder. 2 Bde. Tübingen 1972 (ATB 71/72). Wegen der kommentierenden Anmerkungen sollte auch die 2. Aufl. von 1916 (ATB 10) herangezogen werden. Zur inhaltlichen Interpretation des Ezzoliedes vgl. vor allem: W. Mettin, Die ältesten deutschen Pilgerlieder, in: Festschr. Sievers 1896, S. 277–286. – H. Schneider, Ezzos Gesang, in: ZfdA 68 (1931), S. 1–16. – H. Kuhn, Ezzos Lied, Genesis, Annolied, Memento mori, in: DVjS. 27 (1953), S. 1–30, abgedr. in H. Kuhn, Dichtung und Welt im Mittelalter, Stuttgart 1959, S. 112–132. – I. Moehl, Die Einflüsse der Logos-Lux-Vita-Theologie auf die frühmittelhochdeutsche Dichtung. Mit besonderer Berücksichtigung des Ezzoliedes, Diss. (masch.) Tübingen 1954. – H. Rupp, Deutsche religiöse Dichtungen des 11. und 12. Jahrhunderts. Untersuchungen und Interpretationen. Freiburg 1958. (Ezzolied S. 27–76.)

Ritterorden oder deren Vorformen in Verbindung zu bringen sind. Otto von Freising schreibt über das beginnende 12. Jahrhundert:

... während nun der Geist der Verderbtheit ... jene immer hitziger zur Lasterhaftigkeit entflammt, lockt diese die Wonne des Himmelreichs, die schon vor der Türe steht, immer stärker zur Sehnsucht nach ihr. So ziehen in dieser Zeit, da das römische Reich nicht nur durch Bürgerkrieg, sondern auch durch Zwist zwischen Vater und Sohn infolge der Herrschsucht gespalten ist, die einen nach Jerusalem, das Ihre um Christi willen nicht achtend und überzeugt davon, daß sie den Gürtel der Ritterschaft nicht zwecklos tragen, und führen dort, eine neue Art von Ritterschaft gegründet, die Waffen gegen die Feinde des Kreuzes Christi so, daß sie immerfort das Zeichen des Kreuzestodes Christi an ihrem Leibe tragen und in Lebensführung und Wandel nicht Ritter, sondern Mönche zu sein scheinen. Auch begann seitdem im Mönchs- und Klerikerstand die Strenge bis auf den heutigen Tag zuzunehmen, so daß nach gerechtem Ratschluß Gottes, während die Bürger der Welt immer tiefer im Schmutz versinken, seine Bürger durch seine Gnade immer höher zum Gipfel der Tugenden aufsteigen. (Chron. VII 9.)

Es mag dahingestellt bleiben, ob das Lied während der Pilgerreise von 1065–1067 entstand, oder ob es zuvor schon gedichtet, jedoch auch während der Pilgerreise gesungen wurde. Wichtig ist hier nur, daß der nachweisliche Bezug dieses Textes zu einer Pilgerfahrt ins Heilige Land es erlaubt, den Text im Hinblick auf die geistige Auseinandersetzung mit dem Islam zu interpretieren. Dabei lassen sich vielleicht auch Kriterien für die Interpretation solcher Dichtungen gewinnen, die nicht durch chronikalische Parallelüberlieferungen, sondern allein vom Inhalt her als Kreuzzugslyrik zu erkennen sind.

Aber nicht nur die ältere und, wie gesagt, durch die ›Vita Altmanni‹ im politischen Geschehen fixierbare Fassung aus der zweiten Hälfte des 11. Jahrhunderts hat einen Bezug zur Kreuzzugsthematik. Dasselbe scheint auch bei der jüngeren Fassung der Fall zu sein.

Leider ist es unmöglich, unter den 34 Strophen der jüngeren Fassung altes Gut und jüngere Zufügungen zu unterscheiden. Durch die parallele Überlieferung des Liedes in der Straßburger und der Vorauer Handschrift kann man für die Strophen 1 (V. 1–12), 2 (V. 13–20, vor allem V. 13/14), 4 (V. 27–36), 8 (V. 79–96) wegen der Parallelüberlieferung in der Straßburger Fassung mit Sicherheit sagen, daß sie dem älteren Text (so) nicht angehörten. Nach sieben Strophen bricht aber der Text der Straßburger Handschrift ab. Alle Vermutungen über jüngere Zufügungen unter den insgesamt 34 Strophen oder 420 Versen der Vorauer Fassung bleiben Spekulation.

Strophe 30 (V. 359–370) will allerdings nicht recht zu einer – wenn auch bewaffneten – Pilgerreise passen:

Geistiges Israel, nun schau auf dein Erbe. Denn du bist befreit vom Joch des Pharao. Unser alter Feind macht uns dieses Land streitig. Er will uns gerne schaden; den Weg werden wir mit Kampf beschreiten. Unser Herzog ist so tüchtig. Gar groß ist seine Macht. Wenn wir den Mut nicht verlieren, erringen wir mit ihm die Gebiete.

Das ist nicht der Stil eines Pilgerliedes, eher der eines Kampfgesangs auf einem Kriegszug zur Rückeroberung des von Gott verheißenen Landes. Es scheint, daß in dieser Strophe eine jüngere Zufügung vorliegt, die sich auf einen der Kreuzzüge bezieht. Sie stellt daher die Intention eines Kreuzzugs stärker heraus.

Daß hier Kreuzzugsmotivik vorliegt, wird durch den Vergleich mit den ›Gesta Francorum‹ wahrscheinlich, die den ersten Kreuzzug beschreiben. In einer kleinen Erzählung wird eine Prophezeiung erwähnt, nach der Gott den Christen „das ganze Land bis hin an das große Meer gegen Abend" als Erbe versprochen habe. „Das sollen eure Grenzen sein, und niemand soll euch widerstehen" (Jos. 1, 4; Gesta cap. 22).[2] Und von Christus als Schirmherr heißt es dort: „Es streitet für sie ihr Gott jeglichen Tag. Tag und Nacht leiht er ihnen seinen Schutz. Wie ein Hirte wacht er über seine Herde."

Es hat den Anschein, daß das Ezzolied der Bearbeitung, die in der Vorauer Handschrift vorliegt, unterzogen wurde, weil es den um zwei Generationen jüngeren Teilnehmern an einem Kreuzzug als Lied dienen sollte, so wie es 1065–67 beim Pilgerzug Gunthers Ansporn und Ausdruck des Glaubens war.

Dafür käme der zweite Kreuzzug (1145–1149) in Frage. Im Unterschied zum ersten war er teilweise ein deutsches Unternehmen. König Konrad III. führte selbst das deutsche Heer an. Sein Halbbruder, der berühmte Historiograph Otto von Freising, nahm an diesem unglücklich verlaufenden Unternehmen in wichtiger Funktion teil. Ottos Werk über Friedrich I. befindet sich in derselben Vorauer Handschrift, in der auch die jüngere Fassung des Ezzoliedes enthalten ist. Ein Hinweis auf kreuzzugsbedingte Zusammengehörigkeit beider Werke und ihrer Autoren? In seiner ›Chronica sive Historia de duabus civitatibus‹ beschreibt Otto den Aufbruch zum ersten Kreuzzug im Jahr 1096: „Alle diese Männer, verschieden nach Volkszugehörigkeit und Sprache, vereinigten sich zu einem Ganzen und gelobten, Christi Kreuz am Kleid, daß sie in Wort und Tat Jünger von Christi Kreuz sein wollten, und, auf des Kreuzes Kraft vertrauend, traten sie unter Gottfrieds Führung den Marsch nach dem Osten an, um im Herrn gegen den Feind des Kreuzes zu kämpfen." (VII 2.)[3]

[2] Gesta Francorum. Ausg.: Histoire Anonyme de la premiere croisade. Ed. et trad. Louis Brehier. Paris 1924 (Class. de l'histoire de France au moyen age 4).

[3] Ottonis Episcopi Frisingensis Chronica sive Historia de duabus civitatibus. Ed.

Diese programmatische Aussage zeigt, daß Otto, dem großen Deuter der Menschheitsgeschichte, Kreuzzugsideale durchaus vertraut waren. Sind die hier zu behandelnden frühmittelhochdeutschen Dichtungen, die aus der geistigen Auseinandersetzung mit oder, vielleicht besser, der Abgrenzung vom Islam entstanden, auf seinen Einfluß, vielleicht gar seine Mitwirkung zurückzuführen? Ist die Vorauer Handschrift Sammelbecken solcher deutschsprachigen Werke? Sollte sie Ottos theologische Vorstellungen popularisierend in der Form des religiösen Liedes oder Gebetes oder auch der chronikalischen epischen Dichtung in deutscher Sprache verbreiten?

Das Ezzolied ist ein Christus-Hymnus. Die zweite der Strophen in der älteren Fassung umreißt Themen und Inhalt des Liedes: Vom Licht in der Finsternis, das bei den Menschen ist, soll die Rede sein und von der Treue dessen, der sein Licht gibt. Daß das Wort im Anfang der Schöpfung der wahre Sohn Gottes ist, soll dargestellt werden, und daß er von einem Wort zur Gnade der ganzen Welt wurde.

Nach einer Strophe, die sich zu Gott als dem alleinigen Schöpfer aller Dinge bekennt (Str. 3) – womit die Verwandtschaft zwischen Christentum und Islam betont wird – beginnt eine Darstellung christlicher Glaubensinhalte, die in die Form der lobenden Verherrlichung gekleidet ist. Die christliche Anthropologie wird herausgestellt: der Mensch als Bild Gottes, geschaffen um seinerseits Macht auszuüben, erfüllt vom Geist Gottes, so daß er wie Gott ewig hätte sein können. Alle Erhabenheit war ihm zugedacht, obwohl Gott den Fall des Menschen voraus wußte (Straßbg. Fassung Str. 4).

Mit dem Sündenfall beginnt die Geschichte der Menschheit unter der Herrschaft des Teufels und des Todes (Str. 5). Finsternis ist das Charakteristikum dieser Zeit; aber es gibt Sterne, vorbildhafte Menschen. Schwach leuchten sie allerdings nur, bis Gottes Sohn als wahre Sonne von den Himmeln erscheint (Str. 6). Johannes der Täufer vor allem ebnet den Menschen den Weg zu Gott (Str. 12).

Nach dieser Einführung in die anthropologischen Voraussetzungen der Menschwerdung Gottes wird das Hauptthema des Liedes abgehandelt. Gott offenbart sich den Menschen. Die Sonne geht auf unter den Sternen und leuchtet über das ganze Menschengeschlecht. Der Sohn Gottes erscheint in Menschengestalt und bringt den Menschen hellen Tag aus den Himmeln (Str. 13). Jeder Vers dieser Strophe stellt eine Variation dieser christlichen Grundaussage dar: Gott kam in die Welt, zu den Menschen, so

A. Hofmeister und W. Lammers. Chronik oder die Geschichte der zwei Staaten. Übs. A. Schmidt, hrsg. W. Lammers. Darmstadt 1960. (Ausgew. Quellen z. dt. Gesch. des Mittelalters, Freih. v. Stein-Gedächtnisausg. 17.)

daß damit Göttliches in der Welt offenbar und gegenwärtig wurde. Noch prägnanter wenige Verse später: „Da löste sich der alte Widerstreit. Der Himmel wurde mit der Erde vermählt“ (Str. 15).

In vier Strophen stellt der Verfasser das Menschsein Christi heraus, das sich vor allem an seinem Kindsein demonstrieren läßt: von einer Mutter geboren, in einer Krippe liegend, beschnitten, mit einem menschlichen Namen benannt, durch ein armseliges Opfer, zwei Tauben, „ausgelöst“ – gemäß hebräischer Sitte –, der Zeit unterworfen, in der er aufwuchs, und schließlich im Jordan getauft (Str. 15 und 16).

Diese Merkmale menschlichen Kindseins werden ständig konfrontiert mit den korrespondierenden göttlichen Charakteristika: Christus wird Kind – aber ihm gehört die gesamte Welt, und die himmlischen Heerscharen sind ihm untertan. Christus wird geboren – aber seine Geburt ist ein Wunder, Engelscharen verkünden die Geburt Gottes und seinen wahren Willen. Die Mutter Gottes bleibt Jungfrau, und ihre Gottesmutterschaft wirkt miterlösend, und sie „bedeckte die Sünde des Weibes“. Ebenso ist Christus „der erste Mensch, der sich niemals mit den Sünden Adams besudelte“ (Str. 15).

Die augenscheinliche Machtlosigkeit des Jesuskindes in der engen Krippe täuscht: „Das Kind war die Weisheit Gottes, seine Macht ist groß und breit. Da lag der mächtige Gottessohn in einer engen Krippe. Er unterwirft sich der Zeit – aber er bleibt doch ‚Ursprung aller Tage‘.“ Er, der keine Taufe gebraucht hätte, denn er selbst hatte keine Sünde, „wusch unsere Sünden ab“ und brachte dadurch die Menschen in ein neues, Gott verbundenes Sein: „Da legten wir den alten Namen ab, durch die Taufe wurden wir alle Kinder Gottes“ (Str. 17).

Diese Strophen stellen in eindringlicher Weise das Kindsein Christi als von Gott gewollt heraus und als notwendige Voraussetzung für die Herübernahme der menschlichen Natur in das göttliche Leben, die Verbindung von menschlichem und göttlichem Sein, die im Gott-Menschen Christus für alle Menschen beginnt.

Die folgenden drei Strophen stellen dar, wie sich die Göttlichkeit Christi, die im Kind nur verborgen vorhanden war, durch sein Wirken als Erwachsener den Menschen offenbarte. Er tut, was kein Mensch zu tun vermag: er verwandelt Wasser in Wein, erweckt Tote, heilt Kranke und Besessene, sättigt 5000 hungrige Menschen mit fünf Broten, wandelt über das Wasser, befiehlt den Winden zu ruhen. Und er lehrt die Menschen, sich treu und vertrauend gegenüber Gott zu verhalten und Demut, gesittetes Benehmen, Treue und Wahrhaftigkeit zu bewahren (Str. 18–20).

Während diese Wunder die Macht dessen offenbaren, der „Mensch und Gott“ war (V. 233), sind sein Leiden und sein Kreuzestod ebenso wie seine

Kindheit eher dazu angetan, den Zweifel der Menschen an der Göttlichkeit Christi zu wecken. Und so verwendet der Verfasser viel Mühe darauf, zu erklären, daß Christus „mit seiner eigenen Zustimmung an das Kreuz gehängt wurde", und daß er schließlich „um unsertwillen starb" (V. 246). Ohne Beschönigung werden Leiden und Tod Christi in ihrer menschlichen Armseligkeit prägnant gekennzeichnet:

„Da wurden seine Hände von den festen Nagelfesseln gehalten; Galle und Essig war sein Trank, so erlöste uns der Heiland. Aus seiner Seite floß das Blut, durch das wir alle geheiligt sind. Mitten zwischen zwei Verbrecher hingen sie den Gottessohn." Dann aber wird die Hintergründigkeit dieses jammervollen Endes aufgezeigt. Zwar verbarg sich Gott im Menschen, um die Menschheit aus der Gewalt des Teufels zu befreien. Doch Gottes Tod bringt die Elemente in Aufruhr (Str. 28), und die Toten erstehen aus ihren Gräbern: Zeugnis für die Auferstehung aller Menschen am Jüngsten Tag. Der Getötete selbst setzt den Kontrast seiner Allmacht und Herrlichkeit zu seinem schmählichen menschlichen Ende durch seine Auferstehung und seine ewige Herrschaft „über alle seine Geschöpfe" (V. 280 ff.).

Den Abschluß der Erlösung bildet die Höllenfahrt Christi mit der Befreiung der Toten aus der Hölle, der Sieg des Stärkeren über den Gewappneten und seine Festung, der Sieg Gottes über das Reich des Teufels (Str. 25). So wird von Strophe 3 (Straßburger Fassung) bis Strophe 25 (Vorauer Fassung) im Ezzolied Heilsgeschichte als Christus-Geschichte dargestellt. Die zentralen Geheimnisse christlichen Glaubens, Göttlichkeit Christi, Inkarnation, Tod und Auferstehung des Gott-Menschen, werden in ihrer Bedeutung für die Menschen verkündet. Diese sind Ebenbild (V. 70) und Kind (V. 206) und Gefäß Gottes (V. 309). In faszinierender Eindringlichkeit wird dabei die Konfrontation von menschlicher Schwäche und göttlicher Allmacht in Christus gezeigt, wie sie für das christliche Verständnis vom Menschen und der menschlichen Kirche überhaupt charakteristisch ist.

Die Strophen 26–30 schlagen einen neuen Ton an und verwenden eine andere Methode. Jetzt werden die Präfigurationen des Alten Testaments in ihrer vorausdeutenden Funktion auf die Erlösungstat Christi vorgestellt: die Opfer Abels und Abrahams, die Schlange am Stab des Moses, das vor Unglück bewahrende Blut, mit dem die Israeliten ihre Türpfosten bestreichen mußten, der Untergang der Truppen des Pharao im Roten Meer, das Osterlamm, das Manna, der von Moses geschlagene Quell in der Wüste, Leviathan, das Joch des Pharao, von dem Israel befreit wird – „Das war alles von geistlicher Bedeutung, das bezeichnet Glaubenswahrheiten." (V. 335 ff.) Es wird jeweils kurz angedeutet, wie diese bekannten Ereignisse und Gestalten des Alten Testaments im Hinblick auf Christi Erlösungstat zu verstehen sind. Darin liegt auch ein Stück Entgegenkommen gegenüber dem Islam, denn das Alte Testament wird von den Moslems anerkannt.

Den Abschluß des Liedes bilden Betrachtungen über die Bedeutung des Kreuzestodes Christi für die Menschheit. „Leben" sind die Balken des Kreuzes für die Menschen, denn das Leben erwarben sie durch Christus. „Zu Gott gezogen" werden die Menschen in dem Moment, da Gott von der Erde an das Kreuz erhoben wird (Str. 31). Im Himmelreich werden die Menschen landen, wenn sie das Kreuz als Segelstange, die guten Werke als Segelseil und den wahren Glauben als Segel benutzen (Str. 33).

So schließt sich der Kreis von der Herabkunft Gottes in die Welt zum Wiederemporsteigen der Menschen in das Reich Gottes. Die Schlußstrophe des Ezzoliedes erinnert an das andere große Geheimnis des christlichen Glaubens, die Trinität. Dabei klingt die Christologie, wie sie in den voraufgegangenen Strophen dargestellt wurde, noch einmal an: Christus, zweite Person der Trinität, wollte „jener Mensch" sein, von dem die Rede war. Durch ihn werden die Menschen dorthin zurückkehren, woher sie das Leben nahmen.

Es ist überflüssig, im einzelnen darzulegen, wie sehr das Ezzolied gerade jene christlichen Glaubensinhalte herausstellt, die vom Islam aufs entschiedenste verneint werden. Das läßt sich aus der einführenden Gegenüberstellung einiger Grundzüge von christlicher und islamischer Religiosität ohne weiteres entnehmen.

Anzumerken bleibt aber, daß im Ezzolied die Heiligung der Welt durch die Inkarnation so herausgestellt wird, wie sie für die frühmittelalterliche Theologie charakteristisch, später jedoch nicht mehr üblich ist. Das Lied ist dieser *werlte al ze dien eron* gedichtet (Str. I) und *ze dien gnadon* (Str. II). Und auch der Mensch ist als Bild Gottes *ze allen eron* (Str. IV) geschaffen. Vielleicht ist dieses Betonen der Hochschätzung der Welt im 12. Jahrhundert eine Frucht der Auseinandersetzung mit dem Islam.

Das andere Hauptthema des Ezzoliedes, der Kreuzestod Christi, bleibt alle Zeiten hindurch zentraler und stets neu bedachter und diskutierter 'skandalöser' Glaubensinhalt der Christen.[4] So finden sich auch manche Parallelen zwischen dem Ezzolied des 11./12. Jahrhunderts und der ›Sich-

[4] Ein Beispiel aus jüngster Vergangenheit: „Da hängt er, der Menschensohn, der Wurm, der Ausspei seines Volkes . . . Er ist der Gehenkte in der Wüste der Weltgeschichte, der alles an sich zieht. Der Gehenkte und der Erhöhte. Beides ist eins. Kreuztod ist Verherrlichung. Schwäche ist Gewalt." Hugo Rahner, Die Kirche. Gottes Kraft in menschlicher Schwäche. Freiburg 1956, S. 8. – Zu „Skandalon des Kreuzes" (1. Kor. 1, 22f.) vgl. G. Bornkamm, Paulus, Stuttgart 1969, S. 167 (5. Aufl. Berlin 1983).

tung des Alkorans‹ von Nikolaus von Cues aus dem 15. Jahrhundert. In vielen Kapiteln müht sich Nikolaus, das für moslemische Ohren unglaublich Klingende, daß der Gottmensch Christus litt und starb, verständlich zu machen. Gegen die Annahme des Korans, Christus sei nicht gestorben, sondern es sei ein anderer, Christus ähnlicher, Mann gehängt worden, und Christus lebe, wird von Nikolaus der Beweis geführt „Daß Christus wahrhaftig gestorben und gekreuzigt worden ist" (II 12) und „Daß die Kreuzigung eine Erhöhung und Verklärung Christi ist" (II 13).[5]

Noch bei Nikolaus von Cues liegt, ebenso wie im Ezzolied, der Hauptakzent auf dem Erweis der Göttlichkeit Christi. In der Sichtung des Alkorans bieten die Kapitel 10 und 19 des 1. Buches eine Reihe von Parallelen zum Ezzolied.

Wenden wir uns der Frage zu, in welcher Weise Ideales und Wirkliches im Ezzolied miteinander verknüpft ist. Keineswegs ist das in der Weise zu sehen, daß hier ideales Wunschdenken und Wollen konfrontiert wird oder konfrontiert werden muß mit einer weit hinter diesem Streben zurückbleibenden Verwirklichung dieses Wollens. Solche Dinge sind im Ezzolied überhaupt nicht relevant. Es geht vielmehr um die Darstellung christlicher Glaubenswahrheiten, und diese Glaubensinhalte sind Deutungen des Zusammenhanges von Gott und Welt und Mensch. Die Art dieser Deutung, die christliche Anthropologie, Kosmologie, Christologie und Theologie, wirkt jedoch auf die Menschen, die diese Deutung gläubig annehmen und ihr Leben aus diesem Glauben heraus formen.

So ist die Verantwortung für die Welt und die Menschen eine Folge christlichen Aufeinanderbezogenseins von Gott, Welt und Mensch. Wenn Gott „der Welt zu Ehren" handelt, und wenn er dem Menschen als seinem Ebenbild alle Ehren zuerkennt, dann muß sich der christlich denkende Mensch mit besonderer Aufmerksamkeit und mit all seiner Kraft der Herrschaft über die Welt, zu der er durch Gott berufen ist, widmen. Herrschaft aber bedeutet lenken, pflegen, erhalten und nutzen. Aus der bejahenden Haltung der Welt gegenüber, die durch Gottes Inkarnation geheiligt wurde und immer erneut geheiligt wird, aus der Achtung vor der Welt trotz aller weltverneinenden Distanz im Hinblick auf das ewige Leben, erwächst die christliche Wirklichkeitsgestaltung und eine Grundeinstellung, die sich umschreiben läßt mit „Wissen um die von Gott dem Menschen übertragene Verantwortung für Gottes Schöpfung".

[5] Nikolaus von Cues, Sichtung des Alkorans. Cribratio Alkoran. Ed. Paul Neumann, Anm. Gustav Hölscher. 2 Bde. 2. Aufl. Leipzig 1948. (Philos. Bibl. 221.) Ferner: Nikolaus von Kues, Philosophisch-Theologische Schriften, hrsg. u. eingef. v. Leo Gabriel, übs. v. Dietlind und Wilhelm Dupré. Wien 1967. (Studien- und Jubiläumsausg. Lat.-dt. Band III), enthält jedoch nur Überschriften der Cribratio.

Am Ezzolied kann ferner studiert werden, wie das historische Geschehen in diesen frühen Kreuzzugsdichtungen erscheint. Die ältere Fassung des Ezzoliedes ist – so wissen wir – in irgendeiner Weise mit der Pilgerfahrt Gunthers von Bamberg ins Heilige Land verbunden. Dank der ›Vita Altmanni‹ ist es möglich, die in der Prologstrophe der Vorauer Fassung genannten Personen eindeutig zu identifizieren, und sogar über einen nicht unwichtigen Abschnitt ihres Lebens, die Reise ins Heilige Land, informiert zu sein.

Die Parallelüberlieferung von chronikalischem Bericht und dichterischer Gestaltung läßt aber auch die gravierenden Unterschiede in der Art der Darstellung und der Intention der Texte erkennen. Steht dort die Beschreibung des Geschehens im Vordergrund, und wird die Wirklichkeitsdeutung aus christlichem Verständnis allenfalls in kurzen Hinweisen auf die geistigen Antriebskräfte des Unternehmens und die Bewertung einiger Fakten als Gottes Wirken sichtbar, so beherrscht im Ezzolied umgekehrt das christliche Verständnis der menschlichen Wirklichkeit ganz und gar die dichterischen Aussagen. Spezifische Wirklichkeitsreflexe werden allenfalls in einigen Splittern erkennbar. So wird in den Strophen 29 und 30 das Heilige Land als Erbe der Christen angesprochen. Der Erlösungstod Christi ermöglicht den Christen die Rückkehr in ihr altes Erbeland, „dorthin unternehmen wir die geistliche Reise" (V. 354). Strophe 30 führt den Gedanken weiter:

Spiritalis Israel,
nu scouwe wider din erbe,
want du irloset bist
de iugo Pharaonis.
der unser alte viant
der wert uns daz selbe lant,
er wil uns gerne getaren:
den wec scul wir mit wîge varen.
der unser herzoge ist so guot:
ub uns negezwivelet daz muot –
vil michel ist der sîn gewalt –,
mit im besizze wir diu lant.

(Str. 30)

Aber die hier anscheinend so deutlich angesprochene Realität des Zuges ins Heilige Land (vgl. S. 21 ff.) entzieht sich sogleich der eindeutigen Festlegung. Denn die Reise ist zugleich geistige Reise, das Erbe zugleich Gott selbst. Denn der Herr ist „Erbteil" und „ewiger Anteil", den nur die Gerechten empfangen (Ps. 16,5 und 73,26). Erben Gottes sind alle zum ewigen Leben von Gott Erkorenen, die die Ewigkeit ihres himmlischen Vaters mitgenießen werden. Immerhin erlaubt aber das bei Otto von Freising begegnende Bernhard-Zitat, die konkrete Bedeutung des Erblandes für diese Stelle anzunehmen: „Ist etwa die Hand Gottes verkürzt oder unfähig geworden zum Schutz, weil er zum Schutze seines Erbes die kleinen Würmchen aufruft?" (Gesta I 44)[6]

Noch weniger sicher darf man wohl in der Annahme sein, daß mit der Nennung der Stadt Bosra in Strophe 24 eine Anspielung auf das Geschehen während des zweiten Kreuzzugs vorliegt. Die Strophe bezieht sich auf eine Prophezeiung des Jesaja: „Wer ist dieser Mann, der aus Edom kommt, der aus Bosra kommt in rot gefärbten Gewändern? Er schreitet in prächtigen Kleidern einher und zeigt seine gewaltige Kraft" (Jes. 63,1). Das Strafgericht für Abtrünnigkeit, wie es an dieser Stelle des Alten Testaments erfahren wird, kann natürlich zur Deutung des unglücklichen Endes des zweiten Kreuzzugs herangezogen worden sein. Denn als Strafe für die Sünden der Christen wurde das Debakel verstanden (vgl. S. 70f.). Und Bosra, das in ottomanischer Zeit als „Alt-Damaskus" erscheint, mag an dieser Stelle des Ezzoliedes erwähnt werden, weil das Kreuzfahrerheer eine vernichtende Niederlage in der Wüstenebene bei Damaskus hinnehmen mußte.

Die beiden hier für einen möglichen speziellen Hinweis auf wirkliches Geschehen herangezogenen Stellen machen aber deutlich, wie sehr in diesen frühen Dichtungen die symbolische Bedeutung dominiert. Das tatsächliche Geschehen und die damit verbundenen Orte erscheinen so betont als Verweisungsträger, daß es fast wie eine unerlaubte Vergröberung erscheint, wenn man einen historischen Bezug vermutet.

Charakteristisch also ist für diese frühmittelhochdeutsche Dichtung – und das wird sich an den anderen, noch zu besprechenden, ebenso zeigen – das Herausstellen symbolisch-allgemeiner Bedeutung des historischen Geschehens, das Streben nach Entfernung vom Tagesgeschehen, seine Transponierung in einen höheren Sinn. Die bekannte Technik der *bezeichenunge* in mittelalterlicher Dichtung wird auch hier sichtbar, wo Kreuzzugsgeschehen mit Verweisungscharakter versehen wird. Damit geht Ideales aus der Wirklichkeit hervor, bleibt an sie geheftet, überhöht sie aber ins Allgemeingültige.

Summa Theologiae

In derselben Vorauer Sammelhandschrift, in der die jüngere Fassung des Ezzoliedes steht, befindet sich eine frühmittelhochdeutsche Dichtung, die zur

[6] Ottonis Episcopi Frisingensis et Rahewini Gesta Frederici seu rectius Cronica. Ed. Franz Josef Schmale. Die Taten Friedrichs oder richtiger Cronica. Übs. v. Adolf

selben Zeit wie die Vorauer Fassung des Ezzoliedes entstanden sein dürfte, und die im Charakter und in der Aussage denselben Typus vertritt. Ist auch die ›Summa Theologiae‹ eine Dichtung, die im Zusammenhang mit dem zweiten Kreuzzug steht und mit den daran beteiligten Theologen des deutschsprachigen Raumes, allen voran Otto von Freising? Als Aufforderung zur Kreuznahme kann die folgende Strophe verstanden werden:

Swer so wolli Cristis wegi volgin,
der dragi sus sinin galgin,
an dem er allin sinin willin
von ubilin werchin mugi gistillin,
sin selbes werdin ungiwaltig,
goti gihorsam undi ehaltig.
wil er dan also volsten
ani rum durch den gotis willin,
so hat er den geistlichi gibilidot,
der unsculdic durch in wart gicrucigot.
(Str. 18)[7]

Und auf die Kreuzfahrt scheint auch V. 259 zu verweisen, wenn *die warheit bischirmin* als Aufgabe neben anderen sehr fundamentalen Anforderungen an den Christen herausgestellt wird.

Ebenso wie im Ezzolied ist jedoch auch hier ein möglicher realer Akt, wie es die Kreuznahme und damit die Beteiligung an der Kreuzfahrt wäre, sogleich in seiner weitergreifenden Bedeutung der völligen geistigen Ausrichtung auf Gott und damit in geistig-psychischer Realität gesehen. Seinen Willen aufgeben, Gott gehorsam werden, die Ordnung einhalten, das führt dazu, „den geistlich nachzubilden, der unschuldig um jedes einzelnen willen gekreuzigt wurde".

Die ›Summa‹ mag also im Zusammenhang mit den Kreuzzugsaufrufen vor 1147 entstanden sein, denn in ihr leuchtet, wie Wentzlaff-Eggebert es ausdrückt, „die Wirkkraft der Kreuzzugsmahnung" auf.[8] Es ist die Zeit, in der Bernhard von Clairvaux seine Beredsamkeit in den Dienst des Kreuz-

Schmidt, Hrsg. v. Franz-Josef Schmale. Darmstadt 1965. (Ausgew. Quellen z. dt. Gesch. d. Mittelalters, Freih. v. Stein-Gedächtnisausg. 17.)

[7] Ausg. bei A. Waag, Kleinere Gedichte, Nr. II. Zur inhaltlichen Interpretation vgl. H. Rupp, Deutsche religiöse Dichtungen des 11. und 12. Jahrhunderts. Untersuchungen und Interpretationen. Freiburg 1958. (Summa S. 83–127.) – H. Freytag, Kommentar zur frühmittelhochdeutschen Summa Theologiae. München 1970. (Medium aevum 19.) – Ders., 'Summa Theologiae', Str. 9 und 10: Der Mensch als Mikrokosmos, in: Studien zur frühmittelhochdeutschen Literatur 1974, S. 74–82.

[8] Wentzlaff-Eggebert, S. 40.

zugsgedankens stellte und seine bekannte Kreuzzugsanthropologie entwickelte.

Inhaltlich stellt sich die ›Summa‹ fast wie eine Ergänzung zum Ezzolied dar. Sie enthält eine christliche Anthropologie mit all jenen Glaubenssätzen, die dem islamischen Glauben fremd sind oder von den Moslems energisch bestritten werden.

Das Lied beginnt mit einer hymnischen Beschreibung der *potestas,* der Schöpfungsmacht Gottes und speziell auch des Gottessohnes. Seine göttliche Macht ordnet alles Geschaffene im Himmel, erhält es auf Erden, erfüllt es von innen, umfängt es von außen, unwandelbar und ohne Anstrengung und Mühe. Gottes trinitarische Allmacht, so fährt die zweite Strophe des Liedes fort, ist auch den menschlichen Seelen eigen. *rat, gihugidi mid dim willin,* also Vernunft, Erinnerungsvermögen und Wille sind den Menschen von Gott gegeben worden, als er ihnen seinen Geist einblies. Die Menschen sind dadurch in ihrer Seele das Bild Gottes.

Der Verfasser setzt in einer bekannten Formel göttliche und menschliche trinitarische Kräfte zueinander in Bezug. Wie Gott machtvoll *(giwaltic)* und gut ist und aus diesen Kräften heraus alles schafft und erhält, so obliegt es dem Menschen, Gott zu fürchten und zu lieben und von diesen Geheimnissen zu sagen und zu singen (Str. 3).

Danach setzt der Verfasser mit der Darstellung der Erschaffung und des Sündenfalls der Engel ein, die in gewisser Weise den Menschen ähnlich sind. Gott schuf feurige Engel, erhabene und edele Geister, mit freiem Willen begabt, damit sie Gott freiwillig lobten (Str. 4). Der erhabenste Engel, Lucifer, war nicht nur Gottes Ebenbild, wie alle Engel, sondern in besonderer Weise hervorgehoben als Gottes *insigili.* Doch er mißbrauchte seine ihm von Gott gegebene Vormachtstellung, wurde *des nidis vater,* verlor den Willen zu allem, was gut ist, und stürzte in die ewige Verdammnis. Die gutwilligen Engel „erhoben sich" angesichts seines Falles zu ihrem Herrn und lobten Gott ehrfürchtig, so daß sie nun für immer mit Gott zusammen leben dürfen (Str. 5/6).

Um die durch den Engelsturz entstandene Lücke auszufüllen, schuf Gott aus Lehm den Menschen:

got irwac do ebinduri
di unsir brodi erdi widir dem vuri.

Gott stellt die Erde dem Feuer dadurch in der Würde gleich (Str. 7).

Auf diese kurzen Ausführungen über das Verhältnis des Menschen zu den Engeln hinsichtlich ihrer Erschaffung folgt eine Darstellung des Menschen als Mikrokosmos, also seiner leiblich-körperlichen Existenz.

Die Welt wird für den Menschen erschaffen, und Gott freut sich an dem

Geschaffenen, liebt es und legt sein Bild in alle Geschöpfe, damit die Menschen stets an ihre Heimat erinnert werden. Und aus dieser Schöpfung Gottes wird der Mensch als Mikrokosmos gebildet (Str. 8–10). Mit den Engeln teilt der Mensch die Fähigkeit der Unterscheidung von Gut und Böse. Daß er über den Tieren steht, zeigt sein aufrechter Gang an. Der aus Lehm geschaffene Mensch erscheint auf diese Weise auch von seinem Körper her als würdig. Er ist des göttlichen Seins, das in der Welt gegenwärtig ist, teilhaftig.

Die dann folgenden Strophen sprechen vom Versagen des Menschen in dem ihm aufgegebenen Kampf (Str. 11), vom Verlust der Liebe der Engel und der Huld Gottes, von der Bestimmung des Teufels zum Wärter über den Menschen. Adam geriet in die Gewalt des Teufels (Str. 12/13). Sehr knapp nur wird die Menschwerdung Christi erwähnt (Str. 12), allein in dem Begriff *Adam der andir* wird die Heiligung der menschlichen Natur durch Gottes Menschwerdung angedeutet (Str. 14). Ausführlich wird dagegen die Notwendigkeit des Verborgenseins Gottes in der menschlichen Natur erörtert im Hinblick auf die Täuschung des Teufels, aus dessen Gewalt der Mensch erlöst werden soll (Str. 13–16).

Mit Str. 17 (Vers 165), also genau nach der Hälfte des Ganzen, beginnt der zweite Teil des Gedichtes. Auf die Darstellung des Wesens des Menschen im Vergleich mit Engeln und Teufeln folgt die Darstellung der Aufgabe des Menschen. Er soll das rein verwirklichen, wozu er geschaffen wurde: Ebenbild Gottes auf Erden zu sein (Str. 24 und Str. 18), und Gottes Erbe zu erlangen (Str. 19 und 28).

Glaube, Hoffnung und Liebe sind die drei geistig-seelischen Kräfte, die der Mensch als sogenannte göttliche Tugenden in sich entfalten muß, um Gott abzubilden. In besonderer Weise wird die Liebe hervorgehoben. Strophe 20 umreißt die Grundzüge christlicher Soziologie, die darin gründet, daß Liebe trotz Unterschiedenheit möglich und notwendig für einen sozialen Zusammenhalt ist.

Strophe 22 beschreibt die Notwendigkeit des Wirkens des Teufels, aber es wird auch hervorgehoben, daß er niemandem etwas befehlen kann. Die Strophen 23, 24 und 25 beschreiben die Wirkung des Taufwassers. Das andere Sakrament, dessen erlösende Wirkung gezeigt wird, ist das Bußsakrament (Str. 27–29). Dazwischen steht ein Tugendkatalog, in dem die drei göttlichen Tugenden nochmals betont werden. Zwiefältige Auferstehung wird dem Menschen gewährt: von den Sünden und vom Tod, letzteres allerdings erst beim Jüngsten Gericht. So schließt das Gedicht, und es schließt sich der Kreis mit der Rückkehr der Menschheit in die Ewigkeit. Und nochmals werden die Engel erwähnt, mit denen das menschliche Geschick in diesem Gedicht so oft verbunden wird:

mid din engilin sint si undotlich,
mid in erbint si da daz himilrich.

Die Schlußstrophe stellt fest, daß diejenigen, die Gott dienen, das Reich Gottes erben.

Eine ganze Reihe von Elementen dieser Dichtung sind auf den ersten Blick als betont christlich im Gegensatz zum Islam zu erkennen: der Mensch als Ebenbild Gottes; die Aufgabe, dieses Bild immer erneut in sich zu verwirklichen, auch wenn ein Sündenfall geschieht; die Hilfe der Sakramente, vor allem Taufe und Buße; die drei göttlichen Tugenden als Trinitas, die das göttliche Bild im Menschen vor allem ausmacht (vgl. die ausführliche Darstellung im St. Trudperter Hohen Lied).

Auffallend ist in dieser Dichtung der vielfältige Bezug auf Engel und Teufel. Manches erscheint sogar falsch oder unverständlich und hat dazu geführt, daß eine Strophe ganz ausgeschieden wurde oder andere Eingriffe in den Text vorgenommen wurden.

Die christliche Engellehre ist davon bestimmt, daß Gott in den Engeln ebenso wie in den Menschen Geschöpfe schuf, die Gott in ihrem geistigen Sein gleichen, und die mit freiem Willen begabt sind. Im Unterschied zu den Menschen sind die Engel jedoch *geisti hêri joch vil edili* (Str. 4) ohne materiellen Körper, aus Feuer. Der Mensch dagegen wurde aus Lehm geschaffen (Str. 7). Er stellt eine geistig-leibliche Einheit dar. Darin muß die Seele die Führung haben und den Körper in rechter Weise lenken, damit nicht der Körper den Verlust des ewigen Lebens für den ganzen Menschen bewirkt (Str. 28).

Nach christlicher Auffassung sind die Engel erhabener als die Menschen, weil sie nicht in die dumpfe Körperlichkeit absinken können. Doch verwahrt sich der Verfasser der ›Summa‹ gegen die Auffassung, daß die irdene Herkunft des Menschen ihn geringwertiger als die Engel mache. Der Lehm, Herkunftsstoff des Menschen, wird dem feurigen Sein der Engel „gleichwürdig" *(ebindûri)* gesetzt durch Gott (Str. 7).

Die Erhabenheit menschlichen Seins wird andererseits dadurch erkennbar, daß in ihm der gesamte Kosmos als Mikrokosmos gegenwärtig ist, einschließlich der vier Grundelemente, wozu auch das Feuer gehört (Str. 8–10).

Der Adel der menschlichen Seele ergibt sich vornehmlich daraus, daß sie die göttliche Trinität abbildet in den geistigen Kräften des Verstandes, des Gedächtnisses und des freien Willens. Wie die Engel werden daher auch die Menschen am Ende der Zeiten ewig bei Gott sein, unsterblich (Str. 31).

Als rein geistige Wesen sind jedoch die Engel während des Bestehens der Erde und der Erbsünde, mit der die Menschheit geschlagen ist, weit überlegen. Sie leben auch, nachdem sie sich für Gott und gegen Luzifer entschieden haben, bereits auf ewig bei Gott (Str. 6). Ein Jüngstes Gericht findet für sie nicht statt. Dies impliziert, daß nach christlicher Lehre Engel wie Menschen als Wesen mit freiem Willen und daher mit der Fähigkeit, Gut und Böse zu unterscheiden und sich entsprechend zu entscheiden, begabt sind. Die Ursache für die Existenz des Bösen wird damit im freien Willen und der negativen Entscheidung der Geschöpfe gesehen und nicht in einer Schöpfungstat Gottes.

Der Sündenfall des höchsten Engels und seines Anhangs war es, der zur Aufspaltung in Engel führte, die sich für Gott entschieden, und in gefallene Engel, Teufel, die unwiderruflich verdammt sind, „weil sie den Willen zum Guten verloren haben" (Str. 6).

Der Sündenfall des Menschen lebt in der Erbsünde fort, führt aber nicht zu der endgültigen Verdammnis, die für die Teufel charakteristisch ist. Durch die Erlösungstat Christi wird sie in ihren Auswirkungen gemildert. Seitdem ist die Menschheit nicht mehr dem Teufel und dem Tod überantwortet (Str. 13).

Im Unterschied zu diesen Grundzügen der christlichen Engellehre, wie sie auch in der ›Summa‹ erscheinen, ist die islamische Engellehre dadurch geprägt, daß Engel weder frei sind noch größere Erkenntniskraft als Menschen besitzen. „Sie können nichts anderes als Befehle weiterleiten und himmlische Loblieder singen. Sie sind dümmlich und stehen Gott ferner als der Mensch, der sich auch seines Verstandes bedient." Dieses Urteil von Walter Beltz[9] läßt sich aus der zweiten Sure des Korans herleiten:

> Dann sprach dein Herr zu den Engeln: „Ich will auf Erden einen Statthalter (den Menschen) setzen." Sie antworteten: „Willst du dort einen einsetzen, der zerstörend wütet und Blut vergießt? Wir aber singen dir Lob und heiligen dich." Er aber erwiderte: „Ich weiß, was ihr nicht wißt." Daraufhin lehrte er Adam die Namen von allem Sein, zeigte alles den Engeln und sprach: „Nennet mir die Namen dieser Dinge, wenn ihr recht habt!" Sie antworteten: „Lob dir! Wir wissen nur das, was du uns gelehrt hast, denn du nur bist der Allwissende und Allweise!". Dann sprach er: „Adam, verkünde du ihnen die Namen!" Als dieser sie genannt hatte, fuhr er fort: „Habe ich euch nicht gesagt, daß ich die Geheimnisse der Himmel und der Erde kenne und weiß, was ihr bekennt und was ihr verheimlicht?" Darauf sagten wir zu den Engeln: „Fallt vor Adam nieder!" Und sie taten es; nur Iblis, der hochmütige Teufel, weigerte sich: Er war einer der Ungläubigen. (Sure 2,31–35)

Durch die Unterordnung der Engel unter die Menschen fehlt dem Islam die für die christliche Ontologie charakteristische Seins-Stufung gemäß dem

[9] Walter Beltz, Die Mythen des Koran. Der Schlüssel zum Islam. Düsseldorf 1980, S. 75.

Grad der Geistigkeit: unbelebte Natur – belebte Natur – Mensch – Engel – Gott. Diese auch in der ›Summa‹ erkennbare ontologische Ordnung wirkt sich auf die Anthropologie in der Weise aus, daß der Mensch das Absinken auf die Stufe des tierischen Seins vermeiden und nach Vergeistigung streben soll, um den Engeln und Gott ähnlicher zu werden. Reine Geistigkeit ohne körperliches Gebundensein und ohne die entsprechenden Bedürfnisse sind denn auch nach christlicher Vorstellung für den erlösten Menschen im Jenseits charakteristisch. Die ganz anderen, auf leibliches Glück zugeschnittenen Paradies-Vorstellungen des Islams fordern diesen vergeistigten Idealtypus des Menschen ebensowenig heraus wie die fehlende Vorbildfunktion der in ihrer Erkenntniskraft überlegenen, rein geistigen Engel. Die auffallend betonte Feststellung der ›Summa‹, daß Engel erhabene Geister sind, frei und unsterblich aufgrund ihrer Entscheidung für Gott in ewiger Seligkeit lebend, erscheint damit als deutliche Antiposition zur Engelauffassung des Islams.

Es ist nicht möglich, in dem hier gesteckten Rahmen einen umfassenden Vergleich zwischen christlicher und islamischer Angelologie vorzunehmen. In beiden Religionen spielt sie eine nicht unbeträchtliche und in ihren Rückwirkungen auf die Anthropologie sogar zentrale Rolle. Hier sollen nur einige wenige für das Verständnis der ›Summa‹ wichtige Einzelheiten herausgestellt werden.

Auffallend ist, daß die Engel in der ›Summa‹ als „feurig" apostrophiert werden. Damit dürften ihr Erscheinungsbild und die geistige Substanz gemeint sein. Denn diese Aussage steht im Kontext mit der, daß sie Geister sind. Hierin liegt wohl eine gezielte Gegenaussage zum Islam, gleichzeitig aber auch ein Versuch, verwandte Vorstellungen beider Religionen herauszustellen und – soweit möglich – zu vermitteln.

Denn der Islam lehrt, daß die Engel aus Feuer geschaffen wurden, die Menschen aber aus Erde. Auf Allahs Befehl, den Menschen zu verehren, wie in der zweiten Sure berichtet wird, antwortet Iblis, nach den Gründen seiner Weigerung befragt: „Weil ich vorzüglicher bin als Adam, da du mich aus Feuer und ihn nur aus Lehm geschaffen hast. (Sure 7, 13.) Diese islamische Vorstellung macht verständlich, weshalb in der ›Summa‹ so ausführlich über die Würde des menschlichen Leibes gesprochen wird, obwohl die Menschen nur aus Lehm und nicht als feurige Geister geschaffen wurden. Die hier sich aussprechende islamische Geringwertung von irdener gegenüber feuriger Materie und damit letztlich eine dualistische Wertung von Materie und Geist kann natürlich vom christlichen Denken her nicht anerkannt werden.

Ebenso fundamentale Unterschiede zeigen sich in den Vorstellungen vom Sündenfall der Engel und der Menschen. Iblis ist ungehorsam gegenüber dem Befehl Gottes; aber es ist nur die Eifersucht gegenüber einem anderen Geschöpf, die ihn treibt, und nicht, wie es das Christentum lehrt, die Auflehnung gegen Gott selbst.

Gott selbst bleibt bei diesem Vorfall in unberührter Erhabenheit außerhalb des Geschehens von Schuld und unmäßigem Wollen. Nach christlicher Vorstellung ist die Erhebung der Engel gegen Gott Ursache für die Einbeziehung Gottes in die Geschichte seiner Schöpfung. Vor allem aber wird durch diese Geschichte die Spannung zwischen Ebenbildlichkeit der Geschöpfe mit Gott und gleichzeitig bestehender unerreichbarer Einmaligkeit und Erhabenheit Gottes verdeutlicht (Summa Str. 5), eine notwendige Klarstellung angesichts der Vorbehalte des Islams gegenüber den christlichen Vorstellungen von Trinität und Gott-Ebenbildlichkeit.

Die Folgen des Sündenfalls der Engel sind im Christentum viel strenger und endgültiger als im Islam. Allah läßt mit sich handeln. Als Iblis nach der Vertreibung aus dem Paradies um Erbarmen bittet: „Oh, gib mir doch Aufschub bis zum Tage der Auferstehung“, erwidert Allah: „Gut, du sollst zu denen gehören, die Aufschub erhalten.“ (7. Sure, 15/16.)

Nach christlicher Lehre wird dagegen Luzifer ohne Aufschub auf ewig verdammt (Str. 6). Damit wird das Böse in der Welt als nicht reversibel konstituiert.[10] Gleichzeitig aber wird „der Böse“ als notwendiges Element bei der Heiligung der Menschen von Gott in seinen Heilsplan eingeordnet:

Der viant an den gotis viantin
richit den gotis antin.
sinis undankis dinot er,
gotis holdin mit vorchtin machit er.
er inmag nimannin bivellin,
war,[11] *mid sin selbis willin.*
(Str. 22)

Mit diesen wenigen Versen werden einige fundamentale Aussagen als Gegenpositionen zum Islam bezeichnet.

1. Der Teufel ist aufgrund seiner Entscheidung gegen Gott zum widergöttlichen Versucher der Menschen geworden.
2. Er ist aber als Versucher im göttlichen Heilsplan eingeordnet und vermag oft gegen seinen eigenen Willen den Menschen zum Guten zu führen.
3. Es ist nicht sein eigener Wille, mit dem er den Menschen befiehlt.

Nach islamischer Lehre gibt es Satane und böse Geister (Dschinn), die, anders als Iblis, zuvor nicht Engel waren. Ein dualistisches Prinzip wird

[10] Vgl. den 4. Hauptirrtum, den Ricoldus aufzählt, S. 40.

[11] Wegen des Bezugs zum Islam bleiben wir bei der Lesart der Hs. V.

offenbar. Die Teufel begleiten die Menschen, so daß jeder Mensch einen Engel und einen Teufel zur Seite hat.

Oh, Kinder Adams, laßt euch nicht verführen . . . Bedenkt, der Satan und seine Gefährten sehen euch, obgleich ihr sie nicht sehen könnt. Den Ungläubigen haben wir die Satane zu Freunden gemacht . . . Einen Teil der Menschen hat er recht geleitet; und einen Teil hat er gebührend dem Irrtum übergeben, weil sie, statt Allah, die Satane zu Beschützern genommen haben und sich noch dabei einbildeten, daß nur *sie* recht geleitet seien. (7. Sure, 28–31.)

Nicht so sehr die Entscheidung zwischen Gut und Böse als vielmehr die für oder gegen Allah bestimmt auch das Schicksal der Menschheit nach islamischer Lehre. „Die, welche nicht glauben und unsere Zeichen (den Koran) verleugnen, werden Bewohner des Höllenfeuers sein." (2. Sure, 40.)

Im Christentum ist dagegen die Problematik der Schuld von großer Bedeutung. Sündenfall und Erbsünde stehen als ernste Belastung über dem Leben der Menschheit. Nach islamischer Lehre ist dagegen auch der Sündenfall der Menschen nicht von gravierenden Folgen. Allah verzeiht den Sündern ohne großen Aufwand: „Dann lernte Adam von Allah Worte des Gebets, und Allah kehrte sich ihm in Gnaden wieder zu; denn er ist der oft Verzeihende und Barmherzige." (2. Sure, 38.)

Auch die Engel bleiben Adam und Eva trotz Allahs anfänglichem Fluch liebevoll zugetan: „Die Engel aber begleiteten Adam und seine Frau, als sie aus dem Garten des Paradieses weichen mußten, auf die Erde. Und Adam weinte, ward aber von den ihn geleitenden Engeln getröstet . . ." (Beltz, S. 79), so wird in mythischen Erzählungen des 8. bis 14. Jahrhunderts berichtet.

Die christliche Auffassung wirkt demgegenüber streng und konsequent. Damit wird aber auch die Bedeutung der Gnade Gottes erhabener und größer. Die Sünde der *superbia*, die die Engel dazu trieb, Gott gleich sein zu wollen, und die Sünde gottverachtenden Ungehorsams, als die Menschen das göttliche Verbot übertraten, waren von so fundamentaler Bedeutung, daß sie nicht ohne weiteres vergeben werden konnten. Wird Lucifer auf ewig verdammt (Str. 6), so führt für die Menschen der Sündenfall zum Verlust der Huld Gottes wie der Engel (Str. 12). Gerade diese letzte Aussage der ›Summa‹ ist also keineswegs überflüssig oder falsch[12], sondern in Hinblick auf die islamische Gegenposition bedeutsam und unverzichtbar. Bleiben die Menschen nach islamischer Lehre auch nach dem Sündenfall in der Obhut der Engel (Beltz, S. 78), so werden sie gemäß christlicher Auffas-

[12] Vgl. die Anm. zur Stelle bei Waag 2. Aufl. und bei E. Henschel und U. Pretzel (Hrsg.), Die kleinen Denkmäler der Vorauer Handschrift. Tübingen 1963.

sung nach dem Sündenfall in die Macht der Teufel gegeben (Str. 13). Auch dieser Gedanke ist in der Abgrenzung gegenüber dem Islam von Bedeutung, so daß die entsprechende Strophe der ›Summa‹ unverzichtbar und auch an sinnvoller Stelle eingeordnet erscheint.

Nach christlicher Vorstellung ist der Sündenfall der Menschen von so eminenter Bedeutung, daß nur ein Opfer von ebenfalls eminenter Bedeutung die Schuld aufzuwiegen vermag. Nur Gottes eigener Sohn vermag durch seinen Sühnetod *den andern Adam* nicht durch bloßes Verzeihen, sondern *mit reht* wiederzugewinnen und von der Herrschaft des Teufels zu befreien. Die Strophen 12, 13 und 14 der Summa verbinden denn auch jeweils die Folgen des Sündenfalls mit ihrer Aufhebung durch die Erlösungstat Christi. Erst dadurch „kaufte er uns wieder zur Huld Gottes" (Str. 14).

Dieses Ernstnehmen und diese tiefe Überzeugung von der Schuld als eines Lebenselementes des Menschen, das er nie völlig zu überwinden vermag, veranlaßt Christen zu immer erneuter Reflexion über ihr Verhalten. Das kann bis zu quälender Selbstzerstörung gehen. Es verstärkt aber auch Verinnerlichung und die Fähigkeit zu psychologisierender Analyse des eigenen und des fremden Verhaltens und Denkens und verstärkt damit die Bereitschaft, Konsequenzen zu ziehen und Besserung, etwa durch die Gesetzgebung, anzustreben.

Anders als im Islam, geht es im Christentum auch nicht um die sorgfältige Einhaltung einer Reihe von Vorschriften. Es werden vielmehr nur Grundwerte benannt, die in den wechselnden Situationen des Lebens zu beachten und zu verwirklichen sind. In Strophe 26 stellt die ›Summa‹ einen solchen Tugendkatalog auf. Seine abstrakte Allgemeingültigkeit sticht von den konkreten Vorschriften des Korans ab. Die hohen Anforderungen, die an die Christen hinsichtlich der Selbstreflexion gestellt werden, lassen sich daran ablesen.

Die Urschuld des Menschen, wie sie im Sündenfall beschrieben wird, kann nach christlicher Lehre nur durch die seinshafte Teilhabe an der unschuldigen, göttlichen Natur geheilt werden. Generell geschah dies durch die Inkarnation Gottes und seine Himmelfahrt, in der er die menschliche Natur mit der göttlichen vereint wieder zu Gott emportrug. Im Einzelfall geschieht diese Einordnung durch die Teilhabe am fortwirkenden Christus in den Sakramenten. Es ist kein Zufall, daß die ›Summa‹ diesen Gedanken breiten Raum gibt. Denn in diesem Punkt unterscheiden sich Christentum und Islam erheblich. Die ständige Schuld-Reflexion kennzeichnet den Christen. Dem gläubigen Moslem wird die Barmherzigkeit Allahs immer wieder zugesichert. Nur dem Ungläubigen, auch dem Abgefallenen, ist die Höllenstrafe sicher: „Sie werden nicht eher ablassen, euch zu bekämpfen, bis es ihnen gelingt, euch vom Glauben abzubringen. Aber wenn einer von euch, dem Glauben abtrünnig, also als Ungläubiger, stirbt, bleiben auch seine guten Werke in dieser und jener Welt unbelohnt. Das Höllenfeuer ist sein Teil, ewig wird er darin bleiben." (2. Sure, 218.) So steht nicht, wie es die Summa für die Christen hervorhebt, die sittliche Anstrengung und das Vermeiden von Sünden beim Moslem an erster Stelle des religiösen Bewußtseins, sondern eher das Verharren im Glauben und in der Anbetung Allahs gemäß den Anweisungen des Korans.

Es liegt auf der Hand, daß eine vom Islam deutlich unterschiedene Anthropologie, wie sie in der ›Summa Theologiae‹ vorgeführt wird, sehr andere Konsequenzen für die Gestaltung des individualen und sozialen Lebens haben muß als die Lehre vom Menschen, die im Islam begegnet.

Das Benediktbeurer Gebet zum Meßopfer

Seit dem 12. Jahrhundert, seit dem Beginn der Kreuzzugsbewegung, setzt in der deutschen Literatur die Überlieferung von Dichtungen mit Reflexionen über den Mittelpunkt der heiligen Messe, die Wandlung von Brot und Wein in das Fleisch und das Blut Christi, ein.

Eines dieser Gebete ist in der Vorauer Handschrift enthalten. Ein anderes steht in einer Handschrift des Klosters Benediktbeuren, die sich jetzt in München befindet. Dieses inhaltlich besonders weit ausgreifende Gedicht soll hier genauer analysiert werden.[13]

Das Lied oder Gebet ist nach Ausweis seiner Sprache in Bayern im 12. Jahrhundert entstanden. Es enthält keine Hinweise auf den Ort oder den Anlaß seiner Entstehung. Aber einige Verse könnten recht gut aus der kämpferischen Auseinandersetzung im Heiligen Land oder auf dem Weg dorthin entstanden sein.

ûf dises ellendes wege (V. 56) bringen sie das Opfer für ihre Sünden dar. Sie *arnen* (ernten) Tag und Nacht den *slac* des Zornes Gottes (V. 60–63). Sie bitten um Schonung und halten zum Schutz *(ze scherme),* wie einen Schild also, den mit Wunden bedeckten Christus vor sich (V. 63/64).

Natürlich kann auch an dieser Stelle nicht entschieden werden, ob allein die metaphorische Bedeutung der Reise durch das *ellende* gemeint ist, oder ob, wie hier angedeutet wurde, die reale Erfahrung der Kreuzfahrt hinter diesen Versen steht. Sicher ist nur, daß der unglückliche Verlauf des Kreuzzugs von 1147/48, und nur dieser kommt hier aus chronologischen Gründen in Frage, allgemein durch den Zorn Gottes auf die sündigen Christen erklärt wird: „Da aber allen bekannt ist, welchen Ausgang dieser Kreuzzug

[13] Text bei Waag, Kleinere Gedichte Nr. XIV und hier im Anhang.

infolge unserer Sünden genommen hat...", schreibt Otto von Freising (Gesta I 47).

Es ist aber auch auf eine interessante Parallele in den Gesta Francorum, der Beschreibung des ersten Kreuzzugs, hinzuweisen. Dort wird berichtet, daß die Mutter des Seldschukenfürsten Kerboga ihren Sohn vor dem Kampf mit den Christen warnt: „... es streitet für sie ihr Gott jeglichen Tag. Tag und Nacht leiht er ihnen seinen Schutz. Wie ein Hirte wacht er über seine Herde... Diese Christen nämlich heißen Söhne Christi durch den Mund des Propheten (Röm. 9,8; Gal. 4,5), Söhne der Kindschaft Gottes und der Verheißung, und nach den Worten des Apostels sind sie die Erben Christi" (Röm. 8, 17). „Sie haben Anspruch auf das Erbe, das Heilige Land, dessen Besitz Gott ihnen fest versprochen hat" (Gesta cap. 22). Wie im mittelhochdeutschen Meßgebet erscheint auch hier die Motivkette 'Schutz Gottes, Gotteskindschaft der Christen, Erbe'. An direkte Entlehnung wird man nicht denken wollen, eher an eine Floskel-Reihe, die für die Kreuzzugsliteratur typisch ist. Das aber würde genügen, um die Affinität des Benediktbeurer Gebets zu dieser literarischen Gruppe wahrscheinlich zu machen.

Die Reimpaarverse des Benediktbeurer Gebets lassen sich zwanglos zu vierzeiligen Strophen zusammenfügen, wobei in den meisten Fällen die Strophe durch die syntaktische Einheit eines Satzes ausgefüllt wird. Nur der Schluß des Liedes ist durch drei sechszeilige Strophen hervorgehoben. Auf diese Weise ergeben sich 22 Strophen. In dieser Gestalt ist das Gedicht im Anhang abgedruckt, um den Aufbau leichter sichtbar machen zu können. Der inhaltliche Aufbau des Liedes ist recht ausgewogen. Ein Einleitungsteil von drei Strophen beginnt mit der Anrufung der höchsten Majestät. Es folgt ein Hinweis auf das zweite Hauptthema 'Christus als Opfer' (Str. 2). Das erste Hauptthema, die Verbundenheit von Gottheit und Menschheit in Christus, wird in der 3. Strophe vorgestellt.

Der erste Hauptteil umfaßt die Strophen 4–12 (= 8 Strophen), der zweite Hauptteil die Strophen 13–20 (= 8 Strophen). Die Schlußformel erstreckt sich über zwei Strophen.

Der erste Hauptteil beginnt mit der Aufforderung an Gott-Vater, seines Sohnes und der Menschheit eingedenk zu sein. Christus, so heißt es, teile mit Gott-Vater die Göttlichkeit und mit den Menschen das Menschsein und den Körper *(lîche)*. Die Bitte um das feste Ineinanderfügen dieser beiden Wesenheiten, so daß es auch den Menschen zugute kommt, wird stilistisch kunstvoll vorgetragen:

> Seine Gottheit gehört in ihm dir,
> unser ist sein Körper;
> aber das uns Gehörende ist auch dein,
> laß du das Deine unser sein. (Str. 4)

Der Gedanke, daß Christus in sich die Menschheit sammelte und in Gott einfügte, wird mehrfach variiert. Er nahm die menschliche Natur an, um Gott an die Menschen zu mahnen, und er gab den Menschen die Möglichkeit, Brot und Wein in ihn zu verwandeln, um Gott durch Christus immer erneut zu mahnen. Christus als Haupt des mystischen Leibes, der Kirche, wollte verhindern, daß die Glieder ihm entwuchsen. Er soll, so wird gebeten, diesem Körper seinen Geist einhauchen, damit die Menschen, die mit ihm eins sind, als Fleisch und Leib und Gebein von ihm das Leben empfangen.

Alle diese Aussagen münden in die Feststellung, daß auf diese Weise durch Christus *chunnescaft* (Verwandtschaft) zwischen ihm und seiner Schöpfung begründet wurde. Deshalb sind die Menschen seine Brüder und seine Kinder, ein Geist, ein *sin* (Verstand) mit ihm, aber auch ein Fleisch, ein Gebein und ein Blut. Sie sind Erben und Sippenmitglieder, Teilhaber am Erbteil, „Söhne von seiner Gnade". Christus aber ist von Natur Gottes Sohn. Als Blutsverwandter (*sipetail;* Teil des Sippenkörpers)[14] vernichtet er im Himmel die Befleckungen durch die Sünden, die die Menschen begehen, solange sie hier im fremden Land *(ellende)* leben (Str. 12).

Dieser erste Hauptteil stellt komprimierter, aber in ähnlicher Argumentation wie ›Ezzolied‹ und ›Summa‹, höchst eindringlich die Gegenwart Gottes in der Welt heraus, und zwar im Gott-Menschen Christus, im Ursakrament Kirche[15] und im Sakrament des Abendmahles, und bringt auf diese Weise die durch Christus geschaffene erneute Verbundenheit von Gott und Menschen nach der Verstoßung aus dem Paradies recht eigentümlich und beeindruckend zum Ausdruck.

Der zweite Hauptteil ist dem Gedanken des Opfers gewidmet. Gott soll, so das Gebet, Christi Leib und Blut als Opfergabe annehmen, denn es gibt sonst nichts in der Welt, was die Sünden der Menschen im *ellende* aufwiegen könnte. Gott wird gebeten, von seinem Zorn abzulassen, dessen Schläge Tag und Nacht von den Menschen geerntet werden als Lohn für ihre Sünden. Schutzschild ist Christus, der Gottes Zorn besänftigen muß. Wenn Gott die Wunden sieht, die Christus durch das Martyrium erlitt, kann seine Güte nicht weiterhin zürnen (Str. 17). Weder Gott noch die Menschen dürfen seinen Martertod vergessen, den er zur Hilfe für die Menschen auf sich nahm.

Abschließend wird gebeten, daß sich die Wandlung in Christi Leib und Blut vollziehen möge und daß alles, was die Menschen gegen die Gottesfurcht und gegen den Willen Gottes tun, vergeben und „abgewendet"

[14] C. L. Gottzmann, Sippe, in: Sprachwissenschaft 2 (1977), 217–258.

[15] Otto Semmelroth, Die Kirche als Ursakrament. 2. Aufl. Frankfurt/Main 1955.

werde *durch dînen Christ*, der in Ewigkeit in der Einheit des Heiligen Geistes mit Gott Vater in völliger Übereinstimmung „ein Name", also eine göttliche Wesenheit ist.

Für das Benediktbeurer Gebet ist so etwas wie ein sakramentaler Realismus zu erkennen. So steht gleich am Anfang des Gedichtes die zentrale Feststellung: *dizze opfer, daz wir dir hie tuon, daz ist dîn ainborn sun.* (Str. 2.) Und Blut, Körper, Wunden Christi werden in einer Weise erwähnt, daß sie dem Leser bzw. Hörer plastischer und wirklichkeitsnäher vor Augen geführt werden, als es in der distanzierten religiösen Formelsprache üblich ist. So kommt es, daß im Benediktbeurer Gebet der Kern christlichen Glaubens mit besonderer Deutlichkeit erkennbar wird: der Glaube an die seinsmäßige und rechtliche Verbindung von Gott und Mensch. Und dies ist nun einmal der Hauptunterschied zwischen Christentum und Islam.

Diese seinsmäßige Verbundenheit von göttlicher und menschlicher Natur verwirklicht sich natürlich vor allem im Gottmenschen Christus. Darüber hinaus aber ist es der Glaube an die reale Existenz von Göttlichem in dieser Welt, und zwar in den Sakramenten und im Ursakrament der Kirche, dem fortlebenden Leib Christi, dessen Haupt Christus ist.

Die Feststellung zu Beginn des Gebets *dizze opfer . . . ist dîn ainborn sun* (Str. 2) wird am Ende, im Gebet um die Wandlung, wiederaufgenommen: *unde* (wenn) *sich dizze opher tuot ze Christes lîche und ze sînem bluot* (Str. 20). Daß Irdisches, sterblicher Körper, Brot und Wein, Träger göttlichen Seins ist, darf als Hauptaussage dieses Gebets gelten.

Diesem Gedankenzusammenhang kommt offenbar in der Anti-Islam-Theologie eine wichtige Funktion zu. Noch Nikolaus von Cues gibt eine längere Erklärung dazu:

Oh, daß ihr doch einsähet die Geheimnisse dieses Brotes und Weines, des Opfers des ewigen Priestertums des Pascha und des himmlischen Tisches, von welchem im Alkoran die Rede ist; dann würdet ihr vollkommen erkennen, daß, gleichwie die Substanz des Brotes und Weines, die nicht lebendig ist, durch das Wirken der Natur gereinigt und von der menschlichen Substanz zur lebendigen Einigung mit sich aufgenommen wird – dieweil die Substanz der Nahrung in eine Einigung mit der Substanz des Genährten übergeht –, ebenso die lebendige Substanz des Menschen durch das Wirken des Wortes Gottes gereinigt und schließlich zur Einigung mit ihm aufgenommen wird, um in einem höheren Leben als früher, nämlich im göttlichen und ewigen, zu leben. Daraus ersieht man, daß das Wort Gottes, Christus, und sein mystischer Leib durch die obengenannte Einigung leben in einem unsterblichen und ewigen Leben. Aber diese verborgensten Geheimnisse können von euch nicht erfaßt werden, die ihr nicht glaubt an eine persönliche Einigung der menschlichen und der göttlichen Natur in Christus, und ihr werdet die erwähnte Frucht niemals zu kosten vermögen, die ihr ungläubig und ohne Hoffnung seid. (Sichtung des Alkorans III 16)

Dem Islam fehlen solche Vorstellungen gänzlich. Es gibt keine Sakramente und nicht die Vorstellung vom mystischen Leib, in dem Gott und Menschen zusammengefügt sind, und es gibt keinen gottmenschlichen Mittler, der in der Welt gegenwärtig war und ist. Das Verhältnis zwischen Allah und den Menschen ist eher durch den Unterschied zwischen Gott und Menschen geprägt, wobei allein Allahs Wille über Seligkeit oder Höllenpein entscheidet. „Allah ist die willkürlich herrschende Allmacht außerhalb menschlicher Zuständigkeit", sagt Herbert Gottschalk[16]. Es gibt keine verwandtschaftliche Bindung zwischen Gott und Menschen, keine Vereinigung von Himmel und Erde.

Im Rückgriff auf Ricoldus setzt sich noch Nikolaus von Cues mit dem Angriff der Moslems auf die christlichen Vorstellungen von der Gotteskindschaft und dem gerade darin begründeten verstärkten Sündenbewußtsein der Christen auseinander.

Die Christen nämlich und die Juden sind darin nicht zu tadeln, daß sie im Gebete zu Gott, dem Schöpfer und Ursprung aller Dinge, diesen Vater nennen; und ebenso wie dies sowohl im Alten Testament wie auch im Evangelium zu lesen ist, beabsichtigt auch das Buch des Alkorans nicht das zu leugnen, außer daß es ihm unsinnig erscheint, daß die Menschen sich Söhne Gottes nennen. So sagt er nämlich in Kapitel 12: „Ihr Juden und Christen, wenn ihr Gottes Söhne und seine Geliebten seid, wie ihr behauptet, warum gibt er euch Schuld und, wenn ihr Sünden tut, Strafen und Übel? Sicherlich seid ihr nichts anderes als Menschen, geschaffen von Gott, dem Geber der Verzeihung und großen Lohnes, zu dem aller Dinge Rückkehr ist." (Sichtung des Alkorans I 9.)

Auf das menschliche Lebensgefühl und Weltverständnis haben diese Unterschiede der religiösen Inhalte natürlich erhebliche Auswirkungen. Auf manches wurde schon anläßlich der Interpretationen des ›Ezzoliedes‹ und der ›Summa‹ hingewiesen, so daß es nicht wiederholt zu werden braucht. Ergänzt werden sollte noch, daß das Fehlen des göttlichen Mittlers und der Teilhabe am göttlichen Sein nach Auffassung mancher Islam-Forscher zu einem so starken Verlorenheitsgefühl führt, daß verschiedene Versuche unternommen wurden, diesen Mangel der Religion auszugleichen. Allen voran wird Mohammed selbst als eine solche beispielgebende Mittlergestalt gesehen (vgl. Gottschalk, S. 256/57).

Für die Christen erwächst aus dem Bewußtsein seinsmäßiger Verbundenheit mit Gott vor allem der ständige Anspruch an sich selbst, diesem Göttlichen nachzueifern, der Einwohnung Gottes würdig zu sein und letztlich das ständige Ungenügen an der Unvollkommenheit der Welt und

[16] Herbert Gottschalk, Weltbewegende Macht Islam. Wesen und Wirken einer revolutionären Glaubensmacht. 2. Aufl. München 1980, S. 248.

der Menschen. Es erwächst daraus auch ein starkes und fundamentales Sündenbewußtsein. Jede Auflehnung gegen die göttliche Ordnung, jedes Versagen und jede Sünde bedeutet nicht nur Verletzen eines Gebotes, sondern zugleich Aussonderung aus dieser seinsmäßig innigen Verbundenheit mit Gott, Gottferne. Die mittelalterliche Literatur hat namentlich im Parzival diesem Vorgang des Verlustes und der Wiedergewinnung der Verbundenheit des Menschen mit Gott überzeitlich gültigen Ausdruck gegeben.

Sündenfall und Erbsünde können gemäß diesem christlichen Grundverständnis vom Verhältnis Gottes zu den Menschen und der Menschen zu Gott gar nicht anders als durch eine exzeptionelle Gnadentat Gottes aufgehoben werden. Und für den einzelnen ist religiöses Leben nicht wie im Islam vornehmlich auf die Erfüllung bestimmter Vorschriften gerichtet, es ist vielmehr die ständige Überprüfung des eigenen Verhaltens am eigenen Gewissen, an den Geboten Gottes und den allgemeinen Richtlinien des Neuen Testaments – wie Nächstenliebe, Feindesliebe, Selbstliebe und Gerechtigkeit üben, Barmherzigkeit üben, nicht den ersten Stein werfen etc. – gefordert. Ständig muß auch das Verhältnis des einzelnen zu Gott bedacht werden und ebenso sein Verhältnis zum Nächsten.

Gerade dieses grübelnde Bedenken der eigenen Unzulänglichkeiten und das Überwinden der Sünden durch Reue und Buße führt zu einer individuellen Differenziertheit, die sich in Dichtungen des 12. Jahrhunderts auszusprechen beginnt. Es sind vor allem die Sündenklagen, die diesen für das europäische Abendland entscheidend wichtigen Schritt kultureller Verfeinerung als erste erkennen lassen.

Marienlyrik

Wer glaubt, daß Christus Gottes Sohn war, muß ein besonderes Interesse an dem Vorgang seiner wunderbaren Menschwerdung und damit an Maria, der Mutter Gottes, haben. Wer den Glauben an die Gott-Menschlichkeit Christi verneint, muß auch die Verehrung Mariens als Gottesgebärerin und Gottesmutter ablehnen. So stehen die Fragen um die Gottesmutterschaft Mariens von jeher im Zentrum der Auseinandersetzungen zwischen Christen und Moslems. Von daher gesehen ist es vermutlich kein Zufall, daß Mariendichtung als Gattung innerhalb der deutschen Literatur in einer Zeit entsteht, da die Kreuzzüge beginnen.

Gegenüber der weit verbreiteten Ansicht, daß die „Erweichung der dogmatisch und hierarchisch streng gebundenen Frömmigkeitshaltung“ zu einer „neuen, gefühlsbetonten Verbindung des einzelnen mit dem Göttlichen durch die Himmelskönigin“ (de Boor, Literaturgeschichte I S. 189)

Anlaß für die Entstehung der deutschen Marienlyrik sei, soll hier einmal der Gedanke ins Spiel gebracht werden, daß gerade die Verteidigung und Begründung altüberlieferter Dogmen im Zusammenhang mit den Kreuzzügen zur Entfaltung der neuen Gattung führte. Denn der Inhalt der ältesten Marienlieder und -sequenzen ist keineswegs gefühlsbetont. Vielmehr handelt es sich um streng gehaltene und korrekt formulierte theologische Aussagen. Die persönliche Hinwendung tritt erst allmählich in den jüngeren Dichtungen hinzu. Auch in ihnen bleibt aber der Kern jeweils die Verdeutlichung und Verherrlichung des Wunders der Inkarnation und der Gottesmutterschaft (vgl. z. B. das Niederrheinische Marienlob um 1200).

In der bereits mehrfach genannten Vorauer Handschrift sind gleich drei Mariendichtungen überliefert. Am ältesten dürfte ein ›Marienlob‹ sein, dessen Reimstand und Sprache es in die Nähe von Dichtungen der Zeit zwischen 1120 und 1150 verweisen. Auch das ›Melker Marienlob‹, an anderer Stelle überliefert, ist in dieser Zeit gedichtet worden, so daß rein zeitlich ein Zusammenhang mit dem zweiten Kreuzzug bestehen kann. Und Marienverehrung ist ein festes Element der Kreuzfahrt-Thematik. Am augenfälligsten wird dies am Beispiel des Deutschen Ritterordens. Ein Vorläufer war die 1128 gegründete Bruderschaft des St. Marien-Hospitals in Jerusalem. Als Saladin 1187 Jerusalem eroberte, ging dieses Haus verloren. Friedrich von Schwaben, der Sohn Barbarossas und Teilnehmer am zweiten Kreuzzug, war es, der die Tradition dieser Gemeinschaft fortführen half, indem er den neuen Orden, eben die Deutschherren, stiftete. Aufgaben des Ordens sollten die Krankenpflege und der Kampf gegen die Heiden sein. Friedrich weihte den Orden der Gottesmutter. Die erste den Orden betreffende Bulle des Papstes Clemens III. aus dem Jahr 1191 nennt die Ritter ›Fratres theutonici ecclesiae sanctae Mariae Jerusalemitanae‹. Die deutsche Fassung des Ordensstatuts gebraucht die Bezeichnung ›Heiliger ritterlicher Orden des spitals sente Marien von dem tutschen huse‹. Daher heißen die Deutschherren denn auch ›Marienritter‹.

In der bekanntesten Mariendichtung des Deutschen Ordens, dem ›Marienleben‹ des Bruders Philipp, vermerkt der Verfasser ausdrücklich:

Auch ditz büechelin ich sende
den bruodern von dem diutschen hus;
die han ich lange erkorn uz,
wan sie gern Marien erent
und den gelouben Christes merent.
(V. 10089ff.)

In einigen Handschriften befindet sich nach Vers 22 ein vom Dichter herrührender Zusatz, der die Bezeichnung ›Marienritter‹ enthält:

dits buoch han ich gesant
den bruodern, die da sint genant
von dem tutschen huse
und sint Marien rittere.[17]

Diese Belege späterer Zeit können natürlich nicht als Zeugnis für die Marienverehrung des 12. Jahrhunderts in Anspruch genommen werden, gleichwohl kann allein schon die enge Beziehung gerade der deutschen Kreuzfahrer und Ritterorden zu Maria, wie sie im Namen ihrer Haupthäuser zum Ausdruck kommt, als Hinweis auf eine besondere Affinität zu diesem religiösen Bereich gelten. Vielleicht ist es auch kein Zufall, daß Otto von Freising in seiner sehr knapp gehaltenen Schilderung des zweiten Kreuzzuges – man spürt förmlich seine Verlegenheit ob des wenig erfreulichen Ausgangs des Unternehmens – anläßlich der Beschreibung der Katastrophe bei Chörobacchi hervorhebt, daß man rastete, „das fröhliche Fest der Geburt der Gottesmutter und unbefleckten Jungfrau in voller Heiterkeit zu feiern". (Gesta Frederici I 48.)

Eine klare Aussage über die Bedeutung mariologischer Fragen und eine hierauf gegründete Motivation für die Teilnahme am Kreuzzug verdanken wir Albrecht von Johansdorf, einem Minnesänger, der an einem der späteren Kreuzzüge teilnahm (s. u. S. 95 ff.):

Nu lât daz grap und ouch daz criuze geruowet ligen:
Die heiden wellent einer rede an uns gesigen,
daz gotes muoter niht sî ein maget.
swem disiu rede niht nâhe an sîn herze vellet,
owê, war hât sich der gesellet!

(MF 89,38)

Das Wunder der Geburt des Gottessohnes aus einer Jungfrau ist denn auch Gegenstand der ältesten deutschen Mariendichtungen. An ihre Spitze ist altersmäßig das ›Vorauer Marienlob‹ zu rücken, ein Reimpaartext, der unmittelbar an die gereimte Patriarchengeschichte der ›Vorauer Bücher Moses‹ angeschlossen ist.[18] Da das Marienlob inhaltlich dazu in keiner Beziehung steht, wird es wohl mechanisch aus einer gemeinsamen Vorlage kopiert worden sein. Damit kann auf eine ältere Gedichtsammlung geschlossen werden, die neben dem Marienlob die Bücher Moses enthielt sowie die Geschichte von Bileam und seinem Esel (nach Num. 22–24). Diese ältere Sammlung ist dann wohl geschlossen in die Vorauer Handschrift auf-

[17] Vgl. dazu Karl Helm und Walther Ziesemer, Die Literatur des Deutschen Ritterordens. Gießen 1951. S. 41 ff. (Gießener Beitr. z. dt. Philol. 94).

[18] Ausgabe bei Diemer (Hrsg.), Deutsche Gedichte des XI. und XII. Jahrhunderts. Hrsg. J. Diemer. Wien 1849. Nachdr. 1968. Text nach Diemer im Anhang.

genommen worden (vgl. H. de Boor, Literaturgeschichte I, S. 152). Das ›Marienlob‹ muß also vor die Entstehungszeit der Vorauer Handschrift datiert werden, vermutlich in die erste Hälfte des 12. Jahrhunderts – die Zeit der Vorbereitung und Durchführung des zweiten Kreuzzuges.

Das ›Vorauer Marienlob‹ beginnt mit einem kleinen Prolog, der das Geheimnis der wunderbaren Geburt Christi aus Maria der Jungfrau als Thema ankündigt (V. 9). Nie war eine Geburt dieser gleich und nie wird ihr eine gleichen; denn sie geschah ohne Schmerz und Verletzung und ohne Fleischeslust. Allein Maria erhielt dieses Privileg.

Es war der Prophet Jesaja, der in der *alten ê*, im Alten Testament also, auf dieses Ereignis in einer Prophezeiung hinwies, als er von der *gerte* sprach, die aus Jesse entsprang, dem Vater König Davids, den Gott in besonderer Weise auszeichnete (V. 29–44). Die *gerte,* so fährt das Marienlob fort, soll nach den Worten des Propheten eine Blume hervorbringen, eine Lilie, *tiure unde guote, edele unde fruote* (V. 47/48). Hier ist offensichtlich ein anderes Sinnbild mit der Jesaja-Prophezeiung vermischt worden. Es handelt sich um eine Stelle des Hohen Liedes (2, 1), an der der Bräutigam von sich selbst sagt: *Ego flos campi, et lilium convallium.* Christus ist die Blume, das Feld, aus dem er erwachsen ist, bezeichnet seine Mutter. Die Vortrefflichkeit dieser Blüte wird im Marienlob an dieser Stelle dazu benutzt, die Einmaligkeit dessen zu bezeichnen, über dem der Heilige Geist mit seinen sieben Gaben ruht. Zugleich ist er Vorbild für alle geistlichen Menschen.

Die *gerte,* so fährt der Text fort, bezeichnet die Jungfrau, die vom Wort und der Majestät Gottes ohne die Liebe eines Mannes *berehaft* (tragend) wurde. Die Blume bezeichnet den eingeborenen Sohn Mariens (V. 69–74). Er ist Saal Gottes, in dem die Gottheit wohnt, und er besetzt Davids Thron und regiert Herren und Knechte, Herrinnen und Dienerinnen.

Den Abschluß des Liedes bildet das Lob der *gerte* aus Jesses Stamm. Wieder ist damit das Bild von der Lilie auf dem Feld verbunden (V. 100–107). Mariens Reinheit und Unberührtheit wird dabei hervorgehoben: *heil wis, tu magetin* (V. 97). Mit nochmaligem Bezug auf die Braut des Hohen Liedes (4, 11) schließt das Lob ab.

Ähnlich wie das ›Vorauer Marienlob‹ ist auch das ›Melker Marienlied‹ der Darstellung der Stellung Mariens im Rahmen der Heilsgeschichte gewidmet.[19] Das Melker Marienlied wird zwischen oder bald nach 1130/1140

[19] Ausgabe bei Waag, Kleinere deutsche Gedichte, Nr. XV. Einen vorzüglichen inhaltlichen Kommentar bietet: Herbert Kolb, Das Melker Marienlied, in: C. Jungbluth, Interpretationen mhd. Lyrik. Bad Homburg 1969, S. 47–82. – A. Salzer, Die Sinnbilder und Beiwörter Mariens in der deutschen Literatur und lateinischen Hymnenpoesie des Mittelalters, Linz 1886–1894. Nachdr. Darmstadt 1967.

entstanden sein. Es umfaßt 14 sechszeilige Strophen, die jeweils mit dem Refrain ›Sancta Maria‹ abschließen. Es wird in zwei Hälften geteilt durch die in der Mitte stehenden Strophen 7 und 8. In den voraufgehenden Strophen wird die Gottesmutterschaft Mariens in den bekannten Sinnbildern verherrlicht und erläutert. So wie Aaron einen Zweig in die Erde legte und dieser eine Mandel hervorbrachte, so gebar Maria ohne Zutun eines Mannes eine edle, süße Frucht. So wie im brennenden Busch, den Moses sah, das Holz unversehrt blieb, und dennoch eine mächtige Flamme entstand, so wurde auch die Jungfräulichkeit Mariens trotz der Geburt Christi nicht angetastet. So wie der unbearbeitete Acker eine leuchtende Lilie hervorbrachte, so die vom Mann unberührte Jungfrau den erhabensten Menschen (Str. 4).

Maria wirkte daran mit, die Angel der Göttlichkeit Christi zu verbergen. Angelschnur waren ihre Vorfahren (Str. 5). Die Prophezeiung des Jesaja, daß eine Blume aus einem Reis entspringen wird, bezeichnet Maria, die reine Jungfrau, und ihren Sohn (Str. 6).

Die Strophen 7 und 8 bilden das formale wie geistige Zentrum des Gedichtes. Die Herabkunft Gottes in die Welt als Kind wird als Hochzeit des Himmels mit der Erde gefeiert, ganz im Sinne des ›Ezzoliedes‹: *duo trante sih der alte strît: der himel was ze der erde gehît* (V. 169/170).

Ab Strophe 9 treten zu den Hinweisen auf die jungfräuliche Geburt (verschlossene Pforte, verschlossener Garten, versiegelter Brunnen, Zederbaum ohne Wurm) hymnische Bilder, die Marias Unvergleichlichkeit zumeist mit den Worten des Hohen Liedes beschreiben.

Die Strophen 11 und 12 stellen Evas todbringendem Verhalten Marias Tun gegenüber, mit dem sie den Menschen das Leben zurückbrachte. Strophe 13 ordnet sie ein in das Land, in dem Christus lebte, und feiert sie als neue Judith, Israels Freude, Siegerin über Holofernes, Ruhm Jerusalems, aus Nazareth stammend (Judith 15, 10–22). Die letzte Strophe preist Maria als Himmelskönigin, als Gotteshaus, das die Gegenwart Gottes in dieser Welt ermöglicht, und schließt mit der Bitte um die richtige Wegweisung *ze jungiste an dem ente.*

Beide Mariendichtungen lassen das Anliegen erkennen, die besondere Stellung Mariens, wie sie in den vier Mariendogmen festgelegt und umschrieben ist, in Form eines Hymnus' herauszustellen. Daß dies während der Kreuzzüge in der Auseinandersetzung mit den Moslems ein fundamentales Anliegen gewesen ist, bezeugen die oben zitierten Verse Albrechts von Johansdorf unbezweifelbar.

Der Glaube an Maria als Gottesgebärerin ist untrennbar verbunden mit dem Glauben an die Menschwerdung Gottes in Christus. „Du glaubtest, daß Maria, die Mutter Jesu Christi, die Theotokos, d. h. die Gebärerin

Gottes ist; jetzt sagst du, die Jungfrau Maria sei die Mutter Christi, aber nicht Gottes. Du glaubtest, daß Christus in Jerusalem durch Pontius Pilatus zu unserm Heil gekreuzigt wurde ... jetzt leugnest du, daß er gestorben ist, und behauptest, er lebe noch. Du hast andächtig und oft die Stätte der Geburt bei der Krippe in Bethlehem gesehen; jetzt leugnest du, daß dies wahr sei, indem du sagst, Christus sei unter einer Palme an einem einsamen Orte geboren." (Sichtung des Alkorans III 17. Kap.) In solchen ebenso knappen wie einprägsamen Sätzen schleudert noch Nikolaus von Cues einem – wie man damals annahm – vom Christentum abgefallenen Moslem die Hauptunterschiede zwischen christlicher und islamischer Christologie und Mariologie entgegen. Dabei sieht man übrigens auch, daß die Hinweise auf das Kind in der Krippe in den hier besprochenen frühmittelalterlichen Texten keineswegs liebliche Ausmalung sind, sondern eher antiislamische Aussage.

Die Worte des Nikolaus von Cues verweisen auch auf einen anderen nicht unwesentlichen Streitpunkt, nämlich die Abstammung Marias. Im Koran (Sure 19,28) wird Maria, die Mutter Jesu, mit „Schwester Aarons" angeredet. „O Maria, du hast eine sonderbare Tat begangen (scil. ein uneheliches Kind geboren)! O Schwester Aarons, dein Vater war wahrlich kein schlechter Mann, und auch deine Mutter war keine Dirne." Nikolaus von Cues sagt zu dem abgefallenen ehemaligen Christen: „Du hast einst geglaubt, daß Gabriel von Gott zu der Jungfrau Maria nach Nazareth gesandt ward und ankündigte, in welcher Weise sie Jesum, den Sohn Gottes, gebären sollte; jetzt glaubst du, Amram (scil. Aaron) sei der Vater Mariä und folglich sie nicht die, von der das Evangelium redet, die auf die erste Maria mehr als tausend Jahre später gefolgt ist ..." (III 17). Dieser Streit macht verständlich, weshalb in beiden hier analysierten Mariendichtungen solches Gewicht auf die Abstammung Mariens, und damit Christi, aus Jesse und David gelegt wird.

Im ›Vorauer Marienlob‹ wird die Genealogie Mariens in der Weise dargestellt, daß sie die *gerte* ist (V. 69), die aus Jesse entsprang (V. 26). Das ›Melker Marienlied‹ deutet noch knapper die *gerte* von *Jesses stamme, dâ vone scol ein bluome varen* im mariologischen Sinn: *diu bezeichint dich unde dîn barn* (Str. 6).

Honorius Augustodinensis, der Regensburger Theologe, dessen Werk das ›Vorauer Marienlob‹ und das ›Melker Marienlied‹ viel zu verdanken zu haben scheinen (vgl. H. Kolb, Das Melker Marienlied) erklärt den Zusammenhang in folgender Weise: *Jesse fuit pater David regis, qui erat radix hujus sacrae stirpis. De hac radice David ut arbor succreverat, de qua nobilis virga pullulaverat, quia virgo Maria de ejus progenie originem duxerat. Haec virga florem protulit, dum virgo Maria Christum genuit.* (MPL 173,

904 D.) Entgegen der Christus-Genealogie der Evangelien des Matthäus und Lucas, die Joseph in das Geschlecht Davids einreihen, wird hier Maria genealogisch mit Jesse und David verbunden. Damit wird sie in die Messias-Tradition eingereiht und damit ihr Status als Gottesmutter auch genealogisch zum Ausdruck gebracht. Daß dies zugleich eine deutliche Gegenposition zur Genealogie Mariens im Koran bedeutet, ist sicherlich von einigem Belang.

Daß die herausgehobene Stellung einer Frau für die christliche Religion und die darauf gegründete europäische Kultur von entscheidender Bedeutung ist, bedarf kaum einer Erwähnung. Die christliche Mariologie gilt als vornehmster Teil der Anthropologie. Der vollkommenste Mensch, der je in der Welt lebte, war eine Frau. In einer Frau wohnte Gott, so daß sie zum Vorbild aller Menschen wurde, in denen Gott in geistiger Weise wohnt. So wird es in der Mariendichtung wieder und wieder betont und ebenso in den marianisch bestimmten Auslegungen des Hohen Liedes.

Damit ist der weibliche Teil der Menschheit keineswegs, wie es doch im Islam zu sein scheint, weniger beachteter und gewürdigter Bestandteil des religiösen und des öffentlichen Lebens. Vielmehr ist in der christlichen Mariologie der Keim gelegt für die öffentliche Gleichbewertung und Anerkennung der Gleichberechtigung der Frau, auch wenn die Verwirklichung dieser Gedanken viele Jahrhunderte brauchte und noch viel Zeit in Zukunft brauchen wird, und auch wenn christliche Kirchen bis heute davor zurückscheuen bzw. bis vor kurzem scheuten, der Frau auch das Priesteramt zu übertragen.

Drittes Kapitel

KREUZZUGSLYRIK VON MINNESÄNGERN

Eine völlig andere Art von Kreuzzugslyrik als die bisher besprochene entstand im Zusammenhang mit dem Minnesang. Sind die frühmittelhochdeutschen Gedichte durch die Verkündung theologischer Glaubenswahrheiten geprägt und in strenger Überpersönlichkeit gehalten, so steht nun, dem Gattungs-Charakter des Minnesangs entsprechend, die Darstellung individueller Bezogenheit des Geschehens auf das Leben eines einzelnen im Vordergrund. Freilich, biographische Einzelheiten lassen sich allenfalls in Splittern erkennen, und es muß davor gewarnt werden, individuelle Erlebnisse oder eine persönliche Lebensbeichte aus solchen Andeutungen herauszuspekulieren. In der hier zu besprechenden Zeit von ca. 1189 bis zum Beginn des 13. Jahrhunderts herrscht noch der Hang zum Stilisieren des eigenen Erlebens zu exempelhafter Idealität vor.

Illustre Namen sind im Zusammenhang mit den Kreuzzügen zu nennen. Friedrich von Hausen starb auf dem dritten Kreuzzug, einen Monat vor Kaiser Barbarossa. Heinrich von Rugge versucht in seinem ›Kreuzleich‹ gegen die Verzweiflung anzugehen, die der Tod des Kaisers und die schweren Verluste des Heeres in Deutschland auslösten. Hartmann von Aue erlebte anscheinend durch die Teilnahme am Kreuzzug (von 1189?) einen tief einschneidenden Wandel seiner Auffassungen vom Sinn des Lebens. Albrechts von Johansdorf Lyrik ist von der Kreuzzugsthematik weitgehend bestimmt. Er scheint am 'deutschen Kreuzzug' von 1197 beteiligt gewesen zu sein. Otto von Botenlauben lebte zwanzig Jahre lang im Heiligen Land. Hiltbolt von Schwangau und der Burggraf von Lienz zogen ins Heilige Land. Rubin läßt noch einmal religiöse Inbrunst in der Art der frühen Kreuzzugslyrik erklingen, während Neidhart von Reuenthal, der wohl in Ägypten kämpfte, und der Tannhäuser eine neue Art des Ausdrucks fanden. Rubin und der Tannhäuser waren wohl am Kreuzzug Friedrichs II. beteiligt (1228/29).

Viele der hier genannten Dichter verbinden in ihrer Kreuzzugslyrik das große Thema jener Zeit, die Minne und den Frauendienst, mit der Reflexion über den Dienst für Gott als Kreuzritter. Die Verbindung von religiöser und weltlicher Thematik prägt damit diese Epoche deutscher Kreuzzugslyrik. Ideales erscheint in der Wirklichkeit des persönlichen Lebens; Ideales in zweifacher Hinsicht: Liebe zu Gott, Dienst für ihn und Liebe zu einem Menschen, verbunden mit dienender Hingabe.

Minnesang unterscheidet sich von landläufiger Liebeslyrik durch die fundamentale Bedeutung der Wertungskomponente. *werdekeit* des Partners erscheint im donauländischen Minnesang als Vorbedingung für die Gewährung von *minne*. Im hohen Minnesang ist die Steigerung der *werdekeit* des Mannes Ziel der liebenden Verehrung und insofern *lôn* der *minne*, vom *man* verwirklicht, von der *vrouwe* durch ihre leibliche und seelische Vollkommenheit evoziert. Klassisch formuliert hat dies Albrecht von Johansdorf in den Abschlußversen eines Gesprächs zwischen Ritter und Dame

,Sol mich dan mîn singen
und mîn dienst gegen iu niht vervân?'
,iu sol wol gelingen;
âne lôn sô sult ir niht bestân.'
,Wie meinent ir daz, vrowe guot?'
,daz ir dest werder sint unde dâ bî hôchgemuot.'
(MF 94,9)

Für den Minnesang in seiner vollendeten Ausprägung als hoher Minnesang ist die Überordnung der Frau über den Mann charakteristisch. Man sieht darin gern eine Parallele zum Lehnswesen, übertragen auf das Dienstverhältnis von *man* und *vrouwe*. Aber es scheint eher berechtigt, an das Erziehungsverhältnis als gebende Struktur zu denken. Dort stehen Lehrender und Lernender ebenfalls in Über- und Unterordnung zueinander, wobei die Überordnung durch Wissen, Können und Erfahrung bedingt ist und nicht durch irgendeine ständische Gegebenheit. Lehre kann dort ebenso wie im Minneverhältnis nur indirekt wirken, so daß es dem Schüler ebenso wie dem Minnenden überlassen bleibt, durch eigenes Bemühen die gegebenen Anregungen und Anforderungen aufzugreifen und auf diese Weise die eigenen Qualitäten zu steigern.[1]

Die Fähigkeit zur Erziehung erwächst der Frau aus der ihr zugeschriebenen überlegenen Menschlichkeit. Meinloh von Sevelingen etwa spricht das so aus:

Dô ich dich loben hôrte, dô het ich dich gerne erkant.
durch dîne tugende manige vuor ich ie welende, unz ich dich vant.
. . .
er ist vil wol getiuret, den du wilt, vrowe, haben liep.
Du bist der besten eine, des muoz man dir von schulden jehen.
. . .
nu tuo ez durch dîne tugende und enbiut mir eteslîchen rât.
Du hâst im vil nâch bekêret beidiu sin unde leben.
(MF 11,1 ff.)

[1] Roswitha Wisniewski, *werdekeit* und Hierarchie. In: Festschrift B. Horacek. Wien 1976, S. 350 ff.

Aus der Anerkennung geistig-sittlicher Überlegenheit der Frau erwächst im Minnesang die immer erneut variierte Verherrlichung der unerreichbaren Erhabenheit der Frau. Reinmar von Hagenau läßt im Zwiespalt zwischen Besitzen-Wollen und Unberührtheitssehnsucht diese tiefsinnige Aussage des Minnesangs begreiflich werden:

Zwei dinc hân ich mir vür geleit,
diu strîtent mit gedanken in dem herzen mîn:
ob ich ir hôhen werdekeit
mit mînen willen wolte lâzen minre sîn,
Oder ob ich daz welle, daz si groezer sî
und sî vil saelic wîp bestê mîn und aller manne vrî.
siu tuont mir beide wê:
ich wirde ir lasters niemer vrô;
vergêt siu mich, daz klage ich iemer mê.

(MF 165, 37 ff.)

Nicht nur die Überordnung der Frau über den Mann aufgrund größerer *werdekeit* ist typisch für den Minnesang, sondern ebenso auch die Bindung des Mannes in *staete* an eine einzige Frau. Heinrich von Morungen läßt diese Erwählung sogar in Ewigkeit weitergelten:

Vil süeziu senftiu toeterinne,
war umbe welt ir toeten mir den lîp,
und ich iuch sô herzeclîchen minne,
zwâre vrouwe, vür elliu wîp?
Waenent ir, ob ir mich toetet,
daz ich iuch iemer mêr beschouwe?
nein, iuwer minne hât mich des ernoetet,
daz iuwer sêle ist mîner sêle vrouwe.
sol mir hie niht guot geschehen
von iuwerm werden lîbe,
sô muoz mîn sêle iu des verjehen,
dazs iuwerre sêle dienet dort als einem reinen wîbe.

(MF 147, 4 ff.)

Das im Minnesang sichtbar werdende Frauenbild ist letztlich in der Bibel vorgezeichnet. Das Christentum lehrt die volle Gleichwertigkeit der beiden Geschlechter hinsichtlich der höchsten Bestimmung des Menschen (Ga 3, 27–28), so daß es bei der Verwirklichung vollendeten Menschentums in den Heiligen keinen Unterschied zwischen Männern und Frauen gibt. Auf die besonders herausgehobene Stellung Mariens als Himmelskönigin, Schutzmadonna, vollkommenster Mensch, wurde bereits hingewiesen.[2]

[2] Zur thematischen Verbindung von Minnesang und Marienverehrung vgl.

Aber auch in den rein irdischen Aufgaben steht die Frau als die andere Ausprägung des Menschen gleichwertig neben dem Mann (Gen. 1, 27). Und im Alten Testament gehört die Geschichte von Jakobs langwährendem Dienst um Rahel zu den eindrucksvollsten Liebesgeschichten. „Jakob diente also um Rahel sieben Jahre. Weil er sie liebte, kamen sie ihm wie wenige Tage vor." (Gen. 29,20.)

In der Einführung der Konsensehe und der Eheschließung vor einem Priester, also im öffentlichen Bereich der Kirche, kommt die christliche Anerkennung der Frau als eigenwertiger Persönlichkeit zum Ausdruck. Die Einehe ist als das bereits im Neuen Testament immer wieder geforderte christliche Ideal im Mittelalter gesetzmäßig durchgeführt. Vielleicht ist es auch als Reaktion auf die Eheauffassung des Islams mit den oben geschilderten Vorbehalten gegen den leiblichen Vollzug der Ehe zu verstehen, wenn gerade in der Zeit der Kreuzzüge, nämlich 1184, die Ehe zum Sakrament erhoben wird. Die liebende Verbundenheit *eines* Mannes mit *einer* Frau wird von Paulus als Idealforderung erhoben, die von ihm als Nachvollzug der liebenden Verbundenheit Christi mit seiner Kirche aufgefaßt wird (Eph. 5,22ff.).

Daß die Stellung der Frau im Islam eine wesentlich andere ist, dürfte allgemein bekannt sein. Gleichwohl sollte zunächst betont werden, daß der Islam gegenüber den zuvor geübten Bräuchen bei heidnischen Völkern erhebliche Fortschritte mit sich gebracht hat. Verglichen mit dem Christentum ist allerdings eine beträchtliche Abwertung der Frau gegenüber dem Mann festzustellen.

Die wichtigsten Aussagen finden sich in der 4. Sure. Einziger von Gott geschaffener Mensch ist Adam, also der Mann. „O ihr Menschen. Fürchtet Allah, der euch aus einem einzigen Wesen (Adam) geschaffen hat und aus diesem dessen Weib (Eva) und aus beiden viele Männer und die Weiber werden ließ" (2). „Überlegt gut und nehmt nur eine, zwei, drei, höchstens vier Ehefrauen. Fürchtet ihr auch so noch, ungerecht zu sein, nehmt nur eine Frau oder lebt mit Sklavinnen, die ihr erwarbt. So werdet ihr leichter nicht vom Recht abirren" (4). Die Geringschätzung der Frauen wird durch viele Anweisungen deutlich. „Männer sollen vor Frauen bevorzugt werden, weil Allah auch die einen vor den anderen mit Vorzügen begabte und auch weil jene diese erhalten. Rechtschaffene Frauen sollen gehorsam, treu und verschwiegen sein" (35). Als Zeugin bei einem Vertrag wird der Frau allenfalls der halbe Wert eines Mannes zugebilligt: „. . . und nehmt zwei Männer aus euerer Mitte zu Zeugen. Sind aber zwei Männer nicht zur Stelle,

P. Kesting, Maria – Frouwe. Über den Einfluß der Marienverehrung auf den Minnesang bis Walther von der Vogelweide. München 1965. (Medium aevum 5.)

so bestimmt einen Mann und zwei Frauen, die sich eignen, zu Zeugen; irrt sich dann eine, so kann die andere ihrem Gedächtnis dann nachhelfen." (2. Sure 283.) „Wenn euere Frauen sich durch Unzucht vergehen und vier Zeugen aus euerer Mitte bezeugen dies, dann kerkert sie in euerem Hause ein, bis der Tod sie befreit oder Allah ihnen sonst einen Versöhnungsweg weist." (4. Sure, 17.)

Insgesamt erscheint die Frau wie ein für den Mann bestimmtes und insofern fast nur abgeleitetes Wesen. Die leibliche Vereinigung mit der Frau gilt zumindest dem Koran nach als niedrig und dem Wesen des Mannes abträglich, jedenfalls in seinem geistigen Verhältnis zu Allah. Die monatliche Reinigung der Frauen „bringt auch Schaden; darum haltet euch während ihrer monatlichen Reinigung von ihnen fern, aber gereinigt, mögt ihr nach Vorschrift Allahs zu ihnen kommen; Allah liebt die bekehrten Gläubigen und Reinen. Die Weiber sind euer Acker, geht auf euren Acker, wie und wann ihr wollt, weiht aber Allah zuvor euere Seele (durch Gebete, Almosen oder gutes Werk)." (2. Sure 223/224.) Frauen waren von der Teilnahme am allgemeinen Gottesdienst, dem Freitagsgebet in der Moschee, jahrhundertelang ausgeschlossen (Pesle, S. 177). Auch daran wird deutlich, wie sehr der Koran an Männer gerichtet und von einer männlich bestimmten Lebensauffassung her gedacht ist.

Es ist bekannt, welche unterschiedlichen Auswirkungen diese religiös begründeten Vorstellungen von Christentum einerseits und Islam andererseits auf das reale soziale Leben in den vergangenen Jahrhunderten und bis in die Gegenwart hatten und haben. Zu fragen ist – und vermutlich wird darauf nie eine definitive Antwort gegeben werden können –, ob die teilweise übersteigerte Frauenverehrung im europäischen Mittelalter auch als Gegenreaktion auf die Frauenlehre des Islams zu sehen ist. Denn Troubadourlyrik und Minnesang entstanden nun einmal in der Zeit intensiver Begegnungen mit dem Islam und dem Morgenland. Die Betonung der Würde der Frau, ihre Verehrung als nicht dem Mann unterlegene, sondern aufgrund höherer Menschlichkeit zur Führung und Erziehung in einer Partnerschaft berufene Persönlichkeit, die Bindung des Mannes an eine einzige Frau, selbst bei unerwiderter Liebe oder langer Trennung – all das mutet wie eine Antwort auf die Vorstellungen des Islams an.

Doch es ist müßig, über diese genetischen Fragen zu spekulieren und den reichlich vorhandenen Theorien über die Entstehung des Minnesangs eine weitere hinzufügen zu wollen. In den folgenden Abschnitten soll jedoch gezeigt werden, wie die hier angedeuteten Grundzüge christlicher Anthropologie hinsichtlich der Frau im Gegensatz zu islamischen Vorstellungen in Liedern des Minnesangs gegenwärtig sind und namentlich auch die sogenannten Kreuzzugslieder bestimmen.

Die Kreuzzugslieder der bekannteren Minnesänger sind bereits gründlichen Analysen unterzogen worden. So sei es erlaubt, sie hier nur ergänzend unter bestimmten Gesichtspunkten zu betrachten und für die umfassende Interpretation auf die bereits vorliegenden, in Bibliographien, Literaturgeschichten und anderen Gesamtdarstellungen vermerkten Arbeiten zu verweisen.[3]

Friedrich von Hausen

Friedrich von Hausen, aus einem Freiherrengeschlecht in der Gegend von Worms und Mainz stammend, ist urkundlich außerordentlich gut bezeugt. Er gehörte zum engsten Kreis um Friedrich Barbarossa und Heinrich VI. Gern wird angenommen, daß er zusammen mit dem Kaiser im März 1188 auf dem Hoftag zu Mainz das Kreuz genommen habe. Wie schon erwähnt, starb er etwa einen Monat vor Barbarossas Tod bei Philomelium am 6. Mai 1190 während der Verfolgung türkischer Krieger.

Mehrere der 18 erhaltenen Lieder Friedrichs von Hausen beschäftigen sich mit Kreuzzugsthematik.[4] Nur eines von ihnen ist als rein religiöses Lied zu sehen, in dem die Spannung von Gottesdienst und Minne nicht angesprochen wird. Es ist die Strophe MF 53,31. Sie bezieht Stellung gegen-

[3] Eine Zusammenstellung der Texte liegt vor in: Kreuzzugsdichtung, Hrsg. Ulrich Müller. Tübingen ²1979 (Dt. Texte 9). Gesamtdarstellungen in Literaturgeschichten: Karl Bertau, Deutsche Literatur im europäischen Mittelalter. Bd. 1: 800–1197. Bd. 2: 1195–1220. München 1972 und 1973. – Helmut de Boor, Die höfische Literatur. Vorbereitung, Blüte, Ausklang. 1170–1250 (Gesch. d. dt. Lit. v. d. Anfängen bis zur Gegenwart. Bd. 2). 10. Aufl., bearb. v. Ursula Hennig. München 1979. – Gustav Ehrismann, Geschichte der deutschen Literatur bis zum Ausgang des Mittelalters. Teil II: Die mittelhochdeutsche Literatur. Schlußband. München 1935. Nachdr. 1959. – Umfassende Darstellungen: Maria Böhmer, Untersuchungen zur mittelhochdeutschen Kreuzzugslyrik. Rom 1968. – Hermann Ingebrand, Interpretationen zur Kreuzzugslyrik Friedrichs von Hausen, Albrechts von Johansdorf, Heinrichs von Rugge, Hartmanns von Aue und Walthers von der Vogelweide. Diss. Frankfurt a. M. 1966. – Hermann Schneider, Kreuzzugsliteratur, in: Reallexikon II (1926–1928), S. 134–141. 2. Aufl. H. Schneider u. F. W. Wentzlaff-Eggebert, in: Reallexikon I² (1958), S. 885–895. – Friedrich-Wilhelm Wentzlaff-Eggebert, Kreuzzugsdichtung des Mittelalters, vgl. S. 43. – Zu Einzelliedern vgl. Spezialbibl.: H. Tervooren, Bibliographie zum Minnesang und zu den Dichtern aus „Des Minnesangs Frühling“. Berlin 1969. – M. G. Scholz, Bibliographie zu Walther von der Vogelweide. Berlin 1969.

[4] Texte: Des Minnesangs Frühling, 36. Aufl., bearb. v. Hugo Moser und Helmut Tervooren. 2 Bde., Stuttgart 1977.

über jenen Rittern, *die gote erliegent sîne vart,* ihr Versprechen, das Kreuz zu nehmen, nicht einlösen und glauben, damit dem Tod entrinnen zu können. Man hört die Enttäuschung über solches Verhalten, das den Planer eines Kreuzzugs befallen muß, vielleicht sogar den Kaiser selbst. Friedrich setzt dem vordergründigen Wunsch nach Erhalt des irdischen Lebens den Hinweis auf den Verlust des ewigen Lebens entgegen, weil solchen Abtrünnigen die Pforte der ewigen Seligkeit versperrt ist, *die er tuot ûf den liuten sîn.*

In der Reflexion über den wahren Wert des Todes auf der Kreuzfahrt finden sich Kreuzzugsaufrufe verarbeitet, wie sie namentlich von Bernhard von Clairvaux bekannt sind. Zum ersten Mal in deutscher Lyrik findet sich diese individualisierende, auf das Ich des Dichters bezogene Verwirklichung der Kreuzzugsaufrufe und -predigten. Letztlich muß auch dieser Gedanke an das besondere Verdienst des Kampfes für Gott als Reflex des islamischen Werbens für den Heiligen Krieg verstanden werden, wenn Übereinstimmungen im einzelnen auch sicherlich nicht durch Entlehnung, sondern durch gleiche Strukturen in den beiden Religionen bedingt sind. Im Koran heißt es: „Laß daher nur solche für die Religion Allahs kämpfen, welchen dieses Leben feil ist für das zukünftige. Wer für die Religion Allahs kämpft, mag er umkommen oder siegen, wir geben ihm großen Lohn. (4. Sure 75) ... Hast du nicht diejenigen beobachtet, welchen gesagt wurde: Enthaltet euch des Kampfes, verrichtet nur das Gebet und gebt Almosen? Als ihnen aber der Kampf vorgeschrieben wurde, da fürchtete ein Teil von ihnen die Menschen, wie man Allah fürchtet, sogar noch mehr, und sprach: ‚O Herr, warum hast du uns den Krieg befohlen und gibst nicht zu, unser natürliches Ende abzuwarten?‘ Sage ihnen: ‚Der Gewinn des Lebens hienieden ist nur klein, der im zukünftigen ist besser für den, welcher Allah fürchtet. Dort habt ihr auch nicht im entferntesten Unrecht zu erwarten.‘ Wo ihr auch sein mögt, wird euch der Tod erreichen, und wärt ihr auch im stärksten Turme." (4. Sure 78/79.)

Die christliche Parallele dieser Gedankenführung und Argumentation begegnet im Minnesang immer wieder und tritt, wie schon gesagt, zum ersten Mal bei Friedrich von Hausen auf. Dort freilich bleibt diese Thematik eine Randerscheinung. Fasziniert und bewegt war der Minnesänger offenbar von einem ganz anderen religiösen Problem: der Frau als Geschöpf und, fast kann man sagen, als Offenbarungsträger Gottes.

Es ist vor allem das zweistrophige Lied MF 49,37, das die Grundgedanken Hausenscher Kreuzzugs- und Minnelyrik herausstellt. Die Frau ist Gottes wunderbare Schöpfung. Ihre Schönheit bezeugt das. An der einen Frau, die er liebt und verehrt, ist das offenbar geworden.

Ähnlich wird dieser Gedanke in MF 44,22 vorgeführt:

Swes got an güete und an getât
noch ie dekeiner vrowen gunde,
des gihe ich ime, daz er daz hât
an ir geworht, als er wol kunde.
. . .
Swaz got an vrowen hât erhaben
dez enkan mir an ir nieman gemêren.
(MF 44,31)

Dementsprechend erscheint die Fähigkeit, Vollkommenheit zu erkennen und zu lieben, als Gnade Gottes:

Ich lobe got der sîner güete,
daz er mir ie verlêch die sinne,
daz ich sie nam in mîn gemüete;
wan si ist wol wert, daz man si minne.
(MF 50,19)

Ähnlich auch in MF 51,13:

sô hât got wol ze mir getân,
Sît er mich niht wolte erlân,
ich naeme sî in mîn gemüete.

Die andere, im Lied MF 49,37 mit diesem Gedanken kombinierte und aus ihm resultierende, Aussage ist die unendlich währender Minne zu dieser überaus würdigen Frau, trotz Trennung, trotz Kälte von ihrer Seite und trotz der eigentlich auf der Kreuzfahrt notwendigen völligen Ausrichtung auf Gott. Die Rangordnung, erst Gott, dann die *vrouwe* (vgl. MF 46,39), beseitigt nicht die dennoch vorhandene Spannung, wie sie etwa in dem berühmten Kreuzlied *Mîn herze und mîn lîp diu wellent scheiden* (MF 47,9) aufgezeigt wird.

Heinrich von Rugge

Die Trümmer der Stammburg der Herren von Rugge, Ministerialen der Pfalzgrafen von Tübingen, liegen auf dem Berg Ruck bei Blaubeuren. Ein *Heinricus miles de Rugge* erscheint zwischen 1175 und 1178 in einer Urkunde. Unter seinen Liedern findet sich ein ›Kreuzleich‹, der nicht in den bekannten Liederhandschriften überliefert wurde, sondern in einer Benediktbeurer Handschrift kirchlichen Inhalts.[5]

Wir wissen nicht, ob Rugge jemals an einer Kreuzfahrt teilgenommen

[5] Ausgabe in Minnesangs Frühling.

hat. Seine Dichtung ist aber entscheidend geprägt durch die Niederlage des Kreuzfahrerheeres im Jahr 1190. Der Tod Kaiser Friedrichs und vieler anderer Kreuzfahrer steht im Mittelpunkt seines Leichs *von deme heiligen grabe. starkiu maere,* die Nachricht vom Tod des Kaisers und vieler seiner Mitstreiter, haben die Menschen erschüttert. Rugge hält ihnen dagegen vor Augen, daß die Gefallenen die wahrhaft Glücklichen und Beneidenswerten sind. Die Lebenden sollten nicht über die Toten, sondern darüber weinen, daß sie nicht sind, wo jene sind. Denn sie haben *die liehten himelkrône* empfangen. Nach diesem *wunneclîchem heile* sollen alle streben und das Kreuz nehmen.

Der Leich stellt durch diese Aussagen geradezu ein historisches Dokument dar. Er zeigt, welchen Widerhall der Tod Barbarossas und die Niederlage seines Heeres in Deutschland fanden. Nimmt man zwei andere Strophen Rugges hinzu, in denen er von seinen Freunden und der *vrouwe* bewegt Abschied nimmt (MF 107,35) und seinen Entschluß, sein Leben für Gott einzusetzen, begründet (MF 102,4ff.), so läßt sich hier tatsächlich einmal ein Stück Biographie erkennen. Vermutlich gehört Rugge zu jenen, die im Frühjahr 1191 unter Leopold von Österreich ins Heilige Land fuhren, um den Resten des Barbarossa-Heeres zu helfen.

Der Leich gewinnt an Geschlossenheit, wenn man mit Paus[6] die Strophen IX und X, b, c (MF 98,21–99,2) als unechten Zusatz abtrennt. Auch diese Strophen behandeln Kreuzzugsthematik. Sie enthalten jenes schon bei Friedrich von Hausen kurz erwähnte Motiv der notwendigen Abwertung jener, die Gott den Dienst als Kreuzritter verweigern.

Damit ergibt sich für die Kreuzzugslyrik Heinrichs von Rugge eine sehr geschlossene, von der Minnethematik nur am Rand berührte, entschieden religiös argumentierende dichterische Einheit.

Der Leich beginnt mit einem – vermutlich ebenfalls unechten – Prolog (Str. I), der den Gegensatz von *wîsen,* nämlich denen, die wissen, welchen Gewinn der Einsatz für Gott gibt, und *tumben,* die Gott nicht dienen wollen und dadurch seinen Zorn über sich herabrufen, aufzeigt. Rugge selbst stellt sich zu den *tumben* – weil er anfangs nicht am Kreuzzug teilnahm? Str. II führt den Gedanken weiter: er verkündet *wîses mannes wort,* das damit aus *tumbes mannes munde* kommt und rät, nun Gott zu dienen und als Lohn das Himmelreich zu empfangen. Str. III erklärt, daß er selbst sich überwinden und hinstreben wird zu den Freuden, über die man soviel Wunderbares erzählt.

Dieser einleitende Aufruf wird mit Strophe IV unterbrochen durch

[6] F. J. Paus, Das Liedercorpus des Heinrich von Rugge. Diss. Freiburg 1965, S. 21ff. und 27ff.

Erklärungen, wie der Tod des Kaisers und der anderen Kreuzfahrer zu verstehen ist. In ständigem Wechsel wird auf die Seligkeit der Gefallenen verwiesen und auf die anspornende Vorbildhaftigkeit ihres Sterbens für die Lebenden (Str. IV, V, VI, VII, b, c). Dabei stellt Strophe VII c, die deshalb ans Ende dieser Passage gehört, wo sie ja auch in der Handschrift steht, einen abschließenden Abschiedsgruß dar. Sie betont nochmals das besondere Glück, das dem zuteil wird, der dort sterben kann, wo Gott starb und für die Christenheit das Heil erwarb. Strophe VIII stellt das Zeitgeschehen in den heilsgeschichtlichen Zusammenhang, wobei der Ansatz von Str. VII weitergeführt wird. Wegen des Sündenfalls der Menschen starb Gott und wurde durch seine eigene Gnade erweckt, übernahm die Sorge für seine Menschheit, wofür er nun auch *vil manegen stolzen degen* einsetzen kann.

Die Strophen VIII b und VIII c nehmen den Aufruf des Anfangs wieder auf und führen ihn fort mit dem Hinweis auf die Vergeblichkeit allen weltlichen Strebens und der Warnung, seine Worte *iht anders wan ze guot* zu verstehen, weil dies eine nicht rückgängig zu machende Missetat wäre.

Diese Mahnung der – vermutlichen – Schlußstrophe des Leichs läßt erkennen, daß nicht alle Hörer geneigt waren, die idealisierende Interpretation der Katastrophe von 1190 widerspruchslos hinzunehmen und daß vielleicht auch dem Kreuzzugswerber Rugge nicht nur idealistische Motive, wie sie der Leich und die Lieder erkennen lassen, zugetraut wurden.

Andererseits aber beweist der in den Jahren 1190 und 1191 ununterbrochen währende Zustrom frischer Kräfte zu dem vor Akkon liegenden fränkischen Heer, daß in dem von Rugge formulierten Glauben an ewig währenden Lohn für die Kreuzfahrer und an die Heilserwartung als beglückenden Sinn des ohnehin der Vergänglichkeit anheimgegebenen menschlichen Lebens eine große, die Wirklichkeit gestaltende Kraft gelegen haben muß.

Hartmann von Aue

Hartmann, Ritter und *dienestman,* also Ministerialer, eines Geschlechtes von Aue, lebte in einer Zeit, in der Saladin die überragende Führungspersönlichkeit auf arabischer Seite war. Saladin starb 1193. Hartmann erwähnt seinen Namen in seinem Kreuzlied MF 218,13[7]:

und lebte mîn her Salatîn und al sîn her,
dien braehten mich von Vranken niemer einen vuoz.

[7] Ausgabe der Lyrik Hartmanns in Minnesangs Frühling.

Zwei Auffassungen der Verse sind möglich. Die eine versteht *mîn her* als Anredeform (‚Monsieur'), zu Saladin gehörend. Als Sinn ergibt sich dann: Wenn Herr Saladin noch lebte, er und sein ganzes Heer würden mich nicht einen Fuß breit aus Franken herausbringen. Die andere Auffassung bezieht *mîn her* auf Hartmanns Dienstherrn, dessen Tod Hartmann auch in anderen Liedern als für sein Leben schwerwiegendes Ereignis beschreibt. Als Sinn ergibt sich dann: Wenn mein Herr noch lebte, dann würde mich Saladin und sein ganzes Heer nicht aus Franken herauslocken können.

Je nach Auffassung folgt daraus, daß Hartmann entweder am Kreuzzug 1189–92 teilgenommen hat – etwa ähnlich wie Rugge erst nach den Hiobsbotschaften über die Vernichtung des Barbarossa-Heeres? Folgt man der anderen Auffassung, so muß das Lied nach 1193 entstanden sein, nach dem Tod Saladins, und Hartmann kann erst danach, vielleicht erst am Kreuzzug Heinrichs VI. 1197/98 teilgenommen haben. Zu entscheiden ist das letztlich nicht. Doch bleibt zu beachten, daß der Tod des Herrn für Hartmann ein bedeutendes literarisches Motiv bildet und eine wichtige Motivation für seine Kreuzzugsentscheidung. Das spricht für die Datierung 1189–92.

Sît mich der tôt beroubet hât
des herren mîn,
swie nû diu werlt nâch im gestât,
daz lâze ich sîn.
der vröide mîn den besten teil
hât er dâ hin,
schüefe ich nû der sêle heil,
daz waer ein sin.
Mac ich ime ze helfe komen,
mîn vart, die ich hân genomen,
ich wil ime ir halber jehen.
vor gote müeze ich in gesehen.
(MF 210, 23)

Teilhabe an dem den Kreuzfahrern versprochenen Lohn wird auch den Frauen, die ihre Männer ziehen lassen, zuteil:

Swelch vrowe sendet ir lieben man
mit rehtem muote ûf dise vart,
diu koufet halben lôn dar an,
obe sî sich heime alsô bewart,
Daz sî verdienet kiuschiu wort.
sî bete vür siu beidiu hie,
sô vert er vür siu beidiu dort.
(MF 211, 20)

Der Gedanke, daß Menschen, die in Zuneigung und Liebe einem Kreuzfahrer verbunden sind, Anteil gewinnen können am Lohn des Gottesstreiters, ist letztlich Teilaspekt jenes zentralen Gedankens, der für Hartmann in seiner Kreuzzugslyrik bestimmend ist: seine Abkehr von der weltlichen *minne* und sein Aufgehen in der *minne* an sich. Das Lied MF 218, 5 ist der Ausbreitung dieser Überlegungen gewidmet. Durch *triuwe* und *eit* gebunden, hat sich Hartmann ganz in den Dienst dieser Minne gestellt, die ihn gefangennahm und auf *sicherheit* freiließ, und auf deren Auftrag hin er die Reise ins Heilige Land unternimmt (Str. 1). Diese Liebe ist es, die ihn über das Meer zieht. Weder Saladin noch dessen ganzes Heer hätten diesen Entschluß bewirken können. Oder: Wenn sein Herr noch lebte, dann allerdings hätten Saladin und sein Heer diesen Entschluß nicht bewirken können (Str. 2). Den Minnesängern gilt seine Absage. Ihr Ringen um unerwiderte *wân-minne* erscheint ihm sinnlos, während er in der Liebe an sich Erwiderung findet.

Man wird vermuten dürfen, daß Hartmann bei dieser Aussage von der Überzeugung ausging, die im Minnesang verherrlichten geistig-seelischen Phänomene der *minne* und der *staete* seien nicht allein im diesseitigen Bereich verankert, sondern sozusagen weltliche Komponenten transzendenter Gegebenheiten. Die Suche nach vollkommener *staete* in der Welt muß vergeblich bleiben. Niemand kann sie im Diesseits finden (210, 17/18). Der Aufbruch zum Kreuzzug wird zur Abkehr von der Welt und zur absoluten Ausrichtung auf die *staete,* nämlich die Ewigkeit. In der weltlichen *minne* herrscht der *wân* vor, die vergebliche Hoffnung auf Erhörung. Für die ewige Minne aber ist Gegenseitigkeit kennzeichnend.

Mit solchen von Topoi der Minnelyrik ausgehenden transzendierenden Tendenzen öffnet Hartmann den Blick für die hintergründigen Bezüge des Minnedenkens, bei dem dieses über sich selbst hinausweist.

Dabei rührt er, und vielleicht ist dies der Ursprung des Minnedenkens überhaupt, jedoch an die zentrale Aussage des christlichen Glaubens, nämlich, daß Liebe als wichtigste, Gottes Wesen bestimmende Wirkkraft zu sehen ist.

Got, der dû minni ist, hât uns offin gitân,
wi wir dî minni sulin hân.

(195 f.)

Mit diesen Versen leitet die ›Summa Theologiae‹ ihre Ausführungen über die Verbundenheit aller Glieder des Leibes Christi ein, in dem die Menschen in all ihrer Unterschiedenheit zusammengefügt sind, die Darstellung also der christlichen Sozialauffassung. Die Trias von Liebe zu Gott, Liebe zum Herrn, Liebe zur *vrouwe,* namentlich auch in der Ehe, oder doch in einer auf gegenseitiger Liebe beruhenden Partnerschaft, wie es in

MF 211,20 und MF 216,1 anklingt, sind zusammenhängende Aspekte des einen großen Gedankens, daß die Menschen untereinander und mit Gott in einem Verhältnis gegenseitiger Bindung und nicht hassender Polarisierung oder isolierenden Nebeneinanders stehen sollen. Hier hinein gehört auch Hartmanns Aussage über die den Menschen erhöhende und eben deswegen Gott wohlgefällige Wirkung von *minne*:

Swer giht, daz minne sünde sî,
der sol sich ê bedenken wol,
ir wont vil manige êre bî,
der man durch reht geniezen sol,
und volget michel staete und dar zuo saelikeit.
daz immer ieman missetuot, daz ist mir leit.
die valschen minne mein ich niht,
diu möhte unminne heizen baz,
der wil ich immer sîn gehaz.

(MF 217,10)

Ob Hartmann bewußt war, daß er mit seiner im Kreuzlied angedeuteten Liebes-Metaphysik einen der wichtigsten theologischen Unterschiede zwischen Christentum und Islam angesprochen hat? Noch Nikolaus von Cues nimmt den Glaubenssatz, daß Gott „wesenhafte Caritas oder Liebe" ist, zum Ausgangspunkt für die Darstellung der Trinität und folgt damit der Tradition, auch der Tradition der Kreuzzugstheologie, wenn man die ›Summa‹ dafür als Zeugnis nehmen darf. Nikolaus von Cues macht sehr deutlich, daß Trinitätsvorstellung und Sozialverständnis viel miteinander zu tun haben:

Weil aber die Liebe eint, so eint am meisten die vollkommenste Liebe, die weder größer noch kleiner sein kann, da sie substantiell ist. Im Wesen dieser einenden Liebe erblicke ich also Einheit; denn wie wäre einende Liebe Eine ohne Einheit? Auch Gleichheit erblicke ich in ihr; denn Liebe erzeugt Gleichheit ihrer selbst, d. h. Liebe, so wie man sagt: willst du geliebt werden so liebe! Einheit also erzeugt Gleichheit. Schließlich sehe ich aus der Einheit der Liebe und ihrer Gleichheit die Verbindung beider hervorgehen, d. h. eine Liebe, welche die Einheit der Liebe des Erzeugenden und die Gleichheit der Liebe des Erzeugten verknüpft. Die Liebe ist also die Verknüpfung des Vaters und seines Sohnes, aus denen sie hervorgeht. (Sichtung des Alkorans II, 7.)

Es zeigt sich, wie recht Wentzlaff-Eggebert mit seiner Feststellung hat, daß Hartmann nicht in die sonst bei den Minnesängern weit verbreitete Adaption der gängigen Kreuzzugspropaganda verfällt. Es scheint vielmehr, daß er durch den Tod seines Herrn und durch die Kreuznahme, die bei ihm geradezu eine *moniage* bedeutet (vgl. MF 209,25), zu einem Verständnis von Gott und Welt findet, das eine neue Dimension in seine Dichtung gebracht zu haben scheint. Daß dieses Verständnis darüber hinaus die soziale Wirklichkeit des Mittelalters und vor allem auch der nicht auf bloßen – sei es materiellen, sei es immateriellen – Lohn bedachten Kreuzfahrer prägte und trotz aller Streitigkeiten politischen Zusammenhalt herbeiführte, darf wieder einmal als generelles Fazit vermerkt werden.

Dem Islam sind solche theologischen Überlegungen, wie sie natürlich auch den Vorstellungen von Inkarnation und Fortleben Christi in seiner Kirche zugrunde liegen, fremd. Lediglich in der islamischen Mystik wird das Phänomen liebender Verbundenheit von Gott und Mensch thematisiert – vielleicht sogar ein westlicher Einfluß.

Albrecht von Johansdorf

Der Stammsitz der Johansdorfer lag vermutlich in Ostbaiern. Ministeriale mit dem Namen *Janestorf* oder *Johanstof* erscheinen im Gefolge des Bischofs von Bamberg (1172, 1188) sowie des Bischofs von Passau (1172–1255). Der Minnesänger dürfte jener Albrecht von Johansdorf sein, der zuerst unter Bischof Diepold (1185), dann unter Wolfger (1201, 1204) und unter Mangold (1209) bezeugt ist. Diese häufige Bezeugung macht die Entscheidung, an welchem der Kreuzzüge Albrecht teilgenommen hat, nicht einfacher.

Albrechts Kreuzlied MF 89,21 [8] gibt mehrere realitätsbezogene Hinweise. Die Anfangsverse sprechen von großer Notlage im Heiligen Land:

Die hinnen varn, die sagen dur got,
daz Ierusalêm der reinen stat und ouch dem lande
helfe noch nie noeter wart.

Die Schlußverse derselben Strophe deuten darauf, daß die Reliquie des Heiligen Kreuzes und das Grab Christi verlorengegangen sind:

swen nû sîn criuze und sîn grap niht wil erbarmen,
daz sint von im die saelden armen.

Bezieht sich Albrecht damit auf die Ereignisse des Jahres 1187, das die vernichtende Niederlage bei Hattin (Juli 1187) mit dem Verlust der Kreuzreliquie brachte und dann den Verlust Jerusalems am 2. Oktober 1187? Nicht ohne Bedacht dürfte Albrecht auf den *val* der Menschen, der Gott erbarmte, anspielen. Ein anderes Kreuzlied (MF 87,29) erwähnt den Tod vieler Menschen innerhalb eines Jahres:

[8] Ausgabe in Minnesangs Frühling.

Wir haben in einem jâre der liute vil verlorn,
an den man siht den gotes zorn.
(MF 88, 27 f.)

Der Verlust von Menschenleben als göttliches Strafgericht – das erinnert an Ottos von Freising und Bernhards von Clairvaux Interpretation der schweren Niederlage des christlichen Heeres unter Konrad III. So kann auch die hier zitierte Stelle auf die Ereignisse des Jahres 1187 bezogen werden. Als Kreuzzugsdichtungstopos scheint diese Passage eher verständlich denn als Klage über die Hungersnot von 1195 bzw. 1196/97, wie Wallner (Verf. Lex.) meint. Da mehrere Lieder Albrechts von den Mühen und Gefahren der Seereise ins Heilige Land sprechen, kann man daran denken, daß er zu den Nachschubtruppen gehörte, die nach dem Tod Barbarossas in den Jahren 1190/1191 zur Kreuzfahrt aufbrachen. Sicherheit läßt sich nicht gewinnen. Auch ein späterer Kreuzzug, namentlich der von 1197, kommt in Frage.

Die eben angeführten Stellen zeigen schon, und andere bestätigen es, daß in Albrechts Liedern die Realität des Sterbens im Heiligen Land durchaus angesprochen und als Möglichkeit für jeden, auch für Albrecht selbst, gesehen wird.

Swer dâ bestrûchet, der mac vil wol besnaben,
dâne niemen ze sêre gevalle.
daz meine ich sô: die sêlen werden vrô,
sô si ze himele kêren mit schallen.
(MF 87, 25 ff.)

Äußerst wirklichkeitsnah mutet der Stropheneingang an:

ich gedenke alsô vil manige naht,
‚waz sol ich wider got nu tuon, ob ich belîbe,
daz er mir genaedic sî?‘
(MF 90, 8–10)

Verknüpft mit Bedingungen echter, wertvoller Minne:

Kunden sî ze rehte beidiu sich bewarn,
für die wil ich ze helle varn.
die aber mit listen wellent sîn,
für die wil ich niht vallen.
(MF 89, 3 ff.)

süle aber sî ir leben verkêren,
sô gebe got, daz ich vervar.
(MF 87, 3/4)

got hât iu beide sêle und lîp gegeben.
gebt ime des lîbes tôt, daz wirt deme lîbe ein iemer leben
(MF 94, 23/24)

‚lebt mîn herzeliep oder ist er tôt,'
sprichet sî, ‚sô müeze sîn pflegen,
dur den er süezer lîp sich dirre welte hât bewegen.'
(MF 95, 13–15)

Dieses fast in jedem der Kreuzlieder Albrechts auftauchende Wissen um den Tod als durchaus realistische Implikation der Kreuzfahrt läßt Albrechts Entschluß zur Fahrt in ihrem Ernst und ihrer persönlichen Wahrhaftigkeit als echten Ausdruck seines Glaubens erscheinen. Und dieser Ritter spricht aus den Erfahrungen der schweren kriegerischen Auseinandersetzungen im Heiligen Land. Um so notwendiger ist es, die von ihm genannten religiösen Motive für die Teilnahme am Kreuzzug als psychische Wirklichkeit ernst zu nehmen und in ihrer gestaltenden Kraft zu verstehen.

Anders als bei Hartmann führt Albrechts Kreuznahme nicht zu Weltabkehr und Minneabsage. Er ist, wenn man so will, stärker in der christlichen Anthropologie verankert, die, trotz aller Spannungen, Diesseitiges und Jenseitiges vereint sieht und dies namentlich auch in der Frau, wenn sie vollkommenes Menschsein darstellt. So ist für ihn auch nicht die christliche Gedenkstätte, das Heilige Grab in Jerusalem, wichtigstes Ziel für den Zug ins Heilige Land, sondern die Verteidigung wesentlicher Glaubensinhalte, und als wichtigster dabei erscheint ihm, dem Frauenritter, das Dogma von der unberührten Jungfräulichkeit Mariens (MF 90, 2). Den Sieg der Heiden über diese Lehre gilt es zu verhindern. Hier wird die These, daß theologische Fragen sehr wohl in der Kreuzzugsdiskussion ihren Platz hatten und auch von Laien diskutiert und verteidigt wurden, belegbar.

Dabei ist es sicher kein Zufall, daß Albrecht gerade die mariologische Streitfrage herausstellt. Die Verflochtenheit von Frauenverehrung und Marienverehrung ist ja bekannt und nachweisbar. Bei Albrecht ist die Verehrung für die allerheiligste Jungfrau und Gottesmutter Maria parallel zu sehen zu seiner christlichen Anthropologie mit der Überzeugung von der religiösen Berechtigung von Minne:

Swer minne minneclîche treit
gar âne valschen muot,
des sünde wirt vor gote niht geseit.
si tiuret und ist guot.
wan sol mîden boesen kranc
und minnen reiniu wîp.
tuot erz mit triuwen, sô habe danc
sîn tugentlîcher lîp.
(MF 88, 33 ff.)

Swenne ich von schulden erarne ir zorn,
sô bin ich vervluochet vor gote alse ein heiden.

si ist wol gemuot und ist vil wol geborn.
heiliger got, wis genaedic uns beiden!
(MF 87, 9 ff.)

Dazu stellt sich die ironisierende Selbstprüfung:

ich gedenke alsô vil manige naht,
‚waz sol ich wider got nu tuon, ob ich belîbe,
daz er mir genaedic sî?'
Sô weiz ich niht vil grôze schulde, die ich habe,
niuwan eine der kume ich niemer abe.
alle sünde liez ich wol an die:
ich minne ein wîp vor al der welte in mînem muote.
got herre, daz vervâch ze guote!
(MF 90, 8 ff.)

Albrecht von Johansdorf darf also nicht nur seines berühmten Dialogs zwischen Ritter und Dame (MF 93, 12) wegen als derjenige gerühmt werden, der die erzieherische, insofern geistige Komponente des Minnesangs deutlich herausgestellt hat. Ihm ist es auch zu verdanken, daß die religiöse Grundlage der Frauenverehrung klar formuliert erscheint und darüber hinaus die Bereitschaft zur Verteidigung christlicher Überzeugungen und Glaubensinhalte durch die Kreuzritter.

Reinmar von Hagenau

Von Reinmar sind zwei Kreuzlieder überliefert. Beider Echtheit wurde mehrfach angezweifelt, doch haben vor allem Maurers Untersuchungen über die Pseudo-Reinmare ergeben, daß sie nicht aus dem Corpus der Reinmar-Lieder ausgesondert werden dürfen.

Über Reinmars Leben ist fast nichts bekannt. Einen Anhaltspunkt gibt lediglich die Witwenklage (MF 167, 31), die Herzog Leopolds V. Witwe in den Mund gelegt ist. Leopold starb im Dezember 1194. Einen weiteren chronologischen Anhaltspunkt bietet Walthers Nachruf auf Reinmar. Er dürfte auf 1207/08 zu datieren sein. Damit ergibt sich, daß Reinmar ca. 1207 starb und in den neunziger Jahren des 12. Jahrhunderts mit dem Wiener Hof in Verbindung stand.

Die beiden Kreuzlieder lassen durch Bemerkungen über die Stimmung im Kreuzfahrerheer vermuten, daß Reinmar tatsächlich an einer Kreuzfahrt teilgenommen hat. Am wahrscheinlichsten ist es, daß er (seinen Herrn?) Herzog Leopold V. auf der Kreuzfahrt Barbarossas von 1189–92 begleitet hat. Aber auch die Teilnahme am „deutschen Kreuzzug" von 1197/98 unter Heinrich VI. kann in Betracht gezogen werden.

Ähnlich wie Hausen in seinem berühmten Kreuzlied über den Widerstreit von *herze* und *lîp* reflektiert Reinmar im Lied MF 180, 28 seine innere Gespaltenheit. Sie erwächst aus der Unmöglichkeit, die Gedanken zur völligen Abkehr von der Frauenminne zu zwingen. Mit der Kreuznahme war für Reinmar der Abschied vom Minnedienst und die Einordnung in eine andere Lebensform eigentlich selbstverständlich:

Des tages dô ich daz kriuze nam,
dô huote ich der gedanke mîn,
als ez dem zeichen wol gezam
und als ein rehter bilgerîn.
(MF 180, 13–16)

Aber die Gedanken, so klagt er, *wellent noch allez wider an diu alten maere und waenent, daz ich noch vröide pflege.* Er wendet sich an die Gottesmutter mit der Bitte um Hilfe – eine Bestätigung für die Frauen-Bezogenheit Reinmars auch in der religiösen Haltung. Am Ende stehen jedoch Kompromiß

Gedanken nu wil ich niemer gar
verbieten – dês ir eigen lant –,
in erloube in eteswenne dar
und aber wider sâ zehant.
Sô si unser beider vriunde dort gegrüezen,
sô kêren dan und helfen mir die sünde büezen . . .
(MF 181, 33–38)

und freudig resignierende Hinwendung zur Hoffnung auf die Wiederkehr der mit dem Wort *vröide* umschriebenen, vom Minnedienst geprägten Welt des Wiener Hofes. Reinmar ist zu asketischer Weltabkehr nicht fähig, und er sieht sich auch nicht dazu veranlaßt.

Das bestätigt das Kreuzlied 180, 28. Reinmar bejaht auch hier die Anforderungen der Kreuzfahrt, ja er sieht durch sie die Möglichkeit geboten, die von Walther in einem der Reichssprüche so stark in Zweifel gezogen wird, nämlich *lop und ere und doch dar zuo gotes hulde* (181, 1) zu erwerben.

Daß Reinmar trotz seiner Ausrichtung auf Gott und die Kreuzfahrt und trotz des Verzichts auf Minnesang (180, 28–35), die Ideale des Minnesangs weiterhin verficht, bezeugt die dritte Strophe des Liedes mit ihrer Mahnung zur Achtung vor den Frauen, die *sinne* und *êre* zu werthafter Minne besitzen. Diese Chance sollen sich die Männer durch Distanziertheit erhalten. Damit wird eines der zentralen Anliegen Reinmars angesprochen (vgl. MF 165, 37).

Beide Kreuzlieder lassen also erkennen, daß Reinmar die Fähigkeit eigen ist, Religiöses und Weltliches in harmonischer Ausgewogenheit zu vereinen. Ihn quält keine dualistische Zerrissenheit. Diese Haltung entspricht der stark vergeistigten Minneauffassung Reinmars, und sie basiert auf einer typisch christlichen Anthropologie, wie sie sich etwa im Lied MF 153, 14 ausspricht:

Got hât gezieret wol ir leben
alsô, daz michs genüegen wil;
und hât ze vröiden mir gegeben
an einem wîbe liebes vil.
(MF 154. 23–26)

Otto von Botenlauben, Hiltbolt von Schwangau, der Burggraf von Lienz

Der Vollständigkeit halber seien einige Minnesänger erwähnt, bei denen die Kreuzzugsthematik nur am Rande als begleitendes Motiv zur Minnethematik erscheint.[9]

Als erster sei *Otto von Botenlauben* genannt, dessen Biographie besonders lebhaft die intensiven Verbindungen zwischen dem westlichen Europa und dem Heiligen Land mit seinen christlichen Staaten erkennen läßt. Otto war der Sohn des Grafen Poppo VI. von Henneberg, der Kaiser Barbarossa auf den Kreuzzug von 1189 folgte und, wie der Kaiser, von diesem Unternehmen nicht zurückkehrte. Der Sohn findet sich in der Umgebung Heinrichs VI. und wird wohl an dessen Kreuzzug von 1197 teilgenommen haben. Otto erbaute bei Kissingen die Burg Botenlauben und nannte sich fortan nach ihr. Dann zog er nach Syrien. Dort vermählte er sich mit Beatrix, der Tochter Joscelins III. von Courtenay, Seneschall von Jerusalem. Otto blieb dort bis etwa 1210.

Um so erstaunlicher ist es, daß in seinen Dichtungen weder die Kreuzfahrt noch das Morgenland, das er gut gekannt haben muß, eine besondere Rolle spielen. So erwähnt der Wechsel Nr. XII lediglich den Kreuzzug als Ursache für eine schmerzlich empfundene Trennung, die jedoch Bewährung in der *triuwe* ermöglicht. Außerdem wird der Erwartung Ausdruck verliehen, Gottes Lohn und Huld werde dem Kreuzfahrer und der *vrouwe* für alle Minne-Entbehrungen zuteil werden. Die Frauenstrophe ist erwähnenswert wegen eines gewagten Vergleichs, in dem die bekannte psychologisierende Vorstellung von der Einwohnung Gottes im Herzen des Menschen ein wenig direkt und daher – trotz aller Bitte um Nachsicht – degoutant auf das Einwohnen des Geliebten im Herzen der *vrouwe* übertragen wird:

[9] Ausgabe in: Carl von Kraus, Deutsche Liederdichter des 13. Jahrhunderts. 2 Bde., Tübingen 1952–58.

Sît er giht ich sî sîn himelrîche,
sô habe ich in zuo gote mir erkorn,
daz er niemer fuoz von mir entwîche.
(XII, 2, 1–3)

Das bestätigt den hier wohl obwaltenden Mangel an religiöser Innigkeit mit darin gründendem Verständnis für den Kreuzzugsgedanken.

Hiltbolt von Schwangau (Swanegöi) nahm wohl eher am Kreuzzug von 1217 teil als an dem Friedrichs II. von 1228/29.[10] In einem seiner Minnelieder (XVII)[11] wird mit der üblichen Klage über Entbehren und Fernsein die Kreuzfahrt als Ursache der Trennung genannt. Eine religiöse Bemerkung dazu fehlt.

Der *Burggraf von Lienz* (Kärnten) nahm vielleicht an der Kreuzfahrt Friedrichs II. (1228/29) teil. Von ihm sind zwei Tagelieder überliefert. In der letzten Strophe des einen (Nr. I)[12] gibt der scheidende Ritter die Sehnsucht nach dem Heiligen Land als Grund für sein Fortstreben an. Wie bei Walther von der Vogelweide wird die Faszination durch Gottes Präsenz dichterisch formuliert: *dâ got vil menschlîch inne gie.*

Neidhart von Reuenthal

Wie in den Minnesang überhaupt, so brachte Neidhart von Reuenthal auch in die Kreuzlieder eine ganz neue Thematik und Haltung hinein. Machte er am Nebeneinander von dörperlicher und höfischer Welt in seinen Sommer- und Winterliedern klar, daß nicht ständische Einordnung über menschliche Qualität entscheidet, so sind auch seine Kreuzlieder von einem tiefen Leiden an der menschlichen Wirklichkeit geprägt (Wisniewski; Hierarchie S. 372ff.). Es fehlt jegliches Eingehen auf die religiöse Problematik, wie sie an den Kreuzzügen offenbar wird, und es mangelt Neidhart an der Möglichkeit, die geistigen Ideale als das Eigentliche zu sehen und zugleich Gottes Herrlichkeit in menschlicher Schwäche (Hugo Rahner) zu erkennen.

Von Neidhart sind zwei Kreuzlieder überliefert.[13] Das eine (L 17) ist ein

[10] So F. J. Worstbrock (Verfasserlexikon 2. Aufl.) gegen C. v. Kraus, Dt. Liederdichter.

[11] Text bei Carl von Kraus, Deutsche Liederdichter Nr. 24.

[12] Text bei Carl von Kraus, Deutsche Liederdichter Nr. 36.

[13] Der Text wird zitiert nach: Die Lieder Neidharts. Der Textbestand der Pergament-Handschriften und die Melodien, hrsg. von Siegfried Beyschlag, Melodien von Horst Brunner. Text, Übertragung etc. Darmstadt 1975.

Botenlied und zeigt ihn auf dem Kreuzzug, jenseits des Meeres, von wo er eine Botschaft in die Heimat sendet. Das andere (L 18) zeigt ihn auf der Heimfahrt. Das erste Lied gibt die Möglichkeit einer exakten Datierung, wenn man Str. XI mit der Aussage, es sei Narrheit, bis in den August hinein noch bleiben zu wollen, auf Vorgänge im Sommer 1218 beziehen will. Damals befand sich das Kreuzfahrerheer im Nildelta vor Damiette in einer verzweifelten Situation. Dennoch forderte der päpstliche Legat Pelagius von Albano, Kardinal von Santa Lucia, daß wenigstens bis zum August ausgeharrt werden müsse. Ist es dies, worauf Neidhart anspielt, verbunden mit seinen mehrfachen Hinweisen auf Streit mit den *Walhen,* also wohl mit Italienern und Franzosen, vielleicht auch Engländern, die diesem Heer ebenfalls angehörten? Auf der anderen Seite bedarf es kaum eines speziellen Anlasses, um vor einem Aufenthalt während des schwülheißen Augusts in Ländern südlich des Mittelmeers zu warnen, so daß auch der Kreuzzug Friedrichs II. 1228/29 in Frage käme, auch wenn der Kaiser selbst nur bis zum 1. Mai 1229 im Orient weilte. Noch wahrscheinlicher dürfte es aber sein, daß Neidhart mit Herzog Ludwig von Bayern im Jahr 1221 in Ägypten kämpfte. Erst im Juli 1221 rückten die christlichen Heere vor. Im August war das Heer vollständig eingeschlossen. Auch die Verluste auf dem Rückzug waren groß, weil das Heer durch sumpfiges Gelände marschieren mußte. Die Feinde hatten das Land unter Wasser gesetzt. Am 28. August 1221 gab Kardinal Pelagius endgültig auf (s. o. S. 32).

Neidharts Botenlied (L 17) ist von der Sehnsucht nach der Heimat, den Freunden, *der meisterinne, diech von herzen minne vür alle vrouwen hinne vür.* (L 17, V) geprägt. Die ähnlich wie in den frühen Kreuzliedern hart ausgesprochene Realität des Kriegsgeschehens – etwa:

wir leben alle kûme;
daz her ist mêr dan halbez mort
(L 17, VIII, 4/5) –

wird bei Neidhart nicht mehr durch die Versenkung in die religiösen Gründe des mörderischen Unternehmens aufgefangen und in den Ewigkeitsperspektiven relativiert. Es gibt nur noch die Sehnsucht nach *gemache,* wie es in der klassischen Dichtung der höfischen Zeit heißen würde. Neidhart wünscht sich die Heimkehr ins eigene Haus:

hey, waere ich dort!
bî der wolgetânen laege ich gerne an mînem rûme.
(L 17, VIII)

Realismus des Kreuzfahrerlebens in den Lagern spricht auch aus der letzten Strophe dieses Liedes. In der Übersetzung Siegfried Beyschlags lautet sie so:

Ich will in einer Zille
schwappeln hin nach Österreich.
Wo war mein Kopf,
daß ich so stockbesoffen
drei schnelle Pferde hab' verspielt?
nun gehts zufuß.
Wenn jemand Sättel kauft, bei mir erhält er sie ganz sicher.
(c 26, 12; bei Beyschlag abgesondert S. 86/87)

Ein einziger Jubel ist das Lied L 18, das den heimkehrenden Ritter zeigt. *hôher muot, niht unvruote, al mîn trûren daz sol haben ein ende,* ein Natureingang mit Frühlingsstimmung – alle diese Wendungen des klassischen Minnesangs erscheinen. Aber sie bezeichnen nun nicht mehr das Glück hoffender Minne, sondern der Heimkehr aus den Strapazen des Kreuzzugs. Irgendein Bezug auf Gott, in dessen Dienst die Fahrt unternommen wurde, ist nicht zu entdecken. Neidharts Kreuzzugslieder entstammen der Gesinnung eines Mannes, dessen Lebenshorizont und -inhalt die alltäglichen Freuden und die körperlichen Leiden der Menschen bilden.

Rubin

Der aus einem Tiroler Ministerialengeschlecht stammende Minnesänger, dessen Vornamen wir nicht kennen, verfaßte zwei Kreuzlieder. Vermutlich nahm er am Kreuzzug Friedrichs II. von 1228/29 teil. Seine Lieder sind noch ganz von der Haltung der Barbarossa-Zeit geprägt. Das stimmt auch mit seinem sonstigen Minnesang überein. Auch dort besingt er in den hergebrachten Formeln und Wendungen *des reinen süezen wîbes werdekeit* (I, 3, 1).[14]

Das Lied XXII ist aus der Situation des Abschieds vor dem Kreuzzug gesprochen. Neben den üblichen Floskeln fällt auf, daß Rubin wertet:

ihn bin den liuten allen holt noch ouch gehaz:
mir geviel ie under zwein der eine muotes baz.
sol daz ein sünde sîn, die ruoche er mir vergeben
der der werlte schuof als ungelîchez leben.
(XXII, 3, 5–8)

Weniger der Bezug auf Walthers Minnesang, in dem diese Thematik beherrschend erscheint, ist an dieser Stelle erwähnenswert, als die klar ausgesprochene Verantwortung des Christen zu ethisch begründetem Urteil.

[14] Ausgabe bei Carl von Kraus, Deutsche Liederdichter, Nr. 47.

Dazu fühlt sich Rubin nicht nur den Einzelmenschen, sondern auch seiner Zeit gegenüber aufgerufen. Und er fällt ein negatives Urteil, ähnlich wie Walther und Neidhart. An Thomasin von Zirklaere erinnert die kosmische Auswirkung des Versagens der Menschen:

nu seht wies allen guoten dingen abe gê:
die tage schînent niht sô schône und lange als ê
und dar zuo singent ouch die vogel sô suoze niht,
nieman liehter varwe als ê die bluomen siht.
(XXII, 2, 5–8)

Freude über die Gelegenheit, durch die Kreuzfahrt Weltabkehr und Hinwendung zu Gott praktizieren zu können, wird noch ganz im Stil der Kreuzzugsdichtung der Barbarossa-Zeit laut:

Swer got durch dise werlt nu lât,
sô lützel si doch fröiden pfliget,
sô jâmerlîche si nu stât,
dem ist mit sorgen an gesiget.
(XXII, 2, 1 ff.)

Hier also ist noch ganz die bei der älteren Kreuzzugsdichtung übliche Überordnung psychologischer und ethisch-moralischer Wirklichkeit gegenüber dem Materiell-Leiblichen zu finden.

Das andere Kreuzlied Rubins (VII A) nimmt noch einmal den althergebrachten Argumentationszusammenhang auf. Trotz der ihm bekannten Leiden der Kreuzfahrer darf die Not des Heiligen Landes und des Grabes Christi nicht gering gewogen werden. Denn Gott tat Unvergleichliches, indem er die Menschen von der Hölle erlöste. Die Pflicht, dies zu entgelten, besteht ungebrochen. Und so endet das Lied in der Überwindung des Minnestrebens – das vergeblich blieb – und der Hinwendung zum Streben *nâch dem lône der süezen êwe staetekeit* (VII A, 3, 7 ff.).

Wentzlaff-Eggebert stellt zu Recht fest, daß hier zwei der letzten großen Lieder aus innerer Sinnes- und Glaubenserneuerung entstanden (S. 299). Noch einmal tritt in dieser späten Zeit ganz ungebrochen die Stärke geistig-seelischer Realität für das Leben des einzelnen in Erscheinung.

Der Tannhäuser

Eines der bekanntesten und schönsten Bilder der Manessischen Liederhandschrift zeigt den Tannhäuser in der Tracht der Deutschordensritter, der ›Herren vom Deutschen Hause von St. Marien‹. Er trägt einen weißen

Mantel mit einem schwarzen Kreuz. Vermutlich soll das Bild an die besondere Verbundenheit des Dichters mit der Gottesmutter erinnern, wie es die bekannte Tannhäusersage schildert. Nach einem Jahr im Venusberg will sich der Tannhäuser von Frau Venus trennen. Aber erst als er die Jungfrau Maria zu Hilfe ruft, läßt Venus ihn ziehen. Er geht zum Papst nach Rom, um dort Vergebung seiner Sünden zu erlangen. Doch der Papst zeigt ihm einen dürren Stab und meint, daß der Tannhäuser so wenig Gottes Huld erlangen werde, wie jener Stab zu grünen vermöge. Resigniert kehrt der Tannhäuser in den Venusberg zurück. So erfährt er nicht, daß der Stab nach drei Tagen zu grünen begann. Zeigt also die Miniatur durch die grünenden Ranken und die Tracht der Marienritter an, daß Tannhäuser die Vollendung seines Lebens als *miles christianus* fand?

Diese fromme Legende findet kaum eine Entsprechung in den Tanzliedern, Minnesangparodien und sonstigen Dichtungen des Tannhäusers, auch nicht in dem einzigen Kreuzlied, das unter seinem Namen überliefert ist. Es scheint, so ergibt es sich aus seinen sonstigen Lebensdaten, daß er am Kreuzzug von 1228/29 teilgenommen hat.

Das Kreuzlied beginnt mit einer Reminiszenz an die herrlichen Tage höfisch-ritterlichen Lebens in Apulien, vor dem Aufbruch ins Heilige Land, und setzt kontrastreich dagegen die Schrecknisse der Schiffsreise:

Wâ leit ie man sô grôze nôt als ich von boesem trôste?
ich was ze Krîde vil nâch tôt, wan daz mich got erlôste.
mich sluogen sturmwinde vil nâch ze einem steine
in einer naht geswinde: mîn fröide diu was kleine.
diu ruoder mir zerbrâchen; nu merkent wie mir waere:
die segel sich zerzarten, si flugen ûf den sê.
die marner alle jâhen daz si sô grôze swaere
nie halbe naht gewunnen: mir tet ir schrîen wê.
(Bartsch XLVII, 215 ff.)[15]

Halbverdorbene Nahrung erhält ihn am Leben; aber: *wil der hôhste lônen, sô wirt daz trinken süeze und ouch diu spîse guot.* (235 f.) Trotz aller Schrecknisse der Reise bleibt er im Dienst des Herren:

ich mag im niht entwenken,
ich muoz dem wirte gelten vil gar ûf einen tac.
(213/14)

Auch jene Strophe, die die vielen Winde, die ihn hin und her treiben, aufzählt, endet mit dem Treuebekenntnis gegenüber Gott:

[15] Bartsch (Hrsg.), Deutsche Liederdichter des zwölften bis vierzehnten Jahrhunderts. Eine Auswahl, 4. Aufl. bes. v. W. Golther 1906. Nachdr. 1966.

durch got ich fuor von lande
und niht dur dise vrâge, swie wê halt mir geschiht.
(246/47)

Was wie die erste Beschreibung einer Orientfahrt in deutscher Sprache erscheint, und was durch charakteristische Einzelheiten zu einem beeindruckenden Gemälde mittelalterlicher Seereise-Qualen gerät, wird durch diese religiösen Aussagen zu einem kraftvollen Bekenntnis der Gottverbundenheit des Dichters, wie es die vielfältigen psychologisierenden und theologisierenden Bekräftigungen mancher Kreuzlieder nicht zu erreichen vermögen.

Die mit Händen zu greifenden Parallelen zu Schiffahrt und Schiffbruch des Apostels Paulus (Apostelgeschichte 27, 1 ff.) lassen zudem die so realistisch anmutende Schilderung als eine Art Postfiguration erscheinen und den Dichter damit als Nachfahren jenes Saulus, der zu einem Paulus wurde. Man fragt sich, wieviel überhaupt noch an Geschehensbeschreibung in diesem Gedicht steckt, und ob hier nicht die vielverwendeten Symbole vom Meer, als dem Ort des Teufels, und seinen Widrigkeiten als Bild der Sündenverlorenheit des Tannhäusers dienen, aber auch seines Willens, durch die Kreuzfahrt für Gott aus diesen Verstrickungen herauszugelangen.[16]

[16] Zur nautischen Symbolik vgl. Hugo Rahner, Symbole der Kirche. Die Ekklesiologie der Väter. Salzburg 1964.

Viertes Kapitel

KREUZZUGSDICHTUNG WALTHERS VON DER VOGELWEIDE

Walther von der Vogelweide muß immer wieder mit dem Kreuzzugsgeschehen konfrontiert gewesen sein. Seine Dichtungen bestätigen das – aber oft genug ist die Frage nicht zu klären, welcher Kreuzzug mit den Anspielungen gemeint ist. So läßt sich auch nicht sagen, ob Walther selbst je im Heiligen Land gewesen ist. Sein berühmtes Palästina-Lied spricht dafür, die Elegie mit dem Bedauern, nicht an der Kreuzfahrt teilnehmen zu können, jedoch dagegen. Gleichwohl blieb die Auseinandersetzung mit dem Kreuzzugsdenken für ihn unausweichlich, da wohl fast alle Fürsten, in deren Diensten er gestanden hat, Kreuzzüge durchführten oder an ihnen teilnahmen.

Walthers erster Gönner, Friedrich I. von Österreich, starb im April 1198 auf der Kreuzfahrt Barbarossas. Philipp von Schwaben, für den Walther zwischen 1198 und 1203 eintrat, ist maßgeblich an der unheilvollen Wendung des 4. Kreuzzugs beteiligt, der mit der Zerstörung der christlichen Städte Zara und Konstantinopel in die Geschichte eingegangen ist. Im November 1203 ist Walther im Umkreis des Bischofs Wolfger von Passau durch eine Urkunde nachweisbar, und Wolfger engagierte sich, wie schon gesagt, für den Orden S. Marien vom Deutschen Hause zu Jerusalem und erreichte 1199 dessen Bestätigung durch den Papst. Im Dienst Ottos IV. erlebt Walther die Werbung des Papstes Innozenz III. für eine Kreuzfahrt mit den ihn maßlos erregenden Geldsammlungen durch Opferstöcke in den Kirchen. Am Ende seines Lebens scheint sich Walther noch einmal mit großem Engagement für die Kreuzfahrt Friedrichs II. (1228/29) eingesetzt zu haben. Damit hat Walther die Entwicklung der Kreuzzugsidee und ihrer Verwirklichung von der Barbarossa-Zeit über die Pervertierung des 4. Kreuzzugs miterlebt und damit auch die Veränderungen der Kreuzzugsdichtung bis hin zu den mit Zeitkritik durchsetzten und von den Strapazen einseitig erfüllten Kreuzzugsklagen des 13. Jahrhunderts. Und auch seine Dichtung läßt manches von dieser Entwicklung erkennen.

Zuerst muß festgehalten werden, daß Walther die im Minnesang typische Zusammenschau von Minnedienst und Gottesdienst, sei es harmonisierend, sei es antithetisch, in seinen Dichtungen nicht thematisiert. Die anderen Elemente der voraufgehenden Kreuzzugsdichtungen sind dagegen sehr wohl auch bei Walther zu finden. Doch ist die Kreuzzugsdichtung als Teil der Spruchdichtung und der religiösen Dichtung vom Minnesang losgelöst. Im Vordergrund stehen nicht individuelle Anliegen, sondern die Sorge um Christenheit und *rîche*.[1] Die beiden großen Kreuzlieder Walthers, das Lied 76,22 und das Palästinalied 14,88,[2] schließen sich nahtlos an die frühmittelhochdeutsche und die Kreuzzugslyrik des früheren Minnesangs, im Stil Heinrichs von Rugge etwa, an. Ob diese Lieder tatsächlich erst, wie die Forschung überwiegend meint, für den Kreuzzug Friedrichs II. gedichtet wurden? Ob die Lieder nicht vielleicht eher im Zusammenhang mit dem Barbarossa-Unglück zu sehen sind oder mit den Kreuzzugsvorbereitungen Heinrichs IV.? Oder wurden sie für den Kreuzzug 1203/04 gedichtet?

Das Lied ›Vil süeze waere minne‹ scheint in die Nähe des Palästinaliedes zu gehören. Beide umschreiben Kreuzzugstheologie in ihrer ungebrochenen Zuversichtlichkeit. Und wenn das Palästinalied zu Recht auf das lateinische Gedicht der Carmina Burana über die Eroberung Jerusalems bezogen werden kann (CB XXVI von 1187), dann steht einer frühen Entstehung beider Lieder Walthers eigentlich nichts im Wege.

Erwähnt sei noch, daß Walther von der Vogelweide die Tradition der frühmittelhochdeutschen Marienlyrik, die hier im Zusammenhang mit der Auseinandersetzung von Christentum und Islam gesehen wurde, fortsetzt. In seinem umfangreichen Leich reiht ein regelrechter Marienhymnus (4,1–6,6) die altehrwürdigen Gleichnisse nacheinander auf und wendet sich mehrfach mit der Bitte um Hilfe an die Jungfrau und Gottesmutter:

> *Maget und muoter, schouwe*
> *der kristenheite nôt,*
> (4,1/2).

Auch hier ist, wie für Walthers Kreuzzugsdichtung typisch, nicht die persönliche Not, sondern die der Christenheit Gegenstand der Klage und Fürbitte.

Palästinalied (L 14,38)

Walthers Palästinalied wird gern als trocken, ohne Erlebnisgehalt, im Stil einer Auftragsarbeit verharrend bezeichnet. Deshalb auch wird der ersten

[1] Zu dieser Thematik vgl. auch Marianne Ott-Meimberg, Kreuzzugsepos oder Staatsroman? Strukturen adeliger Heilsversicherung im deutschen ‚Rolandslied'. München 1980.

[2] Die Lieder Walthers von der Vogelweide hrsg. von Karl Lachmann, 13. Aufl. bearb. v. H. Kuhn, Berlin 1965.

Strophe mit dem Jubel über die Ankunft im Heiligen Land mißtraut und erklärt, das Lied sei nicht aus eigenem Erleben geboren.

Analysiert man das Lied in Hinsicht auf die Auseinandersetzung mit dem Islam, dann allerdings erscheint es von pointierter Genauigkeit in der Formulierung jener christlichen Glaubensinhalte, die Moslems und Juden angreifbar erscheinen. Das Lied steht in direkter Nachfolge der frühmittelhochdeutschen theologischen Hymnen, die oben besprochen wurden.

Die einleitende erste Strophe stellt den aktuellen Bezug her, die Ergriffenheit eines Kreuzfahrers bei der Ankunft im Heiligen Land. Drei Strophen (2, 3, 4) sind dann dem menschlichen Dasein Christi gewidmet, ebenfalls drei Strophen (5, 6, 7) stellen seine Göttlichkeit heraus. Zwei Strophen sprechen vom Jüngsten Gericht (8 und 9), eine Strophe gibt eine deutende Zusammenfassung, eine Strophe bildet den Abschluß wiederum mit einem aktuellen Bezug. Allein schon dieser Aufbau zeugt von Meisterschaft, zugleich aber auch davon, daß die von der Handschrift C überlieferte Anzahl der Strophen und ihre Reihenfolge nicht zufällig sein dürften.

Die in den einzelnen Strophen berücksichtigten Themen lassen einen genauen Bezug auf die Auseinandersetzung mit dem Islam erkennen. In der 1. Strophe wird mit Land, Erde und Stätte dreifach auf die unerhörte Tatsache verwiesen, daß nach christlichem Glauben Gott in dieser materiellen Welt gegenwärtig war, und zwar in einer geographisch genau umschriebenen Region. Das Zentrum christlicher Botschaft gegenüber dem Islam benennen die Schluß-Verse der Strophe:

ich bin komen an die stat
dâ got mennischlîchen trat.
(15, 4/5)

Der einzelne Mensch kann diese Stätte göttlicher Gegenwart betreten. Die innerweltliche Gegenwart Gottes als Mensch wird dadurch sehr eindringlich verdeutlicht. Die folgenden Strophen betonen dies durch das oft wiederholte Adverb *hie* (15,9; 13; 15; 21; sowie – abschließend – 16,28).

Die 2. Strophe stellt die Jungfräulichkeit der Mutter Gottes heraus und die Erhabenheit des Gott-Menschen Christus über die Engel. Sind dies Wunder, die die wunderbare Einmaligkeit des Erdenlebens Christi betonen und damit seine einmalige Stellung in der Welt, so hebt die dritte Strophe auf die gewollte Einordnung Christi ins menschliche Leben ab: Taufe, obwohl er doch sündenlos rein war, Einwilligung in Verrat und Marter. Alles dies sind Glaubensinhalte, die den Zorn der Heiden hervorrufen, denn Gott kann nach moslemischer Anschauung nicht in das Leid der Welt einbezogen sein.

Die vierte Strophe schließt diesen Gedankengang ab, indem sie Christi freiwillig erduldeten Tod in seiner erbarmenden Wirkung auf die Menschen besingt – auch dies eine zentrale Aussage gegenüber dem Islam.

Mit der fünften Strophe beginnt der zweite Teil des Liedes. Christi Göttlichkeit manifestiert sich in Höllenfahrt, Auferstehung und Himmelfahrt. *Hinnen* (15,27), *her* (15,36) und *dar/dannen* (16,2/3), *hin wider* (16,5) sind die bezeichnenden Adverbien dieser drei Strophen.

Strophe 5 verbindet mit der Reminiszenz an die Höllenfahrt und ihre heilsgeschichtliche Bedeutung (Strophe 6) das Bekenntnis zur Trinität – ein weiterer Streitpunkt zwischen Christen und Moslems.

Daß bei den Juden die Auferstehung Christi besondere Ablehnung erfährt, wird in Strophe 6 betont. Dabei zeigt sich auch deutlich, wie sehr dieses Lied von geistigem Angriffswillen getragen ist.

Strophe 7 erwähnt kurz die Himmelfahrt Christi, eine den Moslems weniger suspekte Glaubenslehre, da Himmelfahrten auch im Islam begegnen. Das Hauptgewicht der Strophe liegt aber auf der Herabkunft des Heiligen Geistes, der im Heiligen Land ganz konkret das Pfingstwunder bewirkte und das Fortleben Gottes in den Menschen der Kirche bezeugte. Dies wiederum ist wegen Gottes Präsenz in Welt und Menschen anti-islamisch.

Nur die Strophen 8 und 9 mit ihrem Hinweis auf das Jüngste Gericht sind nicht in dieser Antithetik zum Islam zu sehen, denn in dem Glauben an dieses Geschehen treffen sich Islam und Christentum. Offensichtlich werden Weltende und Jüngstes Gericht erwähnt, weil sie zukünftige Gegenwart Gottes im Heiligen Land bedeuten; denn der Glaube, daß Christus als Weltenrichter im Heiligen Land das Urteil über Gute und Böse sprechen wird, war weit verbreitet und, wie man weiß, oftmals Anlaß für Kreuzfahrten (vgl. S. 50).

Die zehnte Strophe bietet eine Deutung des Vorgetragenen. Intention des Liedes war es, den Menschen bewußt zu machen:

swaz got mit dem menschen ie
wunders in der werlt begie,
daz huob sich und endet hie.
(16,26–28)

Klarer und knapper ist die zentrale Aussage christlicher Überzeugungen gegenüber islamischem Glauben kaum zu fassen.

Die abschließende elfte Strophe kehrt zum aktuellen Anlaß der Kreuzfahrt zurück. Das Heilige Land als Erbe, auf das *kristen, juden und die heiden* Anspruch erheben, kommt, so Walther ganz entsprechend der Tradition, allein den Christen rechtmäßig zu. Eine Begründung wird nicht gegeben. Aber das ganze Lied ist Begründung; denn Christus hat dieses Land durch sein wunderbares Leben zum Land der Erlösung für die

Menschheit gemacht, und seine fortwirkende Gegenwart in der christlichen Kirche zeigt, wer rechtmäßiger Erbe (als Blutsverwandter – wie es im Meßgebet dargetan wird) des Landes ist. Hier begann und wird enden *swaz got mit dem menschen ie wunders in der werlt begie.*

›vil süeze waere minne‹ (L 76,22)

Wenn das Palästinalied den Eindruck erweckt, bei der Ankunft im Heiligen Land gesungen worden zu sein, glaubenszuversichtlich und hoffnungsfroh überzeugt vom Gelingen des Befreiungsunternehmens, wirkt das zweite große Kreuzlied Walthers wie ein Hilfeschrei angesichts der Bedrängnis einer fehlschlagenden oder doch von furchtbaren Kämpfen und Verlusten geprägten Situation im Heiligen Land.

Es ist ein besonders kunstvoll gestaltetes Lied, ganz anders also als das wie ein sangbarer Hymnus gehaltene Palästinalied, obwohl dessen Melodie nicht die Schlichtheit des Metrums bestätigt.

Das Lied 76,22 besteht aus vier zwanzigzeiligen Strophen, deren jede inhaltlich in zwei Teile zerfällt, in einen allgemeineren Gebetsteil und einen, der speziell auf das Kreuzzugsgeschehen bezogen ist. Auf diese Weise wird der übergreifende Gesichtspunkt des Kreuzzugsgeschehens ständig vergegenwärtigt.

In der ersten Strophe verbindet sich die Bitte um Erleuchtung und Bewahrung der Christenheit. Sie ist an Gott als die Liebe gerichtet, also vornehmlich an den Heiligen Geist, der die Christenheit erleuchtet, und bietet Hinweise auf die Inkarnation, das Erlösung stiftende Werk Gottes, an dem der Heilige Geist in besonderer Weise beteiligt war.

Die zweite Strophe beginnt mit einer Betrachtung über die Vergänglichkeit des menschlichen Lebens, die jedoch in beglückender Weise überwunden werden kann, weil der Kreuzzugstod vor der Hölle sichert. Wenig später wird Christi Tod parallel gesetzt; denn auch Christus, der Sohn Mariens *wart dort verhouwen,* im Heiligen Land nämlich.

Die dritte Strophe stellt den Gedanken der Notwendigkeit des Sterbens heraus, wenn der Lohn des ewigen Lebens erworben werden soll, so wie Christi Tod Heil gebracht hat und immer noch bringt.

Die vierte Strophe schließlich lenkt den Blick auf das Jüngste Gericht und bittet um Erbarmen und die Aufnahme in die Schar der Gerechten zur rechten Seite des Richters.

Auf diese Weise wird, namentlich in den Einleitungsteilen der vier Strophen, ein christologischer Abriß – Inkarnation, Kreuzestod, Jüngstes Gericht – gegeben, verbunden mit Klagen über *kranke sinne,* Sündhaftigkeit und Vergänglichkeit des Menschen, sowie mit Aufrufen zur Überwindung all dieser Gebrechen durch die Teilnahme am Kreuzzug.

Die zweiten Strophenteile enthalten demgegenüber spezielle Bitten und Vorhaltungen im Hinblick auf die Lage im Heiligen Land:

1. Strophe

hilf rechen disiu leit.
. . . . .
nû loeset unverdrozzen
daz hêrebernde lant.
verzinset lîp und eigen.
got sol uns helfe erzeigen
ûf den der manegen veigen
der sêle hât gepant.
. . . . .

2. Strophe

nû heilent Kristes wunden,
sîn lant wirt schiere enbunden:
dêst sicher sunder wân.
. . . . .
sîn geist müez uns gefristen,
daz wir die diet verlisten.
der touf si seit unkristen:
wan fürhtent si den stap
der ouch die juden villet?
ir schrîen lûte erhillet,
manc lop dem kriuze erschillet:
erloesen wir daz grap!
. . . . .

3. Strophe

nû hellent hin gelîche
dâ wir das himelrîche
erwerben sicherlîche
bî dulteclîcher zer.
got wil mit heldes handen
dort rechen sînen anden.
sich schar von manegen landen
des heilegeistes her.
. . . . .

4. Strophe

ez ist wol kunt uns allen,
wie jâmerlîch ez stât,
daz hêre lant vil reine,
gar helfelôs und eine.
Ierusalêm, nû weine:
wie dîn vergezzen ist!
der heiden überhêre

hât dich verschelket sêre.
dur dîner namen êre
lâ dich erbarmen, Krist,
mit welher nôt si ringen,
die dort den borgen dingen.
dazs uns alsô betwingen,
daz wende in kurzer frist.

Diese Aufruf-Verse und vor allem die umfangreiche Passage der vierten Strophe vermitteln den Eindruck einer Notlage. Hier wird Kreuzzugswirklichkeit schonungslos dargetan. Aber dieser Wirklichkeit wird die andere gegenübergestellt und noch ganz fraglos in ihrer Gewichtung über das Leiden der Kämpfe gestellt. Pflicht und Chance des Kreuzritters, mit seiner Opferbereitschaft das Opfer Christi zu vergelten und seine Glorie zu teilen, sind letztlich entscheidender für den Menschen. Damit stellt sich Walthers Lied thematisch eindeutig zur Gruppe Hausen, Rugge, Johansdorf, Hartmann von Aue. Gibt es aber Wirklichkeitsbezüge, wie sie teilweise auch dort zu finden sind, die eine genauere Bestimmung zulassen, in welchem Bezug dieses Lied Walthers steht?

Offenbar befindet sich das Heilige Land in besorgniserregender Lage. Das *hêrebernde lant* muß von Fesseln befreit werden, es ist verlassen und hilflos, Jerusalem vergessen, das Heilige Grab muß erlöst werden. Die Übermacht (eher als der Übermut) der Heiden hat Jerusalem in die Knechtschaft geführt.

Diese so umrissene Situation bestand im Heiligen Land seit Saladins für die Christen verheerenden Erfolgen. Nach der vernichtenden Niederlage des christlichen Heeres bei Hattin (1187) war das Heilige Land fast seiner gesamten kampffähigen Bevölkerung beraubt. Städte und Burgen waren nur noch notdürftig besetzt. Saladin zog in unvergleichlichem Siegeszug durch Palästina und Syrien und nahm 52 Städte und Festungen ein. Dabei bot er großzügige Kapitulationsbedingungen an und hielt sie auch ein. Am 10. Juni fiel Akkon, am 4. September Askalon, am 2. Oktober dann Jerusalem. Wer Geld hatte, konnte sich einen sicheren Abzug zur Küste erkaufen. Die Christen hielten lediglich die Festungen Beaufort, Chastel Blanc, Krak des Chevaliers, Margat und Tortosa. Auch Tripolis, Antiochia und Tyrus konnten gehalten werden. Eine Rettung des Heiligen Landes erschien kaum mehr möglich, auch wenn Akkon nach dreijähriger Belagerung zurückgewonnen werden konnte. Vor diesem düsteren Hintergrund sind die Katastrophen von 1190, der Tod Barbarossas und der Zusammenbruch seines Kreuzzugs, und von 1197, der Tod seines Sohnes Heinrich und der Abbruch des von ihm vorbereiteten Kreuzzugs, zu sehen. Auf Saladins Vorgehen paßt das Wort *verschelket.* Es trifft aber auch auf den Friedensschluß Saladins mit Richard Löwenherz zu, der 1192 geschlossen wurde. Zwar blieb Jerusalem in der Hand der Moslems, aber den Christen wurde freier Pilgerverkehr dorthin zugestanden.

Die Bemerkung, daß Jerusalem vergessen und *verschelket* sei, der Vorwurf *kranke(r) sinne* der Christenheit, die Notwendigkeit von *riuwe*, damit der Heilige Geist die Christen erleuchte – dies alles deutet wohl eher auf die Zeit während oder nach dem 4. Kreuzzug mit seiner Wendung gegen die christliche Stadt Zara und dann gar gegen Konstantinopel. Dann gewinnt auch der Ausruf: *wir gern zen swebenden ünden* eine sehr konkrete Bedeutung; denn viele der Kreuzfahrer bestanden ultimativ auf der Überfahrt ins Heilige Land und nicht nach Konstantinopel. In Korfu, kurz vor der Landung bei Konstantinopel, „bäumte sich die eine Hälfte des Heeres noch einmal gegen die unchristliche Richtungsänderung auf" (H. E. Mayer, S. 175). Zuvor, um die Jahreswende 1202/03, waren Gesandte König Philipps von Schwaben in Zara erschienen und hatten das Anliegen des Thronprätendenten Alexios IV. unterstützt, das zu jener verhängnisvollen Fehlentscheidung führte. Es ist kaum anzunehmen, daß Walther, als er in Philipps Diensten stand, die Vorgänge um den 4. Kreuzzug verborgen geblieben waren. Rührt daher seine Verachtung für Philipp? Stehen diese Vorgänge auch hinter den Klagen des Leichs mit seinem Ruf nach Umkehr, Reue und geistiger Erneuerung der Christenheit?

Insgesamt muß man gestehen, daß aus den Angaben kein sicherer Bezug auf eine bestimmte Zeit herauszulesen ist. Gleichwohl denkt man eher an eine frühere als an eine spätere Zeit, weil die Schlußpassage die Bestürzung über eine doch wohl erst vor kurzer Zeit eingetretene Niederlage durch *der heiden überhêre* erkennen läßt.

Diese *überhêre* der Heiden scheint auf ein spezielles Phänomen zurückgeführt zu werden, denn, so wird gebeten, Gott soll verhindern, daß sie uns „auf diese Weise" *(alsô)* bezwingen. Diese Angabe weist zurück auf den vorhergehenden Vers. Das ist der vielumstrittene, eine verderbte Stelle enthaltende Vers 78, 21. In C steht: *die dort den borgen dingen,* Hs. A schreibt aber: *die dort den boegen dingen.* Beide Lesarten sind unvereinbar. Folgt man der Richtung, in die A weist, so kann man einen naheliegenden Schreibfehler vermuten, nämlich Auslassen eines *r,* so daß *dingen* statt *dringen* entstand. Dann ergibt sich folgender Sinn:

Laß dich erbarmen, Christus,
(über die, von denen du weißt),
mit welcher Not sie ringen.
Daß die, die dort den Bogen(bzw. die Bogen) spannen,
uns auf diese Weise bezwingen,
das wende bald.

Diese Aussage verwiese auf eine bedeutungsvolle militärische Tatsache. M. Erbstösser (Kreuzzüge, 1977) macht darauf aufmerksam, daß sich die islamischen Heere von den europäischen vor allem durch den Einsatz größerer Einheiten von berittenen Bogenschützen unterschieden. Diese waren in der Lage, das feindliche Reiterheer und seinen Troß aus sicherer Entfernung zu dezimieren (zu Abb. 12). Als Abwehrmaßnahme gegen die Bogenschützen kam der Kettenpanzerschutz für Pferde in Gebrauch (S. 203). Die Bogenschützentruppen der Sultane waren berühmt, und ebenso ihre spannbaren Bogen, die den europäischen feststehenden Bogen überlegen waren. Spielt Walther auf diese militärische Überlegenheit der Moslems an, und fordert er daher, daß die Christen die Heiden *verlisten*, also doch wohl an Kriegslist oder -kunst übertreffen?

Bleibt man bei der Lesart *den borgen dingen*, so wird am ehesten daran zu denken sein, daß *borge* eine Eindeutschung des Begriffs *burgens* oder *bourgeois* sein könnte, womit seit dem Ende des 12. Jahrhunderts jene Siedler bezeichnet wurden, die neben dem Adel als Freie betrachtet wurden. Da sie auch eigene Gerichtshöfe *(cour des bourgeois)* besitzen konnten, ist es tatsächlich als Zeichen der Knechtschaft zu werten, wenn nach Saladins Siegen die Sarazenen *den borgen* gegenüber *dingen*, nämlich Gericht halten oder ihnen befehlen. Damit wäre dann die Situation der fränkischen Siedler angesprochen, die, unter moslemischer Herrschaft lebend, vermutlich ihre allmähliche völlige Eingliederung in den moslemischen Staat erwarteten.

›der anegenge nie gewan‹ (L 78,24)

Ein Kreuzlied ganz eigener Art ist Walthers vierstrophiges Loblied auf Gott, der des Lobes wert ist, weil er in seiner Allmacht *kan wol ende machen und ân ende* (78,26), sowie auf die Jungfrau und Gottesmutter, denn

daz ist uns ein trôst vor allem trôste,
daz man dâ ze himel ir willen tuot.
(78,35/36)

Die auf solche Weise versteckt und fast hinterhältig geäußerte Erwartung, daß Gott und Maria die Bitten vieler Menschen erhören und die Not des Kreuzfahrerheeres beenden möchten, wird in der dritten und vierten Strophe direkt ausgesprochen. Sie sind den Engeln gewidmet – und man erinnert sich, wie wichtig die Angelologie in der theologischen Auseinandersetzung mit dem Islam war und ist (s. S. 64ff.).

Walther weigert sich, den Engeln Lob zu spenden, solange nicht klar ist, auf welche Weise sie den Kreuzfahrern helfen. Er spricht die drei Erzengel an:

ir pflegent wîsheit sterke und arzenîe,
dar zuo hânt ir engelkoere drîe,
die mit willen leistent iwer gebot:
welt ir mîn lop, sô sint bescheiden
und schadent allerêrst den heiden . . .
(79, 11–15)

Das alte Argument derer, die den Kreuzzug verweigern, in der klassischen Kreuzzugslyrik stets als unerlaubte Frage zurückgewiesen, erscheint hier als Ausdruck der Verzweiflung und des Zweifelns an den Engeln, letztlich aber an Gott. Die dritte Strophe betont allerdings das Geheimnis des Wirkens der Engel:

sît iuch nieman siht noch nieman hoeret,
sagent, waz hânt ir noch dar zuo getân?
möht ich got stille als ir gerechen,
mit wem solt ich mich besprechen?
(79, 4–7)

Das Lied schließt sich in der Handschrift C unmittelbar an das eben analysierte ›Vil süeze waere minne‹ an. Es erscheint vom Inhalt her auch tatsächlich wie eine Fortführung der Schlußklage jenes Liedes, eine Fortführung mit höchst geschickt gewählten Mitteln indirekter Kritik in unaussprechlichem Verzagtsein.

Der Spießbratenspruch (L 17, 11)

Walther hat seine beißende Kritik an den Ereignissen des 4. Kreuzzugs, der sich gegen Christen richtete, in einen Spruch gekleidet, der nur dank des Hinweises auf Griechenland sicher entschlüsselt werden kann. Der zweite Teil des Spruches lautet:

ze Kriechen wart ein spiz versniten:
daz tet ein hant mit argen siten
(sin möht ez niemer hân vermiten):
der brâte was ze dünne.
des muose der hêrre für die tür:
die fürsten sâzen ander kür.
der nû daz rîche alsô verlür,
dem stüende baz daz er nie spiz gewünne.
(17, 17–24)

In Griechenland wurde also ein Spießbraten verteilt. Das tat eine Hand mit bösartigem Verhalten, was – so sagte man? – nicht zu vermeiden war. Der Braten war zu dünn. Deshalb mußte der Besitzer vor die Tür. Die Fürsten setzten sich zur Wahl zusammen. Wer nun das Reich ebenso verlöre, dem wäre besser, er hätte nie einen Spießbraten gewonnen.

Im Jahr 1203 stürmte das Kreuzfahrerheer gegen Konstantinopel vor. Doch die Stadt hielt sich. Trotzdem verlor Kaiser Alexios III. den Mut und floh aus der Stadt. Der von Alexios vertriebene und geblendete Kaiser Issak II. Angelos wurde wieder in seine Rechte eingesetzt. Mitregent wurde sein Sohn Alexios IV., der Schwager König Philipps von Schwaben. Da Alexios seine Versprechungen gegenüber dem Kreuzfahrerheer nicht halten konnte, und da er nicht das Vertrauen der Bevölkerung Konstantinopels erringen konnte, kam es zum Aufstand. Isaak und Alexios wurden ermordet. Mit größter Kaltblütigkeit und Methodik wurde das Byzantinische Reich nach der Eroberung Konstantinopels (13. April 1204) zerlegt. Die venezianischen Forderungen an die Kreuzfahrer wurden mit drei Vierteln der Beute abgegolten. Dann trat das vorgesehene Wahlkonzil aus 6 Venezianern und 6 Franken zusammen, um einen neuen Kaiser zu wählen. Dieser erste Kaiser von Romania, dem lateinischen Kaiserreich von Konstantinopel, besaß freilich nur einen Schatten der Macht seiner byzantinischen Vorgänger. Er konnte sich keine Hausmacht verschaffen, weil er von der Verteilung der rund 600 Lehen ausgeschlossen wurde. Die Verteilung erfolgte vielmehr durch eine paritätisch besetzte venezianisch-fränkische Kommission. (H. E. Mayer, S. 179f.)

Das Ganze, so scheint es Walthers Schlußpointe zu sagen, darf als warnendes Beispiel für Philipps Verhältnis zu den Fürsten und ihrer Hausmacht gelten.

Zum ersten Mal in der Geschichte der deutschen Kreuzzugslyrik ist damit nicht mehr der religiöse Bezug für das Kreuzzugsgeschehen gültig, sondern ein irdisch-politischer. Allein darin, daß das Kreuzzugsgeschehen mit der Verteilung eines Bratens verglichen wird, liegt natürlich eine moralische Verurteilung der handelnden Personen und ihres Verhaltens. Und das *rîche*, jenes von Walther in den Reichssprüchen als christliche *civitas* umschriebene soziale Gebilde, erscheint in der Obhut eines Mannes, der solchem Tun entweder seine Hand leiht – so der oft erhobene Vorwurf gegen Philipp – oder der solche Entwicklungen nicht abzuwenden weiß, als äußerst gefährdet.

›Owê waz êren sich ellendet tiuschen landen!‹ (L 13,5)

Ähnlich wie im Spruch 21,25 bringt Walther auch in diesem vierstrophigen Kreuzzugsspruch eine Endzeitprophezeiung in Verbindung mit dem Kreuzzugsaufruf. Daß gewaltige Stürme den Auftakt des Weltuntergangs bilden, ist altbekanntes eschatologisches Gut; aber daß *wallaere* und *pilgerîne* darüber klagen und berichten, läßt eine übertragene Bedeutung und einen Bezug auf Geschehnisse im Mittelmeerraum mitschwingen:

boume, türne ligent vor im zerslagen:
starken liuten waet erz houbet abe.
(13, 16 f.)

Ist der Sturm des Kreuzfahrerheeres auf das christliche Konstantinopel mit der Ermordung des byzantinischen Kaisers und seines Sohnes im Bild des eschatologischen Sturmes verborgen und zugleich gedeutet?

Der Spießbratenspruch zeigt eindeutig, daß Walther wußte, was in den Jahren 1203/04 in Griechenland geschah. Burdach (S. 64) vermutet, daß Walther bereits 1204 von der Erstürmung Konstantinopels erfuhr, weil er sich in der Umgebung des Bischofs Wolfger von Passau befand. Bereits am Gründonnerstag 1204 dürfte Bischof Markus von Beirut bei Herzog Leopold in Klosterneuburg über die furchtbaren Ereignisse berichtet haben.

Das Lied 13, 5 erinnert im übrigen an Motive der Kreuzzugsdichtungen um Hausen, Johansdorf und Hartmann: Wer Besitz, Mut und Klugheit sein eigen nennt, muß sich zur Kreuzfahrt bereit finden, wenn er den Sold des himmlischen Kaisers erhalten will; es ist notwendig, nach *staeten fröiden* zu ringen, das ewige Leben nicht zu vergessen, wie die Grille die Vorsorge für den Winter, sondern sich wie die verantwortungsbewußte Ameise zu verhalten. Diese Motivähnlichkeit läßt es denkbar erscheinen, daß dieses eschatologische Lied nicht erst im Zusammenhang mit dem Kreuzzug Friedrichs II. entstand, sondern bereits 1203/04. Darauf weist auch die Notwendigkeit, das Geld für die Kreuzfahrt selbst aufzubringen (s. o. S. 27 ff.) samt den gerade daraus sich ergebenden Schwierigkeiten. Ist die Schande, die über Deutschland hereingebrochen ist, ein Hinweis auf die zahlreichen Rückkehrer, die sich davonmachten, als der Kreuzzug ins Stocken geriet wegen der finanziellen Forderungen der Venezianer, oder ist hier speziell auf Philipps von Schwaben Verstrickungen abgehoben, die zum christlichen Bruderkrieg führten?

Kreuzzug als Aufgabe des Kaisers

Walthers Reichssprüche haben wie kaum eine andere Dichtung in deutscher Sprache hervorgehoben, daß *starc gerihte, fride unde reht,* das Zurückdrängen von *untriuwe* und *gewalt* die Vorbedingungen für moralisch-sittliches Wohlverhalten und für materiellen Wohlstand der Menschen sind, die in einem staatlichen Gebilde leben. Das Versagen eines Herrschers hat deshalb auch negative Auswirkungen auf das ewige Heil der ihm anvertrauten Menschen:

jâ leider desn mac niht gesîn,
daz guot und weltlich êre
und gotes hulde mêre
zesamene in ein herze komen.
stîg unde wege sint in benomen:
untriuwe ist in der sâze,
gewalt vert ûf der strâze:
fride unde reht sint sêre wunt. . . .
(8, 19–26)

Diese Verse aus dem Reichsspruch 8, 4 können als theoretische Grundlage mancher Kreuzzugssprüche Walthers dienen. Denn hier wird auf die über das Irdische hinausgehende Dimension von Herrschaft verwiesen und damit die priesterähnliche Würde und Verantwortung eines Herrschers herausgestellt. Letztlich liegt in diesem Anspruch und in dieser Auffassung von der Bedeutung des Irdischen als Bewährungsmöglichkeit für das Überirdische, und zwar durch das Leben in einem geordneten Gemeinwesen, die Begründung für die Gleichberechtigung des weltlichen mit dem geistlichen Oberhaupt der Christenheit, wie sie im Investiturstreit gegen alle Versuche des Papstes, die quasi theologische Funktion des Kaisers zu schwächen, immer erneut vorgebracht wurde.

Durch diesen Gedanken kommt in die Kreuzzugsdiskussion eine neue Komponente der Wirklichkeitsdeutung im Zusammenhang mit den Kreuzzügen herein. Nach überwiegend theologisch, dann individuell-religiös geführten Argumentationen kommt durch Walther von der Vogelweide die politische Argumentation hinzu. Die Kreuzzüge werden von Walther als sichtbarer Ausdruck der Schutzaufgabe des Kaisers als *voget* der Christenheit verstanden. Kein Wunder, daß Innozenz III. dagegen propagierte, daß die Kreuzfahrt keineswegs vorwiegend Aufgabe von gekrönten Häuptern sei, ja, daß die Teilnahme von Königen geradezu den Erfolg von Kreuzfahrten erfahrungsgemäß gefährde (s. o. S. 25). Walther dagegen versuchte Otto IV. und Friedrich II. klarzumachen, daß sie ihre herrscherliche Kompetenz und Stellung als *voget* der Christenheit in aller Welt gerade auch durch einen Kreuzzug zum Schutz des Heiligen Landes erweisen müßten.

Im Ottenton sind zwei Spruchstrophen diesem Anliegen gewidmet. Sie sind wahrscheinlich im Jahr 1212 gedichtet, als Otto IV., der 1210 vom Papst zum Kaiser gekrönt worden war, als Gebannter nach Deutschland zurückkehrte.

Hêr keiser, ich bin frônebote
und bring iu boteschaft von gote.
ir habt die erde, er hât daz himelrîche.
(12,6–8)

Walther, der sich zum Boten Gottes stilisiert, sieht den Kaiser als einzigen (!) irdischen Partner Gottes. Der Papst wird nicht erwähnt. Das ist eine Wiederholung durch Stillschweigen der in anderen Sprüchen begegnenden Ansicht, daß der Papst als seine Aufgabe die Reinerhaltung des Christentums, der christlichen Lehre, zu erkennen und wahrzunehmen habe.

Im Leich wird dieses fundamentale Verhältnis von Christentum und Christenheit behandelt und das Aufeinanderangewiesensein der christlichen Lehre und ihrer Verwirklichung in der Christenheit als Träger dieser Realisierung eindringlich beschworen:

sît er uns hât ûf ein gegeben,
sô suln wir uns niht scheiden.
swelch kristen kristentuomes giht
an worten, und an werken niht,
der ist wol halp ein heiden.
(7, 9–13)

Das Verhältnis von Gott und Kaiser wird im Spruch 12,6 als gegenseitige Schutzherrschaft gesehen, der eine ist *voget* im Himmel, der andere auf Erden. Eine ganz neue Variante des Dienst-Lohn-Denkens, wie es in der Kreuzzugsdichtung üblich ist, begegnet auf diese Weise:

Er läßt vor euch (ihr seid ja sein Schirmherr) Klage erheben: in seines Sohnes Land trotzt euch beiden zur Schmach die Heidenschaft. Ihr werdet ihm sicher mit Freuden zu seinem Recht verhelfen. Sein Sohn heißt Christ, der läßt euch mitteilen, wie er's vergelten wolle; so laßt ihn einen Bund mit euch schließen. Da wo er Schirmherr ist, wird er euch zu eurem Recht verhelfen, selbst wenn ihr gegen den Teufel aus der Hölle Klage erhebt. (Übs. H. Böhm, 12,9ff.)[3]

Gott als dem Herrn des Heiligen Landes zu seinem Recht zu verhelfen, erscheint als spezifische Kreuzzugsaufgabe des Kaisers.

Der Spruch 12,18 führt den Gedanken weiter. Nach der Herstellung des Landfriedens in Deutschland soll sich der Kaiser, so Walthers Mahnung, eines zweiten unerläßlichen Problems annehmen:

und süenent al die kristenheit,
daz tiuret iuch, und müet die heiden sêre.
(12,22/23)

[3] Die Gedichte Walthers von der Vogelweide. Urtext mit Prosaübersetzung von

suone, Frieden und Ruhe vor innenpolitischen Streitereien zu schaffen, wird als gesamtpolitische Aufgabe des Kaisers genannt; die Befriedung des Heiligen Landes erscheint hier als Ziel des Kreuzzugs, nicht die Vernichtung der Heiden, nicht auch allein die Befreiung des Heiligen Grabes. Die Schutzherrschaft des Kaisers im Heiligen Land wirksam werden zu lassen, ist neues Ziel der Kreuzzugsunternehmen.

Walther hat seine Vorstellungen von der Kreuzfahrt als einer kaiserlichen Notwendigkeit auch an Friedrich II. herangetragen und ihn offenbar in den langwierigen Verhandlungen der Jahre 1215 bis 1228 bis zur endgültigen Durchführung des lange versprochenen Kreuzzugs gemahnt und in seinem Vorhaben bestärkt. Im Spruch 10,17 läßt er dem Kaiser eine Botschaft übermitteln, als *sînes armen mannes rât.* Das Sendungsbewußtsein des *frôneboten* scheint nicht mehr zu bestehen.

Wie in den Sprüchen an Otto IV. mahnt er nun auch Friedrich II. um des *rîches* willen, sich mit seinem Entschluß gegen unbotmäßige Fürsten wie gegen die *unrehten pfaffen* durchzusetzen:

der helt wil Kristes reise varn: swer in des irret,
der hât wider got und al die kristenheit getân.
(29,18/19)

Auch hier begegnet wieder der Hinweis auf die ganze Christenheit. Diese kaiserliche Aufgabe ist in Walthers Augen offenbar so bedeutend, daß ihm im Hinblick auf das Gesamtinteresse eine gewisse listige Irreführung erlaubt zu sein scheint.

›Nu wachet! uns gêt zuo der tac‹ (L 21,25)

Die Kritik an der geistigen Verwirrung der Christenheit wird in Walthers Endzeitspruch fortgesetzt. Nicht nur die Verfinsterung der Sonne deutet auf das bevorstehende Jüngste Gericht. Mehr noch ist es die Pervertierung menschlichen Zusammenlebens:

Diu sunne hât ir schîn verkêret,
untriuwe ir sâmen ûz gerêret
allenthalben zuo den wegen:
der vater bi dem kinde untriuwe vindet,
der bruoder sînem bruoder liuget:

Hans Böhm. 3. Aufl. Berlin 1964. – Walther von der Vogelweide: Werke. Text und Prosaübersetzung (synoptisch), Erläuterung der Gedichte, Erklärung der wichtigsten Begriffe. Hrsg. von Joerg Schaefer, Darmstadt 1972.

geistlich leben in kappen triuget,
. . .
gewalt gêt ûf, reht vor gerihte swindet.
. . . (21,31 ff.)

Einige Elemente dieser Endzeitprophezeiung entstammen letztlich dem Markus-Evangelium (13, 1–37):

Brüder werden einander dem Tod ausliefern, und Väter ihre Kinder, und die Kinder werden sich gegen ihre Eltern auflehnen und sie in den Tod schicken.

Denn es wird mancher falsche Messias und mancher falsche Prophet auftreten und Zeichen und Wunder tun, um die Auserwählten irrezuführen, wenn das möglich wäre.

Aber in jenen Tagen, nach der Bedrängnis, wird die Sonne sich verfinstern und der Mond nicht mehr scheinen.

Was ich aber euch sage, das sage ich allen: Wacht!

Kennzeichnend für Walther ist der Zusatz, daß die Rechtsunsicherheit ein Zeichen der Endzeit ist. Dieses Thema hat ihn offenbar sein Leben lang umgetrieben.

Verrat und Gewalt unter den nächsten Verwandten und von Geistlichen geübt – Walther hatte wohl bestimmte Ereignisse im Auge. Die Erwähnung einer Sonnenfinsternis verweist auf die Zeit nach dem 27. November 1201, dem Tag, an dem sich die Sonne verfinsterte. Damit lassen sich die zeitkritischen Aussagen auf die Zeit um 1202 fixieren, auf die Geschehnisse also, die mit dem 4. Kreuzzug zusammenhängen.

Im Herbst 1201 gelangte Alexios IV., der Sohn des ehemaligen byzantinischen Kaisers Isaak Angelos, nach Deutschland und suchte Schutz und Hilfe bei seinem Schwager König Philipp, dem Gemahl seiner Schwester Irene. Alexios IV. und sein Vater waren Opfer einer Gewalttat geworden. Der Bruder des Kaisers, Alexios III., hatte 1195 den byzantinischen Kaiser vom Thron gestürzt, ihn geblendet und zusammen mit seinem Sohn gefangengesetzt. Im Sommer 1201 gelang dem Sohn die Flucht. Der Papst schwieg zu dieser verräterischen Gewalttat. Alexios IV. suchte auch vergeblich in Italien um Hilfe nach. Erst Philipp nahm sich der Opfer des Verrats an. Dadurch ergaben sich jene verhängnisvollen Entwicklungen, die dann dazu führten, daß mit Konstantinopel die Hauptstadt des Byzantinischen Reiches von einem christlichen Heer vernichtet wurde.

War es die Erschütterung über den Bericht des Alexios und das Schicksal der beiden Mitglieder des byzantinischen Kaiserhauses, die Walther zu dem anklagenden und mahnenden Spruch inspirierte? Verband sich mit dem Aufruf zum damals ohnehin propagierten Kreuzzug der Aufruf zur Hilfe für die Entrechteten? Welche Verwicklungen aus dem Hilfeversuch entstehen würden, konnte Walther um 1202 noch nicht ahnen.

Sicher ist, daß Walther damit zeitkritische und eschatologische Gesichtspunkte in die deutsche Kreuzzugslyrik verstärkt einführte. Burdach wies darauf hin, daß er sich mit dem Glauben an das nahe Weltende in Übereinstimmung mit den gleichzeitigen Prophezeiungen der Kreuzzugspredigt befand, die damals das Ende des Tausendjährigen Reichs und die Ankunft des Antichrists verkündete und sich dazu auf einen eigenhändigen Brief Christi stützte (S. 50).

Kritik an Kreuzzugskollekten, Papst und Christen

Walther sieht die Wurzeln für den seiner Meinung nach bestehenden Verfall der christlichen Kirche in ihrer Ausstattung mit Geld:

Solt ich den pfaffen râten an den triuwen mîn,
sô spraeche ir munt den armen zuo 'sê daz ist dîn':
ir zunge sunge und lieze ir hant vil manegem man daz sîn;
(L 10,25–27)

. . .
dô gap in êrste geltes teil der künic Constantîn.
het er gewest daz dâ von übel künftic waere,
sô het er wol underkomen des rîches swaere;
wan daz si dô wâren kiusche und übermüete laere.
(L 10,29–32)

Auch der Leich stellt fest, daß das Siechtum der Christenheit *von simonîe gar* kam(6,39). Dagegen erscheint der Klausner als Ideal christlicher Armut und Reinheit.

So muß des Papstes Anordnung vom April 1213, zur Vorbereitung eines Kreuzzugs Opferstöcke in allen Kirchen aufzustellen, in Walther tiefste Empörung ausgelöst haben. Ein Hang zu realitätsferner Spiritualität wird bei ihm erkennbar. Offenbar hat er völlig die Tatsache aus den Augen verloren, daß es unzureichende Finanzplanung war, die jene Katastrophe von Konstantinopel auslöste. Walther schleudert seine beiden bekannten Beschimpfungssprüche gegen den Papst:

Ei, wie christlich lacht jetzt der Papst, wenn er seinen Welschen erzählt: „Ich hab's folgendermaßen angestellt!" (Was er da erzählt, daran hätte er nimmermehr auch nur denken dürfen.) Er sagt: „Ich habe zwei Alemannen unter *eine* Krone gebracht, damit sie das Reich verwirren und verwüsten sollen. Währenddessen füllen wir die Truhen. Ich habe sie an meinen Stock getrieben; alles was sie haben, ist mein. Ihr deutsches Silber wandert in meinen welschen Schrank. Ihr Pfaffen, eßt Hühner und trinkt Wein, und laßt die deutschen Laien abmagern und fasten." (Übs. H. Böhm, L 34, 4 ff.)

Ebenso drastisch der zweite Spruch:

Gesteht, Herr Stock: hat euch der Papst hergesandt, damit ihr ihn reich und uns Deutsche arm macht und ausraubt? Sobald ihm die ganze Fülle zum Lateran kommt, so vollführt er wie früher ein Bubenstück: bis ihn abermals alle Pfarren gefüllt haben, erzählt er uns alsdann, das Reich sei in Verwirrung. Ich glaube, nichts von dem Silber kommt in Gottes Land zu Hilfe; große Schätze teilt die Hand von Pfaffen niemals aus. Herr Stock, ihr seid hergesandt, um Schaden zu stiften und aus deutschen Menschen Närrinnen und Verrückte auszusuchen. (Übs. H. Böhm, L. 34, 14 ff.)

Es scheint, daß Walther über allem berechtigten Zorn vergißt, daß menschliches Verhalten auch im Heiligsten, in der Kirche, ganz ungebrochen anzutreffen ist. Die alte christliche Einsicht in die Gegenwart des Göttlichen in aller irdischen Unzulänglichkeit, diese christliche Grundüberzeugung, die gerade auch im Gegensatz zum Islam gesehen und verteidigt wurde, kommt bei Walther wenig zum Ausdruck.

In der Tat ist denn auch der späte Walther den Weg entschiedener Weltabkehr gegangen, bis hin zu einer fast dualistischen Verachtung alles Vergänglichen. Die Lieder der Spätzeit zeigen das. Innerhalb der Kreuzzugsdichtung greifen Verbitterung über die eigenen Glaubensgenossen und Resignation Platz.

Eigentlich, so heißt es in Spruch 10, 9, muß Gott allein sich an denen rächen, die seines *erbelandes vînde sint.* Auf die Christen ist offensichtlich kein Verlaß. Sie betrügen Gott ebenso wie die Heiden, ja schlimmer als diese:

wan si meinent beide dich mit ganzen triuwen kleine.
an dîner râche gegen in, hêrre vater, niht erwint:
dû weist wol daz die heiden dich niht irrent eine.
die sint wider dich doch offenlîche unreine:
dise unreiner, diez mit in sô stille habent gemeine.

(L 10, 15 ff.)

Hier gerät Kreuzzugsdichtung zur Anklage gegen die Christen, die ihre weltgeschichtliche Sendung, ihren Glauben und Gott, verraten.

Die Elegie (L 124, 1)

Daß nicht ausschließlich bittere Kritik und Verachtung für Papst, Christen und Welt Walthers Altersdichtung prägen, zeigt im Bereich der Kreuzzugsdichtung die Elegie. Durch die Erwähnung *unsenfter brieve von Rôme* wird sie zumeist mit der Bannung Friedrichs II. 1227 in Verbindung gebracht.

Eine Bannung des *vogets* der Christenheit muß angesichts der von Walther vertretenen Ansichten über Kaiser und Reich und Christenheit als Katastrophe antichristlicher Ausmaße erscheinen.

Walther beschreibt, wie Zorn und Niedergeschlagenheit die Menschen erfaßt haben und sie veranlassen, ihre höfische Zucht zu vergessen:

Ouwê wie jaemerlîche junge liute tuont,
den ê vil hovelîchen ir gemüete stuont!
die kunnen niuwan sorgen: ouwê wie tuont si sô?
swar ich zer werlte kêre, dâ ist nieman frô:
tanzen, lachen, singen zergât mit sorgen gar:
nie kein kristenman gesach sô jaemerlîche schar.
nu merkent, wie den frouwen ir gebende stât:
die stolzen ritter tragent an dörpellîche wât.
(124, 18–25)

Auch die Natur, vor allem die zur höfischen Umwelt zählenden Vögel, sind durch die Klagen der Menschen beeinträchtigt. Walther stößt in diesem Lied noch einmal aus der Resignation am Diesseits mit seiner Vergänglichkeit und Unzulänglichkeit in die reinen Sphären des Ewigkeitsstrebens vor. Und dazu dient der Kreuzzug, so wie der Kreuzzug auch zur Kaisermanifestation diente. Der *vanitas* der Welt steht die Chance der Ewigkeit gegenüber, zu erlangen durch die Märtyrerkrone. Diese aber – und das ist neu gegenüber der Kreuzzugslyrik der Minnesänger um Friedrich von Hausen – kann nicht nur vom Kreuzritter, sie kann auch vom Söldner erstritten werden. Selbst der *nôtic arm man* Walther könnte diesen Lohn erlangen, wenn er (noch?) fähig wäre, am Kreuzzug teilzunehmen.

Damit wird die Wirklichkeitsdeutung der Elegie recht komplex. Das ist für den späten Walther allerdings nicht untypisch. Er verbindet Zeitkritik mit Vergänglichkeitsklage und Verzweiflung über die politische Schwächung des von Gott eingesetzten *vogets* der Christenheit durch den Papst und setzt dagegen die Überwindung irdischer Gebundenheit durch die Hinwendung zum ewigen Leben mittels des Kreuzzugs. Und schließlich erscheint wie in den Mädchenliedern die Loslösung menschlicher Vollkommenheit von ständischer Einordnung als Chance des Kreuzzugs. Walthers Ideal einer nach *werdekeit,* nicht nach Stand gestuften menschlichen Gesellschaft (Wisniewski, Hierarchie, S. 362ff.) verwirklicht sich unter transzendentalem Aspekt in der Kreuzzugswirklichkeit.

Zu untersuchen wäre, ob die bei Walther so prononciert vorgetragene Vorstellung, daß der Kaiser als *voget der kristenheit* eine quasi priesterliche Verantwortung wahrzunehmen habe und daß der Papst, wenn nicht überflüssig , so doch in seiner Funktion auf die Reinerhaltung der christlichen Lehre zu beschränken sei, von islamischen Strukturen beeinflußt wurde. Denn der Islam kennt im Kalifen den Herrscher über die Gesamtgemeinde, der als Imam geistliches, zugleich aber auch weltliches Oberhaupt ist. Namentlich die sunnitischen Kalifen waren zugleich politische und religiöse Leiter der islamischen Gesamtgemeinde. Diese Vorstellung übernahmen die schiitischen Fatimiden (969–1171), und bis in die Gegenwart ist im islamischen Bereich der Wunsch nach der Einheit von religiöser und politischer Macht und Regierung immer wieder verwirklicht oder doch angestrebt worden.

Fünftes Kapitel

KREUZZUGSTHEMATIK BEI SPRUCHDICHTERN DER SPÄTEREN ZEIT

Bruder Wernher

Unter diesem Namen sind fast 80 Strophen Spruchdichtung überliefert, und die Meistersinger rechneten ihren Verfasser zu den zwölf großen Vorbildern ihrer Kunst. Vom Leben Bruder Wernhers wissen wir wenig. Die Manessische Handschrift stellt ihn als Pilger mit einem Bündel dar. Kleriker war er wohl nicht. Vielleicht deutet die Bezeichnung ‚Bruder' darauf, daß er in späterem Alter als Laienbruder einem Orden angehörte.

Aus seiner Dichtung ist zu entnehmen, daß er wie Walther von der Vogelweide dem Hof zu Wien verbunden gewesen sein muß. Aber er scheint auch bis an den Rhein gekommen zu sein, und er nahm wohl an der Kreuzfahrt Friedrichs II. 1228/29 teil. Wernher darf als Walthers Nachfahre und Schüler gelten. Seine Dichtung ist jedoch auf Spruchdichtung beschränkt. Hier aber führt er Walthers politische Intentionen weiter, und er war wie Walther einer der bedeutendsten Kreuzzugsdichter des späteren Mittelalters.

Mit Walther teilt Wernher auch die Vorstellung von der quasi religiösen Stellung und Aufgabe des Kaisers. Der folgende Spruch (Schönbach 10)[1] läßt das besonders deutlich erkennen:

Got durch der werlde missetât êr eine dürnîn krône truoc,
dô in diu ungetoufte diet mit nagelen an daz kriuze sluoc:
her keiser, nîget im, sît er iuch sô gehoehet hât!
Sît ir der kristen krône traget, den er ze trôste gôz sîn bluot,
sô merket, waz ir saelden habet und waz er wunders durch iuch tuot,
sô rihtet mit der krône ouch, daz der sêle werde rât!
Hoeret ir die armen schrîen ‚wê'
von ungerihte? wie stât daz dem rîche?
sô vürhte ich, daz gelückes rat noch vor dem rîche stille stê.
ir rihtet hie, sô tuot ir saeleclîche.
sît daz wir alle hoeren dâ ze Pülle von gerihte sagen,
nû rihtet hie! daz wirt iu liep, swenne iuch die viere hin ze grabe tragen.

[1] Ausgabe: A. E. Schönbach, Beiträge zur Erklärung altdeutscher Dichtwerke, III und IV. Die Sprüche des Bruder Wernher. Sitzungsber. d. österr. Akad. d.

Der Vergleich zwischen Gott und Kaiser wird hier hinsichtlich ihrer Würde geführt. Der eine, mit der Dornenkrone gekrönt, hat die Menschheit befreit und ihr grundsätzlich das Tor zur ewigen Seligkeit wieder geöffnet. Der andere, mit der *kristen krône* gekrönt, trägt die Verantwortung dafür, daß die ihm anvertrauten Menschen, die die Christenheit bilden, aufgrund der Zustände im christlichen Reich nicht daran gehindert werden, die ewige Seligkeit zu erlangen: *sô rihtet mit der krône ouch, daz der sêle werde rât.*

Wernhers Kreuzlieder legen Zeugnis davon ab, daß die alte Bereitschaft, das Heilige Land zu verteidigen, unverändert ist und daß die christlichen Vorstellungen von Engeln, Teufeln und Heilsgeschichte noch ganz ungebrochen lebendig sind. Zwei zusammenhängende Spruchstrophen (Schönbach 40 und 41; Müller, Kreuzzugsdichtung 62) bewegen sich ganz im Sinne der Kreuzzugsaufrufe und enden mit einem Vorwurf an die Heiden:

Wir wâren gar vervallen
und ze êwiclîcher vluste vlorn,
wir wâren in der vinster mit gesehenden ougen blint;
Wir sint von im ze liehte komen!
swer daz behalten wil,
der helfe rechen, daz im ist sîn lant genomen,
sîn kriuze und ouch sîn grap: des ist ze vil
den gar verworhten, die dâ mit uns hânt ze leide ir reizenspil!

Wenn man mit Schönbach annimmt, daß hier gemeint ist, die Heiden benutzten den Besitz Jerusalems dazu, die christlichen Pilger anzulocken und zu verderben, jedenfalls aber auf allerlei Weise zu schädigen, dann sieht man die gegenüber der frühen Kreuzzugsdichtung veränderte Lage im Heiligen Land recht klar vor sich. Es geht nicht mehr um bedeutende Kriegszüge und Schlachten, durch die das Heilige Land erobert oder verteidigt werden soll. Es geht jetzt um die alltäglichen Zankereien und Belästigungen bei den Pilgerfahrten zu den unter moslemischem Protektorat stehenden heiligen Stätten der Christenheit.

Wernher geißelt vor allem aber auch die Christen, die den Kaiser im Stich lassen – den Kaiser, den er in besonders erhabener Stellung als Schirmherrn des Heiligen, wie auch jedes von Christen bewohnten, Landes sieht. So schilt er von Jaffa aus alle, die nicht bereit sind, freigebig zu sein.

Sobald ich von Akkon hierher gezogen komme, in den Hafen der Deutschen, erklingt meine Kunst weit und breit, so daß mancher gewiß eidlich dawider sich versi-

---

Wiss. Wien, Phil. Hist. Kl. Bd. 148; 150 (1904). – Ulrich Müller, Kreuzzugsdichtung Nr. 60–64.

chern möchte, der von Beschämungen (dabei) nicht verschont wird. Möge ich die übernommene Reise zu Christi Grabe niemals ausführen können, wofern ich diese Leute nicht noch mit Scheltliedern treffe! Für eine Zeitlang gestehe ich ihnen allen Frieden davor zu, daß ich ihre Laster durch meinen Gesang offenbare. (So verspreche ich) und weiß doch ganz sicher, daß ich, auch wenn man mich mit dem Strange strafen müßte, es nicht zu unterlassen vermag, sie mit Zwang zu bedrängen. (Und dieses wieder tue ich) und weiß doch ganz sicher, daß ich leichter einen Stein so mit Riemen schnürte, daß man ihm Blut aus der Ader lassen könnte, bevor ich einem geizigen Bösewicht freigebigen Sinn abzuzwingen vermöchte. (Übs. von Schönbach, 39, Müller, Kreuzzugsdichtung 63.)

Der Hafen der Deutschen muß Jaffa sein. Denn Anfang 1228 war Friedrich II. von Akkon aufgebrochen, um die Hafenstadt Jaffa zu befestigen und zu einem Ausgangspunkt militärischer Unternehmungen zu machen. Daß dieses Vorhaben sehr umstritten war, wissen wir aus den Akkonsprüchen des Freidank. Dennoch wurde das Werk am 18. Februar 1229 vollendet. Es war derselbe Tag, an dem Friedrich II. seinen berühmten und umstrittenen Vertrag mit Sultan el-Kamil abschloß. Am 18. März 1229 zogen die deutschen Pilger dann zum Besuch des Heiligen Grabes nach Jerusalem. Wernher wird also vermutlich nach Fertigstellung des deutschen Hafens Jaffa dorthin gekommen sein, um von dort aus nach Jerusalem aufzubrechen. Ob der Wunsch nach Freigebigkeit persönlicher oder politischer Natur ist, läßt sich leider nicht erkennen.

Nimmt man allerdings den Spruch 63 (Müller, Kreuzzugsdichtung 64) hinzu und bezieht beide Sprüche auf vergebliche Unterstützungswünsche Friedrichs II. an die Kreuzfahrer, dann ergibt sich ein recht deutliches Bild der Vorgänge.

Spruch 63 enthält eine Fabel. Ein Affe, der übers Wasser wollte, bittet eine Schildkröte *(schorpe)*, ihn hinüberzutransportieren. Mitten auf dem Wasser fordert die Schildkröte das Herz des Affen, kommt aber dem Land etwas zu nahe, so daß der Affe an den Strand springen und entkommen kann. Wernher gibt die Auflösung:

daz sult ir vür ein bîspel ouch emphân:
der keiser der ist komen ûz und ist gesprungen an den stat;
ir mietegernden schorpelîn, er tuot iuch des an saelden mat!

Wernher spielt hier anscheinend auf Ereignisse bei der Rückkehr Friedrichs II. aus dem Heiligen Land an. Er hatte, während er noch im Heiligen Land weilte, erfahren, daß Truppen des Papstes in Apulien und Sizilien eingefallen waren. Vergeblich versuchte er, deutsche Kreuzfahrer dazu zu bewegen, ihm in Italien Hilfe zu leisten. Durch widrige Winde gezwungen, landeten die Kreuzfahrertruppen dann doch in Italien, wo Friedrich gerade angekommen war, und halfen schließlich dem Kaiser beim Kampf gegen seine Feinde. In der Tat: der Kaiser hatte in diesem Fall die widerspenstigen Kreuzfahrer *an saelden mat* gesetzt. Er hatte das größere Glück.

Im Spruch Nr. 2 (Müller 61) nimmt Wernher die Ausdehnung des Kreuzzugsbegriffes vor. Der Kaiser als Schutzherr der Christenheit sei verpflichtet, auch gegen Glaubensverirrungen in Europa vorzugehen. So erwähnt Spruch 32 (Müller 60) in derselben Weise auch eine Sachsenfahrt.

Insgesamt läßt sich feststellen, daß Wernher die beiden Seiten späterer Kreuzzugssprüche erkennen läßt. Die religiös-theologische Wirklichkeit christlicher Heilslehre in bezug auf die Kreuzzüge dauert unverändert an. Daneben aber richtet sich der Blick des Spruchdichters auch auf die wenig erfreuliche, leider allzu menschliche Wirklichkeit materieller Auseinandersetzung im Heiligen Land, wobei Heiden und Christen offenbar in gleicher Weise Kritik verdienen.

Freidank

Über Freidanks Leben wissen wir so gut wie nichts. Er war Süddeutscher, und es scheint, daß er vor allem im schwäbischen Raum lebte und dichtete. Rudolf von Ems erwähnt ihn um 1235. Die Akkon-Sprüche Freidanks beziehen sich auf den Kreuzzug von 1228/29, so daß die Entstehung des einzigen von ihm bekannten Werkes, der Spruchsammlung ›Bescheidenheit‹, in die zwanziger Jahre des 13. Jahrhunderts gesetzt werden kann.

Die ›Bescheidenheit‹ enthält eine Reihe religiöser, ja man darf sagen theologischer Sprüche. Offenbar besteht ein ungebrochener Traditionsstrom von der frühmittelhochdeutschen Lyrik dieser Art bis zu der des späteren Mittelalters, wenn auch die Abflachung zu volkstümlicher Spruchweisheit unübersehbar ist. Das gilt für alle hier herangezogenen spätmittelalterlichen Spruchgedichte. Eines von Freidanks Gedichten nimmt deutlich Stellung gegen Juden und Heiden. Dabei erscheinen wiederum exakt die Hauptstreitpunkte zwischen Christentum auf der einen, Judentum und – worauf Freidank weniger deutlich eingeht – Islam auf der anderen Seite.

In der ersten Strophe (24, 6)[2] wird das Wunder der jungfräulichen Geburt und der Unberührtheit Mariens in den Symbolen des Mandelbaums (das ist Aarons blühender Zweig, Num. 17, 8) und des Gleichnisses von der Sonne, die durch das Glas scheint, ohne es zu verletzen, beschrieben. Die

[2] Fridankes Bescheidenheit, hrsg. H. E. Bezzenberger. 1872. Ulrich Müller, Kreuzzugsdichtung Nr. 72. – Freidank: Bescheidenheit. (Texte zur Forschung.) Komm. und hrsg. von Gunter Eifler, in Vorb. Darmstadt 1984.

Dreieinigkeit, das zweite Ärgernis für Juden und Heiden, wird am Zusammenwirken von Holz, Saite und Klang der Harfe verdeutlicht, sowie an der Sonne, aus der Feuer und Glanz hervorgehen, wobei doch die Sonne ein Ganzes und eine Einheit bleibt. Der Verfasser gibt zu, daß auch ihm dieses Wunder der Dreieinigkeit Gottes unbegreifbar ist, aber er fordert den Glauben, und er schließt (25,9) mit einer Strophe ab, die ein wohlbekanntes Christuswort durch den Zusammenhang mit den anderen Strophen in einer interessanten Deutung vorführt:

Krist selbe zuo den juden sprach,
dô er des keisers münze sach:
‚ir sult gote unde dem keiser geben
ir reht, welt ir rehte leben.‘

Offenbar wird diese Aussage Christi als Beleg für den Anspruch Gottes auf Glauben gedeutet. Daß wiederum die Kombination Gott und Kaiser – und hier sogar vom Neuen Testament mit besonderer Autorität versehen – angeführt werden kann, war sicherlich ein beabsichtigter Nebeneffekt.

Die anderen theologischen Sprüche Freidanks können übergangen werden, weil sie gegenüber den frühmittelhochdeutschen vergleichbaren Dichtungen nichts bringen, was im Hinblick auf die Islam- (und, so muß man bei Freidank hinzufügen, Judentum-)Diskussion neu wäre.

Von großer Bedeutung für das Wirklichkeitsverständnis in der späteren Kreuzzugslyrik sind dagegen Freidanks Akkon-Sprüche (154,18–164,2). Nach dem Annolied mit seinem Lob Kölns und der Weltstädte des Altertums und nach Walthers Lob des Wiener Hofes stellen Freidanks Sprüche keineswegs ein panegyrisches Gedicht auf die heißumkämpfte und in der Zeit nach 1187 oftmals wichtigste Trutzburg der Christen im Heiligen Land dar. In der ersten Strophe spricht Freidank es vielmehr deutlich aus:

Maneges wunsch ich hân vernomen,
der seite ‚und waere ich z'Akers komen,
gesaehe ich niht wan'z hêre lant,
ichn ruochte, stürbe ich ze hant.‘
die sihe ich alle gerne leben
und vaste wider ze lande streben.
(154, 18 ff.)

In Vers 154,20 sollte man mit der Hs. A statt *hêre* lieber *reine* lesen, denn die Sprüche leben von dem Kontrast, daß die Sehnsucht vieler Pilger und Kreuzfahrer nach dem Heiligen Land sehr bald durch die Erlebnisse im unreinen Akkon in Abscheu und Streben nach baldiger Heimfahrt verkehrt wird.

So ist die erste Spruchfolge (154,24–155,22) der Ausplünderung gewidmet, der sich der Neuling in Akkon ausgesetzt sieht:

Akers gar verslunden hât
silber, golt, ros unde wât,
und swaz geleisten mac der man,
niht in des enpfliehen kan.

Das könnten auch dreißig Heere nicht verhindern. In Rom und in Akkon gibt es eine Art zu leben, die alles in kurzer Zeit verprassen läßt und zur Bereicherung der ansässigen Bevölkerung führt. Da Akkon von dieser Verhaltensweise nicht ablassen will, so ist *scheren* (das Gut verlieren) immer noch besser als *schinden* (Leib und Leben verlieren).

Wie leicht man in Akkon Krankheit und Tod erleiden kann, stellen die Strophen 155,23–156,27 dar. Infolge des Klimas, das für die Europäer und besonders für die aus Mitteleuropa kommenden Deutschen gefährlich ist, sterben viele:

Akers diu ist sühte rîch,
der tôt ist dâ sô heimelîch (= heimisch),

aber stürben auch tausend jeden Tag, man hörte keine lange Klage. Vielmehr ist die erste Frage nur die nach dem Nachlaß des Verstorbenen. Der Friedhof ist ein vielbeschäftigter Wirt:

Ze Akers ist mir wol erkant
spîse, luft, liute und lant;
diu sint den Tiuschen dâ gehaz.
sô slîchet maneger über daz
zem frîthof, derst ein saelic wirt;
dem manic gast ze teile wirt;
der tuot dâ daz beste,
er enpfâhet alle geste.
Akers ist des tôdes grunt,
da ist niht wan tôt od ungesunt;
und stürben hundert tûsent dâ,
man klagete ein esel mê anderswâ.
(156,16ff.)

Eingerahmt von diesen Versen über die Raffgier der dort lebenden Menschen und die Gefährlichkeit der Lebensumstände steht Freidanks Urteil über die einheimischen Christen. Er nimmt sie von den Vorwürfen nicht aus und stellt sie in eine Reihe mit den Heiden:

Kristen unde heiden
sint z'Akers ungescheiden;
aller bilgerîne kraft
scheidet niht ir gevaterschaft.
beide alten unde jungen
sprechent heidenische zungen.

in ist ein heiden lieber bî
dan zwêne kristen oder drî.
dâ von ist niht ein wunder,
slahent s'valsch dar under.
(156,6–15)

Eine neue Konfrontation ist entstanden. Nicht mehr Christen stehen gegen Moslems, sondern Kreuzfahrer gegen Einheimische und insbesondere gegen betrügerische Einheimische.

Nicht nur die in Palästina Geborenen, auch die Eingewanderten haben die unerfreulichsten Sitten angenommen. In Akkon haben viele ihre Lebensweise geändert, und zwar zum schlechteren. Anstatt die Sünden, zu deren Buße sie das Kreuz genommen hatten, abzulegen und als Streiter Christi zu leben, begehen sie nur größere Sünden. Wenn das die Buße ist, die ihnen der Papst auferlegte, sagt Freidank, dann kann auch Judas noch auf Vergebung hoffen (157,1–4 in der Interpretation von Bezzenberger).

Untreue und Verrat sind in Akkon so groß, daß

ein her, des hundert tûsent sint,

schneller verkauft wird als anderswo zehn Ochsen. Leider bleibt es unklar, ob diese Stelle auf ein bestimmtes Ereignis zu beziehen ist, doch wird sehr eindrucksvoll dargetan, wie leicht selbst ein großes Heer im Nahen Osten „verschaukelt" wird. Vielleicht ist mit diesen Versen (157,5–8) auf den drohenden Verrat der Templer und Hospitaliter am Kaiser und seinem Heer angespielt, der vom Sultan in einer großmütigen Geste dem Bedrohten mitgeteilt wurde.

Die Verse 157,9–16 beziehen sich wohl auf die Renovierung der Befestigungsanlagen von Jaffa, die von Friedrich II. durchgeführt wurde. Auch dies ist jedoch vergebene Mühe, denn die Festung kann nur die Heiden, nicht aber die ansässigen Christen abwehren, und diese sind an der Anlage uninteressiert, weil sie ein gutnachbarliches Verhältnis mit den Heiden anstreben. Die Verse 157,17–20 schlagen ein anderes Thema an. Papst und Patriarch von Jerusalem tragen zu den allgemeinen Verwirrungen bei, indem sie die Kreuzfahrer bannen. Das Kreuz wurde zur Erlösung von Sünden gegeben sowie genommen, und um das Heilige Grab zu befreien. Aber wenn man dies durch Bann verhindern will, wie sollen Kreuzfahrer, in dieses Dilemma gestellt, nun noch ihre Seele retten? Freidank gibt die Antwort:

Dehein ban vor gote verrer gât,
wan als des mannes schulde stât.
gehôrsam ist al eine guot,
die wîle der meister rehte tuot;

wil der meister ieman twingen
von gote z'unrehten dingen,
dâ sol man den meister lân
und sol dem rehten bî gestân;
(157,21–158,1)

Diese Formulierung des Widerstandsrechts gegen unrechten Bann wird allerdings durch die grundsätzliche Feststellung relativiert:

der ban sî krump oder sleht,
man sol in fürhten; daz ist reht.
(158,2/3)

Auf die Kritik am Papst folgt die Kritik am Kaiser, dem anderen höchsten Vertreter der Christenheit. Die Geheimverhandlungen des Kaisers mit dem Sultan erregen Anstoß und Zweifel am guten Ausgang:

ob daz âne hôhen rât
ze êren unde ze fröude ergât?
(158,8/9)

Das Recht und die Pflicht der hohen Würdenträger zu *helfe unde rât* stehen offenbar auf dem Spiel. Das *rûnen* des Kaisers mit dem Sultan erinnert Freidank an eine Sentenz über *Vilkarc* und *Samkarc,* die vergeblich versuchen, drei Mark in zwei gleiche Hälften zu teilen. In nicht zu überbietender Deutlichkeit stellt Freidank fest:

der keiser unde der soldân
hânt dem gelîch getân.
(158,20/21)

Zwei Versfolgen (158,22–27 und 160,5) stellen Fragen im Hinblick auf die Umstände des Kreuzzugs Friedrichs II. Wo fuhr jemals ein Kaiser über das Meer *im banne und âne fürsten her, âne schatz,* aber ausgesetzt dem *widersatz* der Menschen in einem Land, *dâ got noch man nie triuwe vant,* umgeben von der Feindschaft der *heiden* und *pfaffen* und den *ungetriuwen raeten* der Einwohner. Bei solchen Gegebenheiten würde auch die Weisheit Salomons nichts ausrichten können. So steht des Kaisers Ansehen auf dem Spiel:

sîn êre muoz hie stîgen
oder sêre nider sîgen.
(159, 27f.)

Allen Widrigkeiten zum Trotz gelang es Gott und dem Kaiser (160,16) dennoch, das Heilige Grab zu erlösen. Die Sünder haben wieder freien Zugang zu den heiligen Stätten in Jerusalem, wenn diese selbst auch in der

Hand der Moslems bleiben. Zum Dank dafür müßte der Bann aufgehoben werden, aber Rom will das nicht:

swaz âne ir urloup guots geschiht,
dem wellent s'keiner staete jehen;
nû ist daz âne ir danc geschehen.
(160,21–23)

Von Vers 161,1 ab schlägt Freidank ein neues Thema an. Es geht um die Widerspenstigkeit der Einheimischen, die nicht bereit waren, den Kaiser bei der Rückeroberung des gesamten Heiligen Landes zu unterstützen. In Vers 161,3 sollte daher das Wort *wider* erhalten bleiben, auch wenn dadurch syntaktische Schwierigkeiten entstehen. Der Sinn des Verses ist wohl: die Einheimischen wollten nichts vom Heiligen Land zurückhaben. Sie fragten vielmehr, was Sünder mehr brauchen als das Grab und die Verehrung des Kreuzes. Hätten die Einheimischen zum Kaiser gehalten, dann wären in seiner Hand

Nazarêth und Bethlehêm,
der Jordân und Jerusalêm,
dar zuo manic heilic stat,
dâ got mit sînen füezen trat,
Surje und Jûdêâ,
vil schoenes landes anderswâ.
(161,15–20)

Nun muß man zwar zufrieden sein, daß den Pilgern wenigstens die Wege zu den heiligen Stätten offenstehen, doch Freidank kommt nochmals auf die unglaubliche Tatsache zurück, daß das Heilige Land nicht zurückerobert wurde, obwohl die Möglichkeit dazu bestanden hätte.

Ich sach, daz man Kristes lant
ân offenlîche wer dâ vant.
dô manz gewinnen solte,
niemanz dô weren wolte.
der tiuvel hât daz lant ernert,
sît ez dô nieman hât erwert.
daz sîn niht mêre ertwungen ist,
daz understuont des tiuvels list.
swer schuldic sî, daz rihte got,
daz wir dâ sîn der Walhe spot: . . .
(162,26–163,8)

Hier scheint sich die Kritik an den Einheimischen mit der am Kaiser zu verbinden. Jedenfalls läßt das Offenhalten der Schuldfrage auch diese Antwort zu.

Zu einem wahren Verzweiflungsschrei gerät Freidanks Klage über die Bannung Jerusalems nach dem Einzug Friedrichs II. durch den Patriarchen Gerold.

got hêrre, wâ sol man dich loben,
sît dîn stat verbannen ist,
dâ inn' dû, hêrre unde krist,
würde gemartelt unde begraben?
dîns glouben êre ist abe geschaben,
sündern ist ir trôst benomen;
wâ sol man sünden z'ende komen?
des zwîvelt al diu kristenheit.
got hêrre, lâ dir wesen leit,
daz nieman mac beschoenen.
der ban wil gehoenen
daz grap und alle kristenheit;
des wirt der ungeloube breit.
(162, 13–25)

Aber wenn auf diese Verse die oben zitierten folgen, die die Schuld für die unterlassene Rückeroberung nicht zuzuweisen wagen und die feststellen, daß der Teufel seine Hand im Spiel gehabt haben muß, dann stellt sich die Frage, ob hier nicht hintergründig recht eindeutige Kritik am Kaiser geübt wird, zumal schon die fragenden Verse 157, 22ff. und 160, 5ff. in diese Richtung weisen.

Den Abschluß der Akkon-Sprüche bildet die Aussage:

Für sünde nie niht bezzers wart
dan über mer ein reiniu vart;
(163, 17/18)

– selbst für den, der nicht das Heilige Grab zu sehen vermag. Schon die Fahrt nach Akkon ist heilsträchtig, ja, Akkon erscheint schließlich als eine Art Purgatorium:

Akers ist des lîbes rôst
und doch dâ bî der sêle trôst;
des sult ir âne zwîvel wesen,
swer dâ rehte stirbet, derst genesen.
(163, 25–164, 2)

Man sollte die Akkon-Sprüche von diesen letzten Versen her deuten. Die Stadt gerät für den Sünder zum Marterwerkzeug und bewirkt gerade dadurch Erlösung. Damit relativiert sich selbst die schonungslose und krasse Anprangerung der wenig erfreulichen Seiten menschlicher Wirklichkeit. Der Verfasser bleibt dabei nicht stehen und nimmt nicht etwa sie für das eigentliche, realistische Leben, das von idealistischen Verhüllungen 'entlarvt' wurde. Die Idee der Kreuzfahrt wird von Freidank in diesen Sprüchen keinen Moment lang in Frage gestellt. Vielmehr enthalten die Sprüche die Mahnung, die geistige wie materielle Prüfung im Heiligen Land zu bestehen und – angesichts der gar nicht reinen und heiligen Umgangsformen der dortigen Bewohner – nicht den Sinn alles Irdischen zu vergessen, sondern zur Überwindung des Unzulänglichen aufzufordern und bereit zu sein. Auch hier gilt wieder die christliche Formel: Gott offenbart sich in menschlicher Schwäche und führt durch Anfechtungen zum Heil.

Das schonungslose Offenlegen des Fehlverhaltens der Christen, der einheimischen wie der zugewanderten, des Papstes wie des Patriarchen von Jerusalem und – partiell und am wenigsten deutlich – des Kaisers wird von Freidank fortgeführt als Kritik an den Repräsentanten der Christenheit. Dieses Thema verdrängt die Auseinandersetzung mit dem Islam. Es entspringt aus der Sorge und dem Zorn über die wenig angemessene Verwirklichung christlicher Lehren und aus der Verzweiflung über die fehlende Einsatzbereitschaft, mit Leib und Leben den christlichen Glauben zu verteidigen. Dies war es, was denkende und offenbar tief religiöse Zeitgenossen wie Walther und Freidank zu ihrer Art der Kreuzzugsdichtung trieb. Ein Schuß Weltüberdrüssigkeit und fast dualistische, spiritualistische Reinheitssehnsucht kam offenbar bei Walther hinzu. Freidank scheint die christliche Glaubenstatsache, daß die Kirche und die Christenheit in Schwäche und Unzulänglichkeit ihrer Vollendung entgegengehen, besser als Walther verstanden und zur Grundlage seiner Akkon-Sprüche gemacht zu haben. „Nur an dem göttlichen Wagnis einer Kirche der Versagenden, der Mittelmäßigen, der an die Geschichte und ans eigene armselige Herz Ausgelieferten kann sich erproben, was Glauben heißt, Glaubensdunkel, Glaubensqual und Glaubensgewalt. Allen Spiritualen des reinen Geistes . . . rufen wir ins Angesicht, was in der Urzeit der Kirche Tertullian den Gnostikern zugerufen hat, die Ärgernis nahmen an der aus dem Weibe geborenen und am Kreuzpfahl aufgehängten Menschgestalt Gottes: ‘Was zerstörst du denn diese notwendige Schande unseres Glaubens? . . . Das Heil finde ich, wenn ich nicht zuschanden werde an meinem Herrn.’“ (H. Rahner, S. 13f.) Nur in gnadenvollen Stunden, sagt Rahner von der Kirche, sehen wir den Goldglanz ihres Wesens durch die Risse ihres elenden Pilgergewands schimmern. Von diesen Einsichten her, die in höchstem Maße der menschlichen Wirklichkeit entsprechen und alle Seiten ihres Wesens umfassen, werden die Akkon-Sprüche begreifbar. Es geht nicht um desillusionierte Kritik und Absage an die Kreuzfahrten.

Meister Alexander (Der wilde Alexander)

Aus dem letzten Viertel des 13. Jahrhunderts dürften einige Dichtungen stammen, die unter dem Namen ‚Der wilde Alexander' überliefert sind. Es hat sich wohl um einen Fahrenden gehandelt, der in Oberdeutschland, vielleicht im Alemannischen, dichtete. Unter den Sprüchen finden sich zwei, die Sion in den Mittelpunkt stellen. Es wird vielfach angenommen, daß sie sich auf den Fall Akkons oder Jerusalems, vielleicht auch auf die Auslöschung des ganzen Königreichs Jerusalem beziehen. Obwohl dies unsicher bleibt, seien die beiden in ihrer düsteren Endzeitstimmung ungemein eindrucksvollen Sprüche kurz besprochen.

Sion oder Zion war ursprünglich der Name des Hügels im Südosten von Jerusalem. Durch seine steil abfallenden Wände galt er als starke und kaum einnehmbare Festung. Unter Salomo wurde der Name auf den Tempelberg bezogen und dann auf die ganze Stadt Jerusalem.

Ein wint der wæt von Babilôn
an die starken burc Sîôn,
daz ir wende krachen.
sô starc ist ouch der selbe wint
daz in staeten sorgen sint
die der bürge wachen.
(II, 5, 1–6)[3]

Parallel zu diesem Spruch steht ein anderer mit ähnlicher Endzeitmotivik:

Sîôn, trûre:
dîn burcmûre
hât von schûre
und von winde manigen stôz.
dû nâch weine
dem ortsteine,
der al eine
dîne wende zesamene slôz:
abe nam der wint mit zangen
sînen kloben.
(IV, 1, 1–10)

Beide Strophen verbinden eine sehr konkret erscheinende Beschreibung eines zerstörerischen Sturmes, der an den apokalyptischen Endzeitsturm erinnert, mit Andeutungen eines übertragenen Sinnes. Namentlich das Adjektiv *hôchvertic* deutet auf Sünde und Übermut:

[3] Ausgabe in: Carl von Kraus, Liederdichter Nr. 1.

nu loese uns von der selben nôt
der winden unde mere gebôt
daz ir gar hôchvertiger sturm
ruowete von den worten sîn.
(II, 5, 7–10)

Der andere Sinnspruch stellt Christus als den Wächter heraus:

nû lâ toben
daz volc, lâ die wahter slâfen:
unser künic ist ûf gegangen
und sîn her
an die wer.
(IV, 1, 11–15)

Auch dem wilden Alexander bleibt nur noch die Mahnung, auf Gott zu vertrauen:

Sîôn, lâz den zwîvel dîn,
wan Krist der ist dîn stæter turm.
(II, 5, 11/12)

Angesichts der als unerträglich empfundenen Wirklichkeit schaut der Christ auf das Allgemeingültige, das die konkrete Einzelsituation selbst dann noch ertragbar macht, wenn sie völlige Verzweiflung aufkommen zu lassen droht.

Hawart

Hawart, der Spruchdichter und Minnesänger, ist weder zeitlich noch räumlich sicher einzuordnen. Lebte er um die Mitte des 13. Jahrhunderts in Tirol als Ritter, oder war er jener *dominus Havvardus,* der 1246 im Gefolge Konrads IV. bezeugt ist, oder gehörte er gar nach Straßburg und lebte um die Wende vom 13. zum 14. Jahrhundert als Sproß jener Familie, die von der Hauergasse ihren Namen nahm?

Seine Klage über die Wirren im deutschen Reich können auf die Zeit des Interregnums bezogen werden, das 1254 mit der Doppelwahl weniger beendet als in anderer Form fortgesetzt wurde:

Dir, herre, klagen wir armen grôzer ungenâden mêre.
der tievel hât gesât den sînen sâmen in diu lant,
daz sî verworren sint.
wir sîn ouch mit gerihte niht berihtet alzesêre.
der rehten werlde guot gerihte schuof iedoch dîn hant
ze schirmen dîniu kint.
witwen unde weisen weinent

daz die fürsten niht vereinent
sich mit einem roemschen vogte. . . .
(I, 3, 1–9)[4]

So trostlos wie die Lage im deutschen Reich muß sie offenbar zu Hawarts Zeit auch im Heiligen Land gewesen sein:

Wie lange suln die heiden uns mit dînem lande pfenden?
Crist herre, dâ von ist des ungelouben worden vil
und wahset alle tage:
die nôt solt dû mit dîner hêren goteheite wenden,
wan dîner cristenheite trûren daz ist gar ir spil
und sîn wir in der klage
daz wir in dem jâmer sitzen.
(I, 2, 1–7)

Die Bitte an Gott, daß er das Heilige Land den Christen zurückgeben möge, und das Fehlen der Mahnung, für die Befreiung des Erblandes Christi in einem Kriegszug zu kämpfen, deutet auf eine völlig aussichtslose Situation im Heiligen Land und auf das Fehlen von Kreuzzugsbemühungen.

Damit dürfte Hawart die Jahre zwischen 1240 und 1290 im Auge haben, die Endzeit der Kreuzfahrerstaaten. 1239 lief der Vertrag aus, den Friedrich II. mit Sultan el-Kamil geschlossen hatte. Die Moslems besetzten Jerusalem noch im selben Jahr. Zwar konnte es noch einmal für kurze Zeit von einem kleinen Kreuzfahrerheer zurückerobert werden. Das Königreich Jerusalem erlangte sogar durch günstige Vertragsabschlüsse seine größte Ausdehnung, doch läutete wenig später, im Jahr 1244, der endgültige Verlust Jerusalems und die verheerende Niederlage bei Gaza das Ende der Kreuzfahrerstaaten überhaupt ein. 1247 fielen Askalon und das östliche Galiläa an die Moslems. 1263 gingen Nazareth, Cäsarea, Haifa, Toron, Arsuf und der Rest Galiläas verloren. 1268 fielen Jaffa und Antiochia. Auch Ludwigs IX. von Frankreich Kreuzzüge von 1248 und 1270 konnten das Blatt nicht mehr wenden. 1291 fiel Akkon. Tyrus, Beirut, Sidon wurden von den Christen geräumt.

Die Aufforderung Hawarts gilt nicht der Rückeroberung. Er erhofft sich nur noch eine Wende durch die Kraft des christlichen Glaubens und die Überwindung des Irrglaubens:

nû stiur uns mit rehten witzen,
stoere enzît den irtuom, sô gelît ir spot.
wunderlîcher got, nu mache
daz dîn ermiu cristenheit erlache.
(I, 2, 8–11)

[4] Ausgabe: Carl von Kraus, Liederdichter Nr. 19.

Die voraufgehende erste Strophe dieser dreistrophigen Spruchfolge weist noch deutlicher auf die Gefahr des scharenweisen Abfalls vom christlichen Glauben hin:

nû nemt, ir verkêrten cristen,
die dâ werben mit den grimmen listen,
baz bî dem gelouben iuwer sêle war.
für den ungelouben suln die rehten segenen sich.
(I, 10–13)

Der Sorge, daß immer mehr Christen sich angesichts der desolaten politischen Lage von ihrem Glauben abwenden, gilt auch das Kreuzlied Hawarts. Die erste Strophe gibt die Ausgangssituation:

Crist enbiutet sîniu maere
sîner lieben cristenheit,
swaz an ir sî wandelbaere
daz sî sîner bermde leit.
in erbarmet daz diu trift ist alsô grôz
ûf der wîten helle strâze
die sîn lant kriuz unde grap suln machen blôz.
nû dan von dem übelen wâze:
got hât gelobet, er schaffes eine mâze.
(II, 1, 1–9)

Zu einer ganz neuen Art der Hinwendung zum Kreuz wird aufgerufen. Nicht die bewaffnete Kreuzfahrt, sondern die geistige Umkehr und Rückbesinnung auf das Kreuz ist notwendig:

Nû tuo, sünder, ûf dîn ôre,
hoere süeze boteschaft:
dir gît in dem zehenden chôre
dîne stat diu gotes kraft.
die verstiez her abe untriuwe und übermuot,
die sint leider hie gesinde;
dâ von ist daz zeichen mit dem kriuze guot,
daz der tievel iht verslinde
sô grôzen teil an manger muoter kinde.
(II, 2, 1–9)

Die Parallele zwischen dem Sündenfall der Engel und dem Abfall der Christen vom Glauben führt zur doppelten Funktion des Kreuzes als Zeichen der Erlösung vom Sündenfall und als Zeichen des Schutzes gegen Sünde und Unglauben.

Auch in diesem Lied ist die Mahnung an die Christen verbunden mit der Bitte an Gott und die Gottesmutter, in diesem Elend der Christenheit zu helfen:

und gedenke waz dîn cristenheit nu dol
von den juden und von den heiden:
des gelouben itewîz tuot in vil wol.
suln wir in daz selbe erleiden,
sô muoz uns helfe komen von iu beiden.
(II, 4, 5–9)

Barthel Regenbogen

Der Meistersinger Barthel Regenbogen lebte um 1300, zuletzt vermutlich in Mainz. Dort dürfte er nach 1318 gestorben sein. Er widmete Frauenlob einen tiefempfundenen Nachruf, obwohl jener sein schärfster Rivale war. Die späteren Meistersinger reihten Barthel, der Schmied von Beruf war, unter die zwölf Meister ein, die sie sich zu Vorbildern nahmen. Barthel dichtete zur Zeit des Interregnums. Er beschreibt schonungslos die Rechtlosigkeit und Gewalttätigkeit, die in Deutschland herrschten, als zwei Könige (Alfons von Kastilien und Richard von Cornwall) regierten. In einem Spruch verkündet er, daß Kaiser Friedrich das Land aus diesen Nöten befreien wird. Er zeichnet eine Vision umfassenden Friedens:

Wib unde man
gent ane wer,
beide, vruo unde spat',
so wirt der vrid' danne also guot
in landen und uf vesten,
einz grift daz ander nindert an,
so gewint diu werlt dan vröuden also vil.
(II, 8–14)[5]

Wenn diese Friedenszeit angebrochen ist, wird auch das Heilige Land befreit. Einer sybillinischen Weissagung gemäß soll Kaiser Friedrich II. nach den Wirren des Interregnums das christliche Weltreich wiederherstellen. Dazu wird dann auch Palästina gehören. Zeichen dieser Wiedergeburt des *Imperium christianum* wird – so die Prophezeiung – des Kaisers Schild sein. Kaiser Friedrich wird ihn im Heiligen Land an den verdorrten Kreuzesbaum hängen, und der wird ergrünen und Frucht tragen:

Er vert dorthin zem dürren boum an' allez wider hap,
dar an [so] henkt er sinen schilt: er gruonet unde birt;
so wirt gewun[nen] daz heilig' grap,
daz nimmer swert darumb ge[zogen wirt].
(II, 15–18)

[5] Text bei: Ulrich Müller, Kreuzzugsdichtung Nr. 84.

Der Wunsch der Christenheit nach Befreiung des Heiligen Landes durch einen starken Kaiser als Schirmherr des Kreuzes sollte unerfüllt bleiben. Aber was wäre aus dem Abendland geworden, wenn christliche Heere nicht immer wieder im Nahen Osten mit den Vertretern des Islams gerungen und damit viele militärische und geistige Kräfte gebunden hätten, die sonst wohl dazu verwendet worden wären, den Islam in Europa weiter zu verbreiten? Und wäre die Entwicklung des europäischen Lebens, das auch vielen moslemischen Völkern erstrebenswert erscheint, möglich gewesen, ohne die geistige und militärische Auseinandersetzung mit dem Islam im Mittelalter?

TEXTANHANG

Das Benediktbeurer Gebet zum Meßopfer

(Wortlaut nach Waag)[1]

1 *Oberestiu magenchraft,*
vater aller dîner geschaft,
scouwe an dîne christenheit,
wâriu, hêriu gotheit.

2 *Dizze opher, daz wir dir hie tuon,*
daz ist dîn ainborn sun.
enphâhe, wîse vaterheit,
dînes Christes sunhait.

3 *bedenche bî dir selben in*
unde bedenche ouch uns an im:
in bî dîner gothait,
uns bî sîner mennischait.

4 *sîn gothait diu ist mit im dîn,*
unser ist diu lîche sîn:
und ist iedoch daz unser dîn,
dû lâ daz dîn daz unser sîn.

5 *Er samenôt unser mennischait*
an sich zuo dîner gothait,
daz wir sîn mit im gemaine,
als er ist mit dir alaine.

6 *unser bilde er an sich nam.*
dâ bî er dich an uns erman.
er gab uns ze wandeln sich,
daz wir bî im manen dich.

7 *daz er des unsern nam an sich,*
im ze lîbe und ouch ze lîch,
daz gab er uns ze niezen wider,
daz im niht entwüehsen sîniu lider.

[1] Gegenüber Waag (s. S. 51 Anm. 1) hier Stropheneinteilung.

8 *wir sîn mit samt im ain,*
vlaisch, lîh und gebain,
und daz daz von im muoze leben,
dem ruoche er sînen gaist ze geben.

9 *Alsô samnôt er chunnescaft*
zwiscen im und sîner gescaft:
dâ von die rehten sint
sîne bruoder und sîniu chint,

10 *Mit im ain geist und ain muot,*
vlaisch, gebaine und bluot,
erben unde siptail,
getailen an dem erbetail.

11 *Unser herre Jesu Christ*
dîn sun von natûre ist.
sô gab uns diu milte sîn
daz wir süne von gnâden sîn.

12 *swie wir daz ellende noch*
mit sunden bûwen, sô ist iedoch,
der uns vertîlige unser mail,
ze himele unser sipetail.

13 *Dû ruohte unser opher sîn*
von der magenchrefte dîn.
von diu nim von uns vür guot
hie sîne lîche und sîn bluot.

14 *Wir vinden niht gelîches dem,*
daz vor dînen ougen zem
und unsern sunten widerwege
ûf dises ellendes wege.

15 *enphâhe ez von des priesters hant*
und wis bî im dar an gemant,
daz ez dir genâme sî
durch die dîne namen drî.

16 *Habe ûf dînes zornes slac,*
den wir arnen naht und tac.
Wir bieten vür ze scherme den,
der den zorn dir beneme.

17 *Dîn güete mach gezürnen niht,*
sô si solhe mâsen siht,
die er ze phande trait,
der durch uns die martere lait.

18 *Bliche sîne vrische wunden an*
unde bedenche uns wol dar an,
daz er durch daz dîn gebot
uns ze helfe lait den tôt.

19 *Verlîh uns solche sâlicheit,*
daz wir mit rechter innercheit
sîne marter im gehugen,
wande wir ân dich nîne mugen.

20 *ouch bite wir dich, herre,*
durch der wandelunge êre,
unde sich dizze opher tuot
ze Christes lîche und ze sînem bluot,
ze sâlde aller christenhait
dû wende uns elliu unsiriu leit.

21 *und swaz an uns allen*
gedanche unde willen,
werche unde worte
wider dîne vorhte
und wider dînen willen ist,
daz wende uns durch den dînen Christ,

22 *der innechlîcher êwechait*
unde einer wâren gotehait
in des hailigen gaistes ainunge
ze rehter ebenhellunge
mit dir ist ein nomen
von êwen zêwen. AMEN.

Vorauer Marienlob

(Text nach Diemer)[2]

1 *Wîlent uns sageten*
die wîsen ez ni ne virdageten,
von den wir wurden innen
chuntiger dinge.

[2] Der vorliegende Text beruht auf der Ausgabe von Diemer, Deutsche Gedichte des XI. und XII. Jahrhunderts, Wien 1849, Nachdr. 1968, S. 69–72. Der hier gebotene Text setzt die Verse ab und ist etwas normalisiert.

ir rede was tougen,
si bedorften wole des gelouben.
si chunten ze wâre
vor manic hundert iâren
von einer geburte diu was wunderlîch.
ni neheiniu wart ir gelîch
noch ne wirt nimer mêre,
wande si was âne sêre
und âne gelust des fleisches
von schirmen des heiligen geistes.
tohter was muter des kindes.
hî wahse der geloube mit wîstuome des sinnes
frô solt ir ez virnemen.
diz privilegium wart gegeben
wîbe ni neheineme
wan unser frouwen alterseine.
Êsâias der gute
mit wârhaftem muote
von einer gerte er sagete
als erz virnomen habete.
er was wîlent in der alten ê
unde chot si solte irspringen von Yesse.
Dâvides vater was der selbe man
alsô wir ez gelesen hân,
der von gotes gewaltiger hant
wîlent des rîches habete gewalt.
den geheiz er vone gote inphîe,
der dar nach vil wole irgîe
daz wucher sînes lîbes
phlegente wurde des rîches
deme got des geswuor
daz berichtet wurde der sîn stuol
mit michelen êren
von êwen unze êwen.
den eit hat er behalten
sîn sun wil des rîches walten:
er ist genant Iskiros,
wande sîn gewalt ist sô grôz
des mugen wol inphinden
sîne wider winnen.
nu nemet des wîssagen wâre:
er chot eine bluomen solte si tragen
tiure unde guote
edele unde fruote,
lilie ist er genennet.

so wol in der in irkennet:
gezierde ist er der erde
diu teler in habent unde niht die berge
uber den ruowet aller meist
unseres herren minnesamer geist
mit siben valtiger gebe.
anderes sich des nieman phlege:
diu êriste heizet wîstuom
diu andere virnunst ane ruom
den dritten nennet man rât
gesah in got der in hat.
daz sult ir ouch merchen:
diu vierde heizet sterche
gewizzede nimet diu finfte namen.
ob ir diu sehsten welt irvaren
diu machet guot gemüete
si heizet rehte güete.
diu sibente gebe in dirre zale
daz ist gotes forhte über al.
diu gerte bezeichenet diu maget,
diu von eineme worte wart perehaft
von der gotes magenchrefte
âne mannes wineschefte;
diu bluome den einbornen sun
unser frouwen sancte Marin
die siben gebe er niht inphîe
teilnunfteklîcher hie.
alsô tuont hiute
die geistlichen liute,
wan der ist daz gotes sal,
dar inne buowet uber al
diu gotheit gemeine
âne aller slahte teile.
er rihtet ouch Davides stuol
des hat er êweiclichen ruom.
vil hôch ist daz sîn reht,
daz ne hôrtet der kneht
wan des ist tougen,
er ne sihet ez mit den ougen.
er reffet mit gewalte
die herren unde die schalche
die frouwen unde die diuwe.
daz tuont die sîne triuwe
swer im gerne dionôt
deme wirt wohl gelônot.

nu loben wir die gerten
unde gruozen si mit worten:
heil wis, tû magetin,
des himeles heriu chuningen,
geborn von Yesses stamme,
des gotes sunes amme,
des veldes bist du bluome,
wer mohte sich dîn genuoge.
Maria, Maria,
edeleu liebiu frouwe,
von dir ist geborn lilium,
bluome convallium,
der diemuote êre
Crist got unser herre.
der dîn smach ist sô getân
er ne mac gelîches niht hân
salbe uber al nehein.
dîn munt ist alsô ein honec seim,
under dîner zungen
dâ ist gewisse funden
honec unde milch genuoc.
dû bist inneclîchen guot
von dir ist irrunnen
der lilie ist aller wunne.

LITERATURHINWEISE

Quellen und Ausgaben, nach denen zitiert wird, sind jeweils in den Anmerkungen zum Text aufgeführt.

I. Christentum

Nachschlagewerke und Gesamtdarstellungen

Lexikon für Theologie und Kirche. Begründet von Michael Buchberger, hrsg. von Josef Höfer und Karl Rahner. 11 Bde. 2. Aufl. Freiburg 1957–1967.

Harnack, Adolf von: Lehrbuch der Dogmengeschichte. 3 Bde. 4. Aufl. 1909. Nachdr. Darmstadt 1964.

Seeberg, Reinhold: Lehrbuch der Dogmengeschichte. 4 Bde. 4./5. Aufl. Graz 1953–1954. Nachdr. Darmstadt 1974.

Schmaus, Michael: Katholische Dogmatik. 5 Bde. 6. Aufl. München 1960–64.

Einzeluntersuchungen

Alphandéry, Paul, et Dupront, Alphonse: La chrétienté et l'idée de croisade. 2 Bde. Paris 1954–59. (Synthese coll. Sect. 2, 38.)

Auer, Johann: Militia Christi. Zur Geschichte eines christlichen Grundbildes. In: Geist und Leben. Zs. f. Askese und Mystik 32 (1959), S. 340–351.

Behler, Gebhard M.: Das Ärgernis des Kreuzes. In: Geist und Leben. Zs. f. Askese und Mystik 32 (1959), S. 5–12.

Beissel, Stephan: Geschichte der Verehrung Marias in Deutschland während des Mittelalters. Freiburg i. Br. 1909.

Bernheim, Ernst: Mittelalterliche Zeitanschauungen in ihrem Einfluß auf Politik und Geschichtsschreibung. 1: Die Zeitanschauungen: Augustinische Ideen – Antichrist und Friedensfürst – Regnum und Sacerdotium. Tübingen 1918.

Bornkamm, Günther: Paulus. 5. Aufl. 1983. Berlin/Köln/Mainz.

Classen, Peter: Die geistesgeschichtliche Lage. Anstöße und Möglichkeiten. In: Die Renaissance der Wissenschaften im 12. Jahrhundert. Hrsg. v. P. Weimar, Zürich 1981, S. 11–31 (Züricher Hochschulforum 2).

Delius, Walter: Geschichte der Marienverehrung. München/Basel 1963.

Dupront, Alphonse: La spiritualité des croises et des pélerins d'après les sources de la première croisade. Convegni del Centro di studi medievale 4. Todi 1963, S. 449–483.

Dyckmans, Wilhelm: Das mittelalterliche Gemeinschaftsdenken unter dem Ge-

sichtspunkt der Totalität. Eine rechtsphilosophische Untersuchung. Paderborn 1937. (Görres Ges., Sektion Rechts- u. Staatswiss. 73.)
Emonds, Hilarius: Geistlicher Kriegsdienst. Der Topos der *militia spiritualis* in der antiken Philosophie. In: Festschr. I. Herwegen. Münster 1938, S. 21–50.
Forstner, Dorothea: Die Welt der Symbole. Innsbruck/Wien/München 1961.
Harnack, Adolf von: *Militia Christi.* Die christliche Religion und der Soldatenstand in den ersten drei Jahrhunderten. Tübingen 1905. Nachdr. Darmstadt 1963.
Jungmann, Josef Andreas: Liturgisches Erbe und pastorale Gegenwart. Studien und Vorträge. Innsbruck/Wien/München 1960.
Kampers, Franz: Mittelalterliche Sagen vom Paradiese und dem Holze des Kreuzes Christi in ihren vornehmsten Quellen und ihren hervorstechendsten Typen. Köln 1897. (Vereinsschr. d. Görresges. 1897, 1.)
Kempf, Friedrich: Das Problem der Christianitas im 12. und 13. Jahrhundert. Hist. Jahrb. d. Görres Ges. 79 (1960), S. 104–123.
Koolmeister, Richard: Selbstverleugnung, Kreuzaufnahme und Nachfolge. In: Papers Estonian Theol. Society in Exil 7 (1954), S. 64–94.
Konrad, Robert: Das himmlische und das irdische Jerusalem im mittelalterlichen Denken. Mystische Vorstellung und geschichtliche Wirkung. In: Festschr. J. Spörl. Freiburg/München 1965, S. 523–540.
Mähl, Sibylle: Jerusalem in mittelalterlicher Sicht. In: Die Welt als Geschichte 22 (1962), S. 11–26.
Meissburger, Gerhard: *De vita christiana.* Zum Bild des christlichen Ritters im Hochmittelalter. DU 14 H. 6, 1962, S. 21–34.
Müller, Alois: Ecclesia – Maria. Die Einheit Marias und der Kirche. 2. Aufl. Freiburg/Schweiz 1955. (Paradosis 5.)
Ohly, Friedrich: Synagoge und Ecclesia. Typologisches in mittelalterlicher Dichtung. In: Miscellanea Mediaevalia 4. Berlin 1966, S. 350–369.
Pieper, Josef: Was heißt „Christliches Abendland"? In: J. P., Tradition und Herausforderung. Aufsätze und Reden. München 1963, S. 36–47.
Rahner, Hugo: Die Kirche. Gottes Kraft in menschlicher Schwäche. Freiburg i. Br. 1956.
Rahner, Hugo: Symbole der Kirche. Die Ekklesiologie der Väter. Salzburg 1964.
Rahner, Karl: Maria. Mutter des Herrn. Freiburg i. Br. 1956.
Regout, Robert: La doctrine de la guerre juste de saint Augustin à nos jours d'après les théologiens et les canonistes catholiques. Paris 1934.
Rice, Talbot D.: The Byzantines. London 1962.
Scheffczyk, Leo (Hrsg.): Der Mensch als Bild Gottes. Darmstadt 1969. (Wege d. Forschung 124.)
Semmelroth, Otto: Die Kirche als Ursakrament. 2. Aufl. Frankfurt a. M. 1955.
Troeltsch, Ernst: Die Soziallehren der christlichen Kirchen und Gruppen. 1922. Nachdr. Aalen 1965.
Wolfram, Herwig: *Splendor Imperii.* Die Epiphanie von Tugend und Heil in Herrschaft und Reich. Graz/Köln 1963. (MIÖG Ergbd. 20, 3.)

II. Islam und arabische Geschichte

Deutsche Koran-Übersetzungen und -Kommentare

Paret, Rudi: Der Koran. Übersetzung. 2. Aufl. Stuttgart/Berlin/Köln/Mainz 1982.

Paret, Rudi: Der Koran. Kommentar und Konkordanz. 2 Bde. Berlin/Stuttgart/Köln/Mainz 1971.

Der Koran. Das heilige Buch des Islam. Nach der Übertragung von Ludwig Ullmann neu bearb. und erläutert von L. W. Winter. 13. Aufl. München 1982. (Goldmann Tb.)

Nachschlagewerke und Gesamtdarstellungen

Cahen, Claude: Der Islam I. Vom Ursprung bis zu den Anfängen des Osmanenreiches. Aus dem Franz. übers. v. Gerhard Endreß. Frankfurt a. M. u. Hamburg 1968. (Fischer Weltgesch. 14)

The Encyclopaedia of Islam. Ed. by J. H. Kramers, H. A. R. Gibb, E. Levi-Provencal. New edition Leiden 1960ff.

Kramers, Johannes Hendrik: Shorter Encyclopaedia of Islam. 1953.

Kremer, Alfred von: Kulturgeschichte des Islam unter den Califen. 2 Bde. Wien 1875–77.

Lexikon der islamischen Welt. Hrsg. von K. v. Kreiser, W. Diem, H. G. Majer. 3 Bde. Stuttgart 1974. (Urban Tb. 200)

Autorenkollektiv unter der Leitung von Lothar Rathmann: Geschichte der Araber von den Anfängen bis zur Gegenwart. 2 Bde. 2. Aufl. Ost-Berlin 1975.

Snouck-Hurgronie, C.: Der Islam. 2 Bde. 4. Aufl. Tübingen 1925. (Lehrb. d. Religionsgesch.)

Spuler, Bertold: Geschichte der islamischen Länder. Die Califenzeit. Leiden 1952. (Handbuch der Orientalistik VI, 1.)

Stieglecker, Hermann: Die Glaubenslehre des Islam. München/Paderborn/Wien 1959–1962.

Watt, M., Mamura, M. E.: Der Islam. Glaubenswelt – Theologie – Philosophie. Übers. von S. Höfer. 2 Bde. Stuttgart 1982. (Religionen der Menschheit 25, 2.)

Handwörterbuch des Islam. Hrsg. von Arent Jan Wensinck und Johannes Hendrik Kramers. Amsterdam 1941.

Untersuchungen

Andrae, Tor: Islamische Mystiker. Deutsch von H. Knaus-Credé. Stuttgart 1960. (Urban Bücher 40.)

Antes, Peter: Ethik und Politik im Islam. Stuttgart/Berlin/Köln/Mainz 1982.

Azzam, Hamdi-Mahmoud: Der Islam. Plädoyer eines Moslem. Stuttgart 1981.

Becker, Carl Heinrich: Islamische Studien. Vom Werden und Wesen der islamischen Welt. 2 Bde. Leipzig 1924–1932.
Beltz, Walter: Die Mythen des Koran. Der Schlüssel zum Islam. Berlin/Düsseldorf/Weimar 1980.
Champdor, Albert: Saladin. Schwert des Islam. Stuttgart 1958.
Fakhry, Majid: A History of Islamic Philosophy. New York 1970. Harlow 1983. (Stud. in oriental culture 5.)
Galal, Salma: Emanzipationsversuche der ägyptischen Frau. Münster 1977. ('Frauenpolitik'.)
Gardet, Louis: Islam. Köln 1968.
Gibb, Sir Hamilton Alexander Rosskeen: Studies in Civilisation of Islam. Boston 1962. (Beacon Books on world affairs.)
Goldzieher, Ignaz: Die Richtlinien der Islamischen Koran-Auslegung. Leiden 1920.
Gottschalk, Herbert: Weltbewegende Macht Islam. Wesen und Wirken einer revolutionären Glaubensmacht. 2. Aufl. München 1980.
Hartmann, Johannes: Die Persönlichkeit des Sultans Saladin im Urteil der abendländischen Quellen. Berlin 1933. (Hist. Stud. 239.)
Hartmann, Richard: Die Religion des Islam. Berlin 1944. (Kolonialwiss. Forsch. 5.)
Heller, Erdmute: Die Situation der Frau in der islamischen Gesellschaft. In: Im Namen Allahs. Der Islam – eine Religion im Aufbruch? Frankfurt a. M. 1979.
Horten, Max: Die Philosophie des Islam in ihrer Beziehung z. d. philosophischen Weltanschauungen des westl. Orients. München 1924. (Gesch. d. Phil. in Einzeldarst. I, 4.)
Jaeger, C.: Die Stellung der Frau im islamischen Ehe- und Scheidungsrecht der Vereinigten Arabischen Republik. Diss. Tüb. 1969.
Konzelmann, Gerhard: Die islamische Herausforderung. Hamburg 1980.
Lewis, Bernard: Der Islam von den Anfängen bis zur Eroberung von Konstantinopel. 2 Bde. Zürich/München 1981. (Bibl. d. Morgenlandes.)
Paret, Rudi: Mohammed und der Koran. Geschichte und Verkündung der arabischen Propheten. Stuttgart 1957. (Urban Taschenbücher 32.)
Pesle, O.: La femme musulmane dans le droit, la religion et les moers. Rabat 1946.
Slaughter, Gertrude: Saladin (1138–1193). A Biography. New York 1955.
Strohmaier, Gotthard: Denker im Reich der Kalifen. Leipzig 1979.

III. Zur Begegnung von Christentum und Islam im Mittelalter (Kulturgeschichte, Kreuzzüge etc.)

Sammelausgaben

Die Kreuzzüge aus arabischer Sicht. Aus den arabischen Quellen ausgewählt und übersetzt von Francesco Gabrieli. München/Zürich 1973. Taschenbuchausg. 1975 (dtv wr 4172).

Die Kreuzzüge in Augenzeugenberichten. Hrsg. und eingeleitet von Régine Pernoud. Deutsch von Hagen Thürnau. Düsseldorf 1961. Taschenbuchausg. 5. Aufl. München 1980 (dtv. 763.)

Bibliographien

Boehm, Laetitia: Die Kreuzzüge in bibliographischer und historiographischer Sicht. Gedanken um drei Neuerscheinungen. In: Hist. Jahrb. 81 (1962), S. 223 bis 237.

Mayer, Hans E.: Bibliographie zur Geschichte der Kreuzzüge. Hannover 1960.

Mayer, Hans E.: Literaturbericht über die Kreuzzüge. 1958–1967. In: Hist. Zs. 3, bibliograph. Sonderh. (1969), S. 641–731.

Nachschlagewerke und Gesamtdarstellungen

Cognasso, Francesco: Storia delle crociate. Milano 1967. (cultura contemporanea.)

Erbstösser, Martin: Die Kreuzzüge. Eine Kulturgeschichte. Leipzig/Gütersloh 1977.

Haussig, Hans Wilhelm: Kulturgeschichte von Byzanz. Stuttgart 2. Aufl. 1966 (Kröners Taschenausg. 211)

Haussig, Hans Wilhelm: Byzantinische Geschichte. Stuttgart 1969. (Urban Taschenb. 117.)

Mayer, Hans Eberhard: Geschichte der Kreuzzüge. 5. Aufl. Stuttgart 1980.

Michaud, Joseph François: Geschichte der Kreuzzüge. 7 Bde. Quedlinburg/Leipzig 1827–32.

Ostrogorsky, Georg: Geschichte des byzantinischen Staates. Sonderausgabe München 1960. 4. Aufl. München 1980. (Handbuch der Altertumswissenschaft 12, I, 2. = Byzantinisches Handbuch 1, 2.)

Pfannmüller, Gustav: Handbuch der Islam-Literatur. Berlin/Leipzig 1923.

Prutz, Hans: Kulturgeschichte der Kreuzzüge. Berlin 1883.

Röhricht, Reinhold: Beiträge zur Geschichte der Kreuzzüge. 2 Bde. Berlin 1874–78.

Röhricht, Reinhold: Geschichte der Kreuzzüge im Umriß. Innsbruck 1898.

Runciman, Steven: A History of the Crusades. 3 vols. Cambridge 1950–54. Dt. Ausg. St. R.: Geschichte der Kreuzzüge. Übers. von Peter de Mendelssohn. 3 Bde. München 1957–60. Einbändige Ausg. München 1978.

Setton, Kenneth Meyer (Hrsg.): A History of the Crusades. 2 Bde. 2. ed. Madison 1969.

Waas, Adolf: Geschichte der Kreuzzüge. 2 Bde. Freiburg 1956.

Untersuchungen

Andrae, Tor: Der Ursprung des Islam und das Christentum. Upsala/Stockholm 1926.

Atiya, Aziz: The Crusade in the Later Middle Ages. 2. Aufl. New York 1965.

Atiya, Aziz: Crusade, Commerce and Culture. Bloomington 1962. Dt. Übers. von Rudolf Bockholdt: Kreuzfahrer und Kaufleute. Die Begegnung von Christentum und Islam. Stuttgart 1964.

Björkmann, Walter: Karl und der Islam. In: Karl der Große. Lebenswerk und Nachleben. Bd. 1. Persönlichkeit und Geschichte. Hrsg. von Helmut Beumann. Düsseldorf 1965, S. 672–682.

Bradford, Ernle: Der Verrat von 1204. Die Zerstörung und Plünderung Konstantinopels. 2. Aufl. München 1980.

Brundage, James A.: Cruce signari. The Rite for Taking the Cross in England. In: Traditio 22 (1966), S. 289–310.

Brundage, James: Medieval Canon Law and the Crusader. Madison/Milwaukee/London 1969.

Cram, Kurt-Georg: *Judicium belli.* Zum Rechtscharakter des Krieges im deutschen Mittelalter. Münster/Köln 1955. (Beih. zum Archiv f. Kulturgesch. 5.)

Cramer, Valmar: Zur Geschichte und Charakteristik der Kreuzpredigt. In: Das heilige Land 79 (1935), S. 83–104 u. 132–153. 80 (1936), S. 11–23, 43–60, 77–98.

Cramer, Valmar: Die Kreuzzugspropaganda der Päpste. In: Das Heilige Land 81 (1937), S. 103–111.

Cramer, Valmar: Kreuzpredigt und Kreuzzugsgedanke. Textvergleiche und Predigtgedanken von Urban II. (1095) bis Humbert von Romans (1266). In: Das Heilige Land 81 (1937), S. 142–154; 82 (1938), S. 15–36.

Cramer, Valmar: Die Kreuzzugspredigt zur Befreiung des Heiligen Landes 1095–1270. Studien zur Geschichte und Charakteristik der Kreuzzugspropaganda (Sonderabdr. aus: Das Heilige Land 79–82). Köln 1939.

Cramer, Valmar: Kreuzpredigt und Kreuzzugsgedanke von Bernhard von Clairvaux bis Humbert von Romans. In: Palästinahefte des deutschen Vereins vom Heiligen Land 17–20 (1939), S. 43–204.

Daniel, Norman: Islam and the West. The Making of an Image. Edinburgh 1960.

Diercks, Gustav: Die Araber im Mittelalter und ihr Einfluß auf die Kultur Europas. Leipzig 1882.

Erdmann, Carl: Endkaiserglaube und Kreuzzugsgedanke im 11. Jahrhundert. Zs. f. Kirchengesch. 51 (1932), S. 384–414.

Erdmann, Carl: Die Entstehung des Kreuzzugsgedankens. Stuttgart 1935. Nachdr. Darmstadt 1955.

Flahiff, George B.: *Deus non vult:* A Critic of the Third Crusade. In: Medieval Studies 9 (1947), S. 162–188.

Gauss, Julia: Toleranz und Intoleranz zwischen Christen und Muslimen in der Zeit vor den Kreuzzügen. In: Saeculum 19 (1968), S. 362–389.

Glaser, Hubert: Das Scheitern des zweiten Kreuzzuges als heilsgeschichtliches Ereignis. In: Festschr. Spindler. München 1969, S. 115–142.

Heer, Friedrich: Kreuzzüge und Kreuzzugsideologien. In: Neue deutsche Hefte 35 (1957), S. 206 ff.

Heidelberger, Franz: Kreuzzugsversuche um die Wende des 13. Jahrhunderts. Leipzig 1912. (Abh. z. mittl. u. neuer. Gesch. 31.)

Herde, Peter: Die Kämpfe bei den Hörnern von Hittin und der Untergang des Kreuzritterheeres (3. u. 4. Juli 1187). Eine historisch-topographische Untersuchung. In: Röm. Quartalschr. f. Altertumskd. u. Kirchengesch. 61 (1966), S. 1–50.

Bedeutung und Rolle des Islam beim Übergang vom Altertum zum Mittelalter. Hrsg. von Paul Egon Hübinger. Darmstadt 1968. (Wege d. Forschung CCII.)

Hunke, Sigrid: Allahs Sonne über dem Abendland. Unser arabisches Erbe. Stuttgart 1960. 64. Tsd. 1977.

Jacob, Georg: Der Einfluß des Morgenlands auf das Abendland vornehmlich während des Mittelalters. Hannover 1924.

Khoury, Adel-Theodore: Les Théologiens Byzantines et l'Islam. Paris 1969.

Kindlimann, Sibyll: Die Eroberung von Konstantinopel als politische Forderung des Westens im Hochmittelalter. Studien zur Entwicklung der Idee eines lateinischen Kaiserreichs in Byzanz. Diss. Zürich 1969.

Kissling, H. J.: Islam und Kreuzfahrt. In: Probleme des 12. Jahrhunderts. Konstanz u. Stuttgart 1968, S. 243–253. (Vorträge u. Forschungen, Reichenauer Vorträge 1965–67.)

Kugler, Bernh.: Studien zur Geschichte des Zweiten Kreuzzugs. Tübingen 1866.

Kugler, Bernh.: Analekten zur Geschichte des Zweiten Kreuzzugs. Tübingen 1878.

Kugler, Bernh.: Neue Analekten zur Geschichte des Zweiten Kreuzzuges. Tübingen 1883. (Tbg. Universitätsschriften.)

Lokotsch, Karl: Etymologisches Wörterbuch der europäischen Wörter orientalischen Ursprungs. Heidelberg 1927.

Maschke, Erich: Domus Hospitalis Theutonicorum. Ges. Aufsätze hrsg. von Udo Arnold. Marburg 1970. (Quellen u. Stud. z. Gesch. d. Dt. Ordens 10.)

Mayer, Hans Eberhard: Der Brief Kaiser Friedrichs I. an Saladin vom Jahre 1188. In: Dt. Archiv f. Erforschg. d. Mittelalters 14 (1958), S. 488–494.

Müller-Wiener, Wolfgang: Burgen der Kreuzritter im Heiligen Land, auf Zypern und in der Ägäis. Aufnahmen von A. F. Kersting. München/Berlin o. J.

Munro, Dana L.: The Western Attitude toward islam during the Period of the Crusades. In: Speculum 6 (1931), S. 329–343.

Noth, Albrecht: Heiliger Krieg und Heiliger Kampf in Islam und Christentum. Beiträge zur Vorgeschichte und Geschichte der Kreuzzüge. Bonn 1966 (Bonner Histor. Forsch. 28.)

Ohm, Thomas: Thomas von Aquin und die Heiden- und Mohammedanermission. In: Festschr. Grabmann 2. Münster 1935, S. 735–748.

Ohnsorge, Werner: Abendland und Byzanz. Gesammelte Aufsätze zur Geschichte der byzantinisch-abendländischen Beziehungen und des Kaisertums. Darmstadt 1958.

Pears, Sir Edwin: The Fall of Constantinople. New York 1886.

Plocher, Marianne: Studien zum Kreuzzugsgedanken im 12. und 13. Jahrhundert. Diss. (Masch.) Freiburg i. Br. 1950.

Pörtner, Paul: Operation Heiliges Grab. Legende und Wirklichkeit der Kreuzzüge (1095–1187). Düsseldorf/Wien 1977.

Richter-Dridi, Irmhild: Frauenbefreiung in einem islamischen Land – ein Widerspruch? Das Beispiel Tunesien. Frankfurt a. M. 1981. (Fischer-Taschenbuch 3717.)

Rittner, Volker: Kulturkontakte und soziales Lernen im Mittelalter. Kreuzzüge im Licht einer mittelalterlichen Biographie. Köln/Wien 1973. (Kollekt. Einstellungen u. soz. Wandel im Ma. 1.)

Röhricht, Reinhold: Die Deutschen auf den Kreuzzügen. Kreuzfahrerkatalog 1. Teil (1096–1198), 2. Teil (1191–1309). In: ZfdPh. 7 (1876), S. 125–174 und 296–329.

Röhricht, Reinhold: Deutsche Pilgerreisen nach dem Heiligen Lande. Innsbruck 1900. Nachdr. Aalen 1967.

Runciman, Steven: The Holy Lance found at Antioch. In: Analecta Bollandiana 68 (1950), S. 197–209.

Runciman, Steven: The Decline of the Crusading Idea. In: Relazioni del X. Congresso Internaz. di Scienze Storiche 3. Florenz 1955, S. 321–384.

Schipperges, Heinrich: Einflüsse arabischer Wissenschaft auf die Entstehung der Universität. Nova Acta Leopoldina 27 (1963), S. 201–212.

Schipperges, Heinrich: Arabische Medizin im lateinischen Mittelalter. SB Heidelberger Akad. d. Wiss. Math. nat. Kl. 1976, Abh. 2.

Schwerin, Ursula: Die Aufrufe der Päpste zur Befreiung des Heiligen Landes von den Anfängen bis zum Ausgang Innozenz' IV. Ein Beitrag zur Geschichte der kurialen Kreuzzugspropaganda und der päpstlichen Epistolographie. Berlin 1936. (Histor. Stud. 301.)

Simon, G.: Islam und christliche Verkündigung. Gütersloh 1920.

Smail, R. C.: Crusading Warfare (1079–1193). In: Cambridge Studies in Medieval Life and Thought 3 (1956), S. 187 ff.

Southern, R. W.: Western views of Islam in the Middle Ages. Cambridge/Mass. 2. Aufl. 1978.

Strzygowski, Josef: Antike, Islam und Occident. Leipzig 1909.

Süssmuth, Hans: Idee und Wirklichkeit des Heiligen Krieges. In: Intern. Jahrb. f. Geschichts- u. Geographieunterr. 10 (1965/66), S. 5–48.

Suter, H.: Die Araber als Vermittler der Wissenschaften in deren Übergang vom Orient zum Occident. Aarau 1897.

Throop, Palmer A.: Criticism of the Crusade. A Study of Public Opinion and Crusade Propaganda. Amsterdam 1940.

Tumber, Marian: Der deutsche Orden. Von seinem Ursprung bis zur Gegenwart. Unter Mitarb. v. Udo Arnold. 3. Aufl. 1983.

Von Akkon bis Wien. Festschr. M. Tumber. Hrsg. U. Arnold. Marburg 1977. (Quellen u. Stud. z. Gesch. d. Dt. Ordens 20.)

Waas, Adolf: Der heilige Krieg in Islam und Christentum in Vergangenheit und Gegenwart. In: Die Welt als Geschichte 19 (1959), S. 211–225.

Waas, Adolf: Aspekte der Kreuzzüge in Geschichte und Geistesleben des mittelalterlichen Deutschland. In: Archiv f. Kulturgesch. 46 (1964), S. 265–279.

Waas, Adolf: Volk Gottes und Militia Christi – Juden und Kreuzfahrer. In: Miscellanea Mediaevalia 4, Berlin 1966, S. 410–434.

Wentzlaff-Eggebert, Friedrich-Wilhelm: Devotio in der Kreuzzugspredigt des Mittelalters. Ein Beitrag zum ritterlichen Tugendsystem. In: Festschr. Wagner. Gießen 1960, S. 26–33.

Ziesemer, Walther: Die Kulturleistung des Deutschen Ordens. In: Königsberger Universitätsreden 8 (1931), S. 13–24.

IV. Zur mittelhochdeutschen Dichtung (vornehmlich Kreuzzugslyrik)

Sammelausgaben

Colleville, Maurice: Les chansons de croisade en moyen haute-allemand. Paris 1936. (Texte und Darstellung.)

Kreuzzugsdichtung. Hrsg. von Ulrich Müller. 2. Aufl. Tübingen 1983.

Bibliographie

Tervooren, H.: Bibliographie zum Minnesang und zu den Dichtern aus „Minnesangs Frühling". Berlin 1969.

Literaturgeschichten und Nachschlagewerke

Bertau, Karl: Deutsche Literatur im europäischen Mittelalter. Band 1: 800–1197. Band 2: 1195–1220. München 1972/73.

Boor, Helmut de: Die deutsche Literatur von Karl dem Großen bis zum Beginn der höfischen Dichtung. 770–1170. 9. Aufl. bearb. von H. Kolb. München 1979. (de Boor-Newald, Gesch. d. dt. Lit. v. d. Anfängen b. z. Gegenwart Bd. 1.)

Boor, Helmut de: Die höfische Literatur. Vorbereitung, Blüte, Ausklang. 1170–1250. 10. Aufl. bearb. v. U. Hennig. München 1979. (de Boor-Newald, Gesch. d. dt. Lit. v. d. Anfängen b. z. Gegenwart Bd. 2.)

Boor, Helmut de: Die deutsche Literatur im späten Mittelalter. Zerfall und Neubeginn. 1250–1350. 4. Aufl. bearb. v. K. P. Schmidt. München 1973. (de Boor-Newald, Gesch. d. dt. Lit. v. d. Anfängen b. z. Gegenwart Bd. 3, 1.)

Ehrismann, Gustav: Geschichte der deutschen Literatur bis zum Ausgang des Mittelalters.
T. 1: Die althochdeutsche Literatur. 2. Aufl. 1932. Nachdr. München 1966.
T. 2: Die mittelhochdeutsche Literatur. 1. Abschn. Frühmittelhochdeutsche Zeit. München 1922. Nachdr. München 1966.
T. 2: Die mittelhochdeutsche Literatur. 2. Abschn. Blütezeit. 1. Hälfte. München 1927. Nachdr. München 1974.
T. 2: Die mittelhochdeutsche Literatur. 2. Abschn. 2. Hälfte. Schlußband. München 1935. Nachdr. München 1966.

Merker, Paul/Stammler, Wolfgang: Reallexikon der deutschen Literaturgeschichte. 5 Bde. Berlin 1926 ff. 2. Aufl. hrsg. von Werner Kohlschmidt und Wolfgang Mohr. Berlin 1958 ff.

Die deutsche Literatur des Mittelalters. Verfasserlexikon. Hrsg. von Karl Langosch und Wolfgang Stammler. 5 Bde. 1933 ff. 2. Aufl. hrsg. von Kurt Ruh. Berlin/New York 1978 ff.

Untersuchungen

Axhausen, K.: Die Theorien über den Ursprung der provenzalischen Lyrik. Diss. Marburg 1937.

Böhmer, Maria: Untersuchungen zur mittelhochdeutschen Kreuzzugslyrik. Rom 1968 (Studi di filol. tedesca 1). Spez. zu *Johansdorf, Neidhart, Tannhäuser.*

Brinkmann, Hennig: Entstehungsgeschichte des Minnesangs. Halle 1926.

Burdach, Konrad: Über den Ursprung des mittelalterlichen Minnesangs, Liebesromans und Frauendienstes. SB Akad. Berlin 1918. Abdr. in K. B.: Vorspiel 1. Halle 1925, S. 253–333.

Dietze, Ludwig: Die lyrischen Kreuzgedichte des deutschen Mittelalters. Progr. Wittenberg 1873.

Ecker, Lawrence: Arabischer, provenzalischer und deutscher Minnesang. Eine motivgeschichtliche Untersuchung. Bern/Leipzig 1934.

Erdmann, Rudolf: Der Einfluß der arabisch-spanischen Kultur auf die Entwicklung des Minnesangs. Diss. Gießen 1933 und DVjs 9 (1931), S. 240–284.

Fiore, Silvestro: Über die Beziehungen der arabischen und der frühitalienischen Lyrik. Köln 1956.

Furstner, H.: Studien zur Wesensbestimmung der höfischen Minne. Groningen/Djakarta 1956.

Gottzmann, Carola L.: Sippe. In: Sprachwissenschaft 2 (1977), S. 217–258.

Hartmann, Rudolf: Zur Frage des arabischen Ursprungs des Minnesangs. In: Orient. Lit.zeitung 1941.

Haubrichs, Wolfgang: 'Reiner muot' und 'kiusche site'. Argumentationsmuster und situative Differenzen in der staufischen Kreuzzugslyrik zwischen 1188 und 1227/28. In: Stauferzeit. Stuttgart 1978, S. 295–324.

Helm, Karl, und Ziesemer, Walther: Die Literatur des Deutschen Ritterordens. Gießen 1951. (Gießener Beitr. z. dt. Philol. 94.)

Heydenreich, Titus: Tadel und Lob der Seefahrt. Ein antikes Thema und sein Nachleben in den romanischen Literaturen. Heidelberg 1970. (Studien zum Fortwirken der Antike 5.)

Hölzle, Peter: Kreuzzüge und Kreuzzugsdichtung. Das Problem ihrer Definition. In: Festschr. Halbach. Göppingen 1972, S. 55–72 (GAG 70).

Hölzle, Peter: Das Gattungsproblem 'Kreuzlied' im okzitanischen und deutschen Minnesang des 12. Jahrhunderts. In: Jahrbuch f. Internat. Germanistik R.A. 2 (1976), S. 350–361. (Akten d. 5. Internat. Germ. Kongr. Cambridge 1975.)

Ingebrand, Hermann: Interpretationen zur Kreuzzugslyrik Friedrichs von Hausen,

Albrechts von Johansdorf, Heinrichs von Rugge, Hartmanns von Aue und Walthers von der Vogelweide. Diss. Frankfurt a. M. 1966.

Jansen, Rudolf K.: Die Anfänge des Minnesangs als politisches Zugeständnis: ein frühes deutsches Kreuzlied. In: German Quarterly 51 (1978), S. 320–337.

Kleinschmidt, Erich: Zum Erkenntniswert literarischer Texte für die Historie. In: Philologie und Geschichtswissenschaft, Hrsg. H. Rupp. Heidelberg 1977, S. 1–11.

Kolb, Herbert: Der Begriff der Minne und das Entstehen der höfischen Lyrik. Tübingen 1958 (Hermäa 4).

Kray, Anne-Marie: Der Glaubenskrieg und seine Darstellung in den Kreuzzugsepen des Mittelalters. Diss. (Masch.) Freiburg 1950.

Kuhn, Hugo: Gestalten und Lebenskräfte der frühmittelhochdeutschen Dichtung. Ezzos Lied, Genesis, Annolied, Memento mori. In: DVjs 27 (1953), S. 1–30. Abdr. H. K.: Dichtung und Welt im Mittelalter. Stuttgart 1959.

Lea, E.: Erziehen – im Wert erhöhen – Gemeinschaft in Liebe. In: PBB 89 (Halle 1967), S. 255–289.

Meissburger, Gerhard: Grundlagen zum Verständnis der deutschen Mönchsdichtung im 11. und 12. Jahrhundert. München 1970.

Menendez-Pidal, R.: Poesia arabe y poesia europea. In: Bull. Hispanique 40. Bordeaux 1939.

Müller, Ulrich: Tendenzen und Formen. Versuch über mittelhochdeutsche Kreuzzugsdichtung. In: Festschr. Mohr. Göppingen 1972 (GAG 65), S. 251–280.

Naumann, Hans: Der wilde und der edle Heide. Versuch über die höfische Toleranz. Festschr. Ehrismann. Berlin/Leipzig 1925, S. 80–101.

Nykl, A. R.: Hispano-Arabic Poetry and its Relation with the Old Provencal Troubadours. New York 1946.

Ott-Meimberg, Marianne: Kreuzzugsepos oder Staatsroman? Strukturen adeliger Heilsversicherung im deutschen Rolandslied. München 1980.

Räkel, Hans-Herbert: Drei Lieder zum dritten Kreuzzug. In: DVjs 47 (1973), S. 508–550. *(Zu Hausen 47,9; Johansdorf 87,5 und frz. Kreuzzugslyrik.)*

Reusner, Ernst von: Kreuzzugslieder: Versuch, einen verlorenen „Sinn" wiederzufinden. In: Stauferzeit. Stuttgart 1978, S. 334–347.

Rittner, Volker: Kulturkontakte und soziales Lernen im Mittelalter. Kreuzzüge im Licht einer mittelalterlichen Biographie. Köln/Wien 1973. (Kollektive Einstellungen und soziale Wirklichkeit im Mittelalter. 1.)

Rupp, Heinz: Deutsche religiöse Dichtungen des 11. und 12. Jahrhunderts. Untersuchungen und Interpretationen. 2. Aufl. Bern/München 1971. (Bibl. Germ. 3.)

Salman, P.: Der zehnte Engelchor in deutschen Dichtungen des Mittelalters. Euphorion 57 (1963), S. 321–330.

Scherer, Wilhelm: Geschichte der deutschen Dichtung im 11. und 12. Jahrhundert. Straßburg 1875. (Quellen und Forschg. 12.)

Schindler, Hermann: Die Kreuzzüge in der altprovenzalischen und mittelhochdeutschen Lyrik. In: Progr. d. Annenschule Dresden 1889, S. 1–49.

Schmuck, Anton: Mittellateinische Kreuzlieder. Poetische Werbung zum Kreuzzug. Diss. (Masch.) Würzburg 1954.

Singer, Samuel: Arabische und europäische Poesie im Mittelalter. SB Berlin, phil. hist. Kl. 13, Berlin 1918.

Soeteman, Corneli: Deutsche geistliche Dichtung des 11. und 12. Jahrhunderts. 2. Aufl. Stuttgart 1971. (Sammlung Metzler 33.)

Spies, Otto: Der Orient in der deutschen Literatur. Kevelaer 1950–1951.

Spiewok, Wolfgang: Die Bedeutung des Kreuzzugserlebnisses für die Entwicklung der feudal-höfischen Ideologie und die Ausformung der mittelalterlichen deutschen Literatur. Vom Dogma zur Toleranz. In: PBB 9/10 (Halle 1963/64), S. 669–683.

Sprechelmeyer, Goswin: Das Kreuzzugslied des lateinischen Mittelalters. München 1974. (Münstersche Mittelalter Schriften 21.)

Stein, Siegfried: Die Ungläubigen in der mittelhochdeutschen Literatur von 1050–1250. 1933. Nachdr. Darmstadt 1963.

Struss, Lothar: Epische Idealität und historische Realität. Der Albigenserkreuzzug und die Krise der Zeitgeschichtsdarstellungen in der occitanischen, altfranzösischen und lateinischen Historiographie. München 1980. (Theorie u. Gesch. d. Lit. u. d. schönen Künste 51.)

Szklenar, Hans: Studien zum Bild des Orients in vorhöfischen deutschen Epen. Göttingen 1966 (Palaestra 243).

Tekinay, Alev: Materialien zum vergleichenden Studium von Erzählmotiven in der deutschen Dichtung des Mittelalters und den Literaturen des Orients. Frankfurt a. M. 1980. (Europ. Hochschulschr. 344.)

Theiss, Ulrike: Die Kreuzlieder Albrechts von Johansdorf und die anderen Kreuzlieder aus „Des Minnesangs Frühling". Diss. Freiburg i. Br. 1974.

Wechssler, E.: Das Kulturproblem des Minnesangs. I. Minnesang und Christentum. Halle 1909.

Wentzlaff-Eggebert, Friedrich-Wilhelm: Kreuzzugsidee und mittelalterliches Weltbild. In: DVjs 30 (1956), S. 71–88.

Wentzlaff-Eggebert, Friedrich-Wilhelm: Geschichtliche und dichterische Wirklichkeit in der deutschen Kreuzzugslyrik. Festschr. J. Lortz 2. Baden-Baden 1958, S. 273–286.

Wentzlaff-Eggebert, Friedrich-Wilhelm: Kreuzzugsdichtung des Mittelalters. Studien zu ihrer Geschichte und dichterischen Wirklichkeit. Berlin 1960.

Wentzlaff-Eggebert, Friedrich-Wilhelm: Wandlungen der Kreuzzugsidee in der Dichtung vom Hoch- zum Spätmittelalter. In: Wirk. Wort 12 (1962), S. 1–7.

Westphal-Schmidt, Christa: Studien zum „Rennewart" Ulrichs von Türheim. Frankfurt a. M. 1979. *(Darin: Der Rennewart als Kreuzzugsdichtung, S. 128–214.)*

Wisniewski, Roswitha: *werdekeit* und Hierarchie. Zur soziologischen Interpretation des Minnesangs. In: Festschr. Horacek. Wien/Stuttgart 1974, S. 340–379. (Philol. Germ. 1.)

Wolfram, Georg: Kreuzpredigt und Kreuzlied. In: ZfdA 30 (1886), S. 89–132.

V. Mittelhochdeutsche Einzeldichtungen
(vornehmlich Kreuzzugsthematik)

Ezzolied

Boor, Helmut de: Ezzos Gesang. In: ZfdA 68 (1931), S. 226–232.
Frings, Theodor: Die Vorauer Handschrift und Otto von Freising. In: PBB 55 (1931), S. 223ff.
Kelle, J.: Die Quelle von Ezzos Gesang von den Wundern Christi. SB Wien 129 (1893), S. 1–42.
Krogmann, Willy: Die Anfangsstrophen des Ezzoliedes. In: Neuphilol. Mitt. 28 (1927), S. 16–31.
Kuhn, Hugo: Eine Stiftungsnotiz für ein deutsches Lied? In: Festschr. H. O. Burger. Berlin 1968, S. 11–20. Abdr. in: H. K., Text und Theorie. Stuttgart 1969, S. 158–166.
Marchand, J. W.: The ship allegory in the Ezzolied and in Old Icelandic. In: Neophilol. 60 (1976), S. 238–250.
Maurer, Friedrich: Das alte Ezzolied. In: Festschr. Bender. Karlsruhe 1959, S. 1–10.
Maurer, Friedrich: Der Bestand des alten Ezzoliedes. In: Festschr. Hammerich. Kopenhagen 1962, S. 169–179.
Mergell, Bodo: Ezzos Gesang. In: PBB 76 (1954), S. 199–216.
Mettin, W.: Die ältesten deutschen Pilgerlieder. In: Festschr. Sievers. Halle 1896, S. 277–286.
Moehl, I.: Die Einflüsse der Logos-Lux-Vita-Theologie auf die frühmittelhochdeutsche Dichtung. Mit bes. Berücksichtigung des Ezzoliedes. Diss. (Masch.) Tübingen 1954.
Neumann, Hans: Die Schiffsallegorie im Ezzoliede. Nachdr. Göttingen 1960.
Ploss, Emil E.: Ezzo † 1100. In: Fränkische Klassiker, hrsg. v. W. Buhl. Nürnberg 1971, S. 23–33.
Schmidt-Wiegand, Ruth: Die Weltalter in Ezzos Gesang. In: Festschr. Tschirch. Köln/Wien 1972, S. 42–51.
Schneider, Hermann: Ezzos Gesang. In: ZfdA 68 (1931), S. 1–16.
Schützeichel, Rudolf: Ezzos Cantilena de miraculis Christi. Versuch einer Rekonstruktion. In: Euphorion 54 (1960), S. 121–134.
Schweikle, Günther: Ezzos Gesang und Memento mori. Textphilologische und formkritische Studien, ausgehend vom frühen deutschen Reim. Diss. (Masch.) Tübingen 1956.

Summa Theologiae

Freytag, H.: Kommentar zur frühmittelhochdeutschen Summa Theologiae. München 1970. (Medium aevum 19.)
Freytag, H.: 'Summa Theologiae', Str. 9 und 10: Der Mensch als Mikrokosmos. In: Studien zur frühmittelhochdeutschen Literatur. 1974, S. 74–82.

Mhd. Marienlyrik

Bindschedler, Maria: Mittelalterliche Marienlyrik. In: DU 9, H. 2 (1957), S. 30–37.

Fromm, Hans: Mariendichtung. In: Merker-Stammlers Reallexikon 2. Aufl. Berlin 1965, Bd. 2, S. 271–291.

Gaul, H.: Der Wandel des Marienbildes in der deutschen Dichtung und bildenden Kunst vom frühen zum hohen Mittelalter. Diss. (Masch.) Marburg 1949.

Hofstetter, F. A.: Maria in der deutschen Dichtung des Mittelalters. Freiburg i. Br. 1909.

Kersting, Peter: Maria-*Frouwe*. Über den Einfluß der Marienverehrung auf den Minnesang bis Walther von der Vogelweide. München 1965 (Medium aevum 5).

Kober, A.: Zur Geschichte der deutschen Mariendichtung. In: ZfdU 28 (1914), S. 595–619; 691–700.

Kolb, Herbert: Das Melker Marienlied. In: Interpretationen mittelhochdeutscher Lyrik, hrsg. v. G. Jungbluth. Homburg v. d. Höhe/Berlin/Zürich 1969, S. 47–82.

Küchenthal, P.: Die Muttergottes in der altdeutschen schönen Literatur bis zum Ende des 13. Jahrhunderts. Diss. Göttingen 1898.

Salzer, Anselm: Die Sinnbilder und Beiwörter Mariens in der deutschen Literatur und lateinischen Hymnenpoesie des Mittelalters. Linz 1886–94. Nachdr. Darmstadt 1967.

Seewald, Gerd: Die Marienklage im mittellateinischen Schrifttum und in den germanischen Literaturen des Mittelalters. Diss. Hamburg (Masch.) 1952.

Wisniewski, Roswitha: Das Niederrheinische Marienlob. Verfasserschaft – geistige Haltung – Beziehungen zum Minnesang. In: Festschr. Henkel, Heidelberg 1977, S. 469–482.

Zur Kreuzzugslyrik Friedrichs von Hausen:

Aarburg, Ursula/Brinkmann, Hennig: Sinn und Klang in Hausens Lied 'Ich lobe got der sîner güete'. In: WirkWort 9 (1959), S. 139–147.

Baecker, Linde: Herze und lîp in Friedrichs von Hausen Gedicht MF 47, 9. In: Festschrift K. Wagner. Gießen 1960 (= Beiträge zur deutschen Philologie Bd. 28), S. 34–37.

Baumgarten, Oskar: Die Chronologie der Gedichte Friedrichs von Hausen. In: ZfdA 26 (1882), S. 105–145.

Becker, R.: Zu Friedrich von Hausen. In: Germania 28 (1883), S. 272–296.

Boor, Helmut de: Friedrich von Hausen, 'Mîn herze und mîn lîp'. In: Die deutsche Lyrik. Interpretationen. Hrsg. von Benno von Wiese. Düsseldorf 1956, S. 35–42.

Boor, Helmut de: Zu Hausens Kreuzzugslied 47, 9. In: PBB (W) 87 (1965–1966), S. 390–393.

Brinkmann, Hennig: Friedrich von Hausen. Studienbogen. Sprache und Literatur. Dt. Reihe. Minden/Westf. 1948.

Deuser, Hermann/Rybka, Knut: Kreuzzugs- und Minnelyrik. Interpretationen zu Friedrich von Hausen und Hartmann von Aue. In: WirkWort 21 (1971), S. 402–411.

Hatto, A. T.: The earliest extant Middle High German political songs: Friedrichs von Hausen 'Si welnt dem tôde entrunnen sîn' and 'Ich gunde es guoten frouwen niet'. In: Festschrift Fourquet. München/Paris 1969, S. 137–145.
Holtdorf, Arne: Friedrich von Hausen und das Trierer Schisma von 1183–1189. Zu Minnesangs Frühling 47,9ff. und zur Biographie des rheinischen Minnesängers. In: RheinVjbl. 40 (1976), S. 72–102.
Jungbluth, Günther, 'Mîn herze und mîn lîp diu wellent scheiden'. Zu Friedrich von Hausen MF 47,9. In: Euphorion 47 (1953), S. 239–259.
Kienast, Richard: Hausens Scheltlied MF 47,33 und der Sumer von Triere. SB Akad. d. Wiss. Berlin 1961, Nr. 3.
Ludwig, Otto: Die Rolle des Sprechers in MF 47,9. In: ZfdA 93 (1964), S. 123–132.
Maurer, Friedrich: Zu den Liedern Friedrichs von Hausen. In: Neuphilol. Mitt. 53 (1952), S. 149ff. – Abdr. in: Dichtung und Sprache des Mittelalters. Bern/München 1963, S. 80–94.
Rieckenberg, H. J.: Leben und Stand Friedrichs von Hausen. In: Archiv f. Kulturgesch. 43 (1961), S. 163–176.

Zur Kreuzzugslyrik Heinrichs von Rugge:

Brinkmann, Hennig: Rugge und die Anfänge Reinmars. In: Festschrift P. Kluckhohn u. H. Schneider. Tübingen 1948, S. 498–517.
Paus, F. J.: Das Liedercorpus des Heinrich von Rugge. Diss. Freiburg i. Br. 1965.
Pfeiffer, Franz: Heinrich von Rucke. In: Germania 7 (1862), S. 110ff.

Zur Kreuzzugslyrik Hartmanns von Aue:

Bayer, Hans: Hartmann von Aue. Die theologischen und historischen Grundlagen seiner Dichtung sowie sein Verhältnis zu Gunther von Pairis. Kastellaun 1978 (= Mittellat. Jahrbuch Bd. 15, Beiheft).
Blattmann, Ekkehard: Die Lieder Hartmanns von Aue. Diss. Freiburg 1966 (auch: Philolog. Studien u. Quellen 44. Berlin 1968).
Eis, Gerhard: Stammt das Kreuzlied 'Ich var mit iuwern hulden' von Hartmann von Aue? In: Euphorion 46 (1952), S. 276–279.
Fernis, Hans-Georg: Die Klage um den toten Herrn. Ein germanisches Motiv in höfischer Dichtung. In: Germ. Rom. Monatsschr. 25 (1937), S. 161–178.
Gutenbrunner, Siegfried: Hartmanns Ausfahrt im Zeichen des Evangelisten und des Täufers. In: ZfdPh 78 (1959), S. 239–258.
Jellinek, Max Hermann: Zu Hartmanns Lyrik. In: PBB 45 (1921), S. 59–71.
Jungbluth, Günther: Das dritte Kreuzlied Hartmanns. Ein Baustein zum neuen Hartmannbild. In: Euphorion 49 (1955), S. 145–162.
Kemper, Karl-Friedrich: Zum Verständnis der Metapher 'Kristes bluomen', Hartmann von Aue 210, 37. In: ZfdPh 90 (1971), Sonderheft, S. 123–133.
Kuhn, Hugo: Hartmann von Aue als Dichter. In: DU 5 (1953), S. 11–27.

Maschule, P.: Hartmanns Kreuzlieder und MF 206, 10–19. In: ZfdPh 35 (1903), S. 396–402.

Mertens, Volker: Kritik am Kreuzzug Kaiser Heinrichs? Zu Hartmanns 3. Kreuzlied. In: Stauferzeit. Geschichte, Literatur, Kunst. Hrsg. von R. Krohn, B. Thum, P. Wapnewski. Stuttgart 1978 (= Karlsruher kulturwiss. Arbeiten, Bd. I), S. 325–333.

Ohly, Friedrich: 'Desperatio' und 'praesumptio'. Zur theologischen Verzweiflung und Vermessenheit. In: Festschrift Höfler. Wien/Stuttgart 1976, S. 499–556.

Paul, Hermann: Zu Hartmanns Liedern. In: PBB 2 (1876), S. 172ff.

Sparnaay, Hendricus: Hartmann von Aue. Studien zu einer Biographie. 2 Bände. Halle 1933/38. Band I. Nachdruck 1975.

Sparnaay, Hendricus: 'Min her Salatin'. In: Germ. Rom. Monatsschr. 22 (1934), S. 477ff.

Sparnaay, Hendricus: Zu Hartmanns Kreuzzugslyrik. In: Sparnaay, Sprache und Literatur des Mittelalters. Groningen 1961, S. 79–94.

Stolte, Heinz: Hartmanns sogenannte Witwenklage und sein 3. Kreuzlied. In: DVjs. 25 (1951), S. 184–198.

Wentzlaff-Eggebert, Friedrich Wilhelm: Hartmanns Kreuzlied 'Dem kriuze zimt wol reiner muot'. In: Wege zum Gedicht. Hrsg. von Rupert Hirschenauer u. Albrecht Weber. München/Zürich 1956, S. 45–53. 7. erw. Aufl. 1968.

Zur Kreuzzugslyrik Albrechts von Johansdorf:

Bergmann, Robert: Untersuchungen zu den Liedern Albrechts von Johansdorf. Diss. Freiburg i. Br. 1963.

Bergmann, Robert: Albrecht von Johansdorf und seine Stellung im deutschen Minnesang. In: DU 19 (1967), S. 32–50.

Braune, Wilhelm: Zu Albrecht von Johansdorf. In: PBB 27 (1902), S. 69–72.

Fülleborn, Ulrich: Die Motive Kreuzzug und Minne und das Gestaltungsprinzip in den Liedern Albrechts von Johansdorf. In: Euphorion 58 (1964), S. 337 bis 374.

Hornoff, J.: Der Minnesänger Albrecht von Johansdorf. In: Germania 33 (1888), S. 385–437 und Germania 34 (1889), S. 75–112.

Meves, Uwe: Zur urkundlichen Bezeugung Albrechts von Johansdorf. In: Euphorion 75 (1981), S. 103f.

Pretzel, Ulrich: Die Kreuzzugslieder Albrechts von Johansdorf. In: Festschrift Hammerich. Kopenhagen 1962, S. 229–244.

Schirmer, Karl-Heinz: Rhetorisches im Kreuzlied Albrechts von Johansdorf: 'Die hinnen varn, die sagen durch got' (MF 89,21). In: Festschrift de Boor. München 1971, S. 229–253.

Zur Kreuzzugslyrik Reinmars von Hagenau:

Dittrich, Marie-Luise: Reinmars Kreuzlied MF 181, 13. In: Festschrift L. Wolff. Neumünster 1962, S. 241 f.

Maurer, Friedrich: Die 'Pseudoreimare'. Fragen der Echtheit, der Chronologie und des 'Zyklus' im Liedercorpus Reinmars des Alten. Heidelberg 1966 (= Abh. Heidelberger Akad. d. Wiss. Phil. Hist. Kl. 1).

Zu Otto von Botenlouben:

Jaehrling, Klaus Dieter: Die Lieder Ottos von Bodenlouben. Hamburg 1970 (= Geistes- u. sozialwiss. Dissertationen 5).

Krenig, Ernst G.: Otto von Botenlouben. In: Fränkische Lebensbilder 1. Würzburg 1967–1969, S. 33–45 (= Veröffentlichungen der Ges. f. fränk. Gesch. Reihe VII A).

Kröll, Joachim: Otto von Botenlouben. 1175/1177–1244. In: Fränkische Klassiker. Nürnberg 1971, S. 74–84.

Schuchard, H. K.: Der Minnesänger Otto von Botenlauben. Diss. Univ. of Pennsylvania. Philadelphia 1940.

Zu Hiltbolt von Schwangau:

Juethe, E.: Der Minnesänger Hiltbolt von Schwangau. Breslau 1913 (= Germ. Abhandlungen 44).

Pörnbacher, H.: Hiltbold von Schwangau. In: Lebensbilder aus dem Bayer. Schwaben 7 (1959), S. 12–22.

Pörnbacher, H.: Hiltbold von Schwangau. Der Minnesänger und seine Lieder. Mit einer Einf. v. H. Pörnbacher u. einem Vorwort v. H. Fischer. München 1962.

Zur Kreuzzugslyrik Neidharts von Reuental:

Beyschlag, Siegfried: Neidhart von Reuental in neuer Sicht.

Birkhan, Helmut: Zur Datierung, Deutung und Gliederung einiger Lieder Neidharts von Reuental. Wien/Köln 1971 (= Österr. Ak. d. Wiss., Philos.-hist. Kl. SB Bd. 273, Abh. 1).

Huschenbett, Dietrich: 'Der meie ist uf ein grüenez zwi gesezzen'. Zu Neidharts Sommer-Lied 21, III, 2. In: Österr. Literatur z. Z. der Babenberger. Vorträge der Lilienfelder Tagung 1976. Hrsg. v. A. Ebenbauer, F. P. Knapp, I. Strasser. Wien 1977 (= Wiener Arbeiten zur germ. Altertumskunde u. Philologie 10), S. 80–96.

Ruh, Kurt: Neidharts Lieder. Eine Beschreibung des Typus. In: SdLSM. Berlin 1974, S. 151–168.

Schneider, Jürgen: Studien zur Thematik und Struktur der Lieder Neidharts. Eine kritische Auseinandersetzung mit der Forschung. Neuansätze einer Interpretation der Liedaussagen unter literatursoziologischen Aspekten. Göppingen 1976 (= GAG 196/197).

Schweikle, Günther: Pseudo-Neidharte? In: ZdPh 100 (1981), S. 86–104.

Simon, Eckehard: Neidhard von Reuental. Geschichte der Forschung und Bibliographie. The Hague 1968 (= Harvard Germanic studies 4).

Simon, Eckehard: Neidhart von Reuental. Boston 1975 (= Twayne's world authors series 364).

Wenzel-Herrmann, E.: Zur Textkritik und Überlieferungsgeschichte einiger Sommerlieder Neidharts. Göppingen 1973 (= GAG 110).

Zu Rubin:

Kaiser, Gert: Beiträge zu den Liedern des Minnesängers Rubin. München 1969.

Zur Kreuzzugslyrik des Tannhäusers:

Kühn, Dieter: Tannhäusers Kreuzlied. Eine Anmerkung. In: Ges. Vorträge der 600-Jahrfeier Oswalds von Wolkenstein, Seis am Schlern 1977. 'Dem Edeln unserm sunderlieben getrewn Hern Oswaltten von Wolkchenstain'. Hrsg. v. Hans-Dieter Mück u. Ulrich Müller. Göppingen 1978, S. 301–307 (= GAG 206).

Leppin, Rena: Studien zur Lyrik des 13. Jhs.: Tanhuser, Friedrich von Leiningen. Göppingen 1980 (= GAG 306).

Mohr, Wolfgang: Tannhusers Kreuzlied. In: DVjs. 34 (1960), S. 338–355.

Moser, D.-R.: Die Tannhäuser-Legende. Eine Studie über Intentionalität und Rezeption katechetischer Volkserzählungen zum Buß-Sakrament. Berlin 1977 (= Fabula Supplement-Serie, Reihe B: Untersuchungen. Bd. 4).

Tervooren, Helmut: Zu Tannhäusers II. Leich. In: ZfdPh 97 (1978), S. 24–42.

Thomas, John Wesley: Tannhäuser: poet and legend. With texts and translation of his works. Chapel Hill: Univ. of North Carolina Pr. 1974, IX (= University of North Carolina studies in the Germanic languages and literatures Nr. 77).

Zur Kreuzzugsdichtung Walthers von der Vogelweide:

Bibliographie:

Scholz, Manfred Günter: Bibliographie zu Walther von der Vogelweide. Berlin 1969 (= Bibliographien zur deutschen Literatur des Mittelalters, Heft 4).

Untersuchungen:

Andretsch, Elmar: Dichtung und propagandistisches Kalkül – ein Hinweis zur politischen Lyrik Walthers von der Vogelweide. In: ABäG 11 (1976), S. 113–122.

Bayer, Hans: 'unkristenlîcher dinge ist al diu kristenheit sô vol'. Walther von der Vogelweide und die sog. Laienfrömmigkeit. In: ZfdPh 100 (1981), S. 47–86.
Beyschlag, Siegfried: Zur Überlieferungsgeschichte von Walthers Elegie. In: PBB(W) 82 (1960), S. 120–144.
Boesch, Bruno: Walter L. 63,32 und 124,1. In: ZfdPh 84 (1965), S. 1–6.
Bonath, Gesa: Zur Frage der Echtheit des Bognertons (Walther 78, 24–82, 10). In: Beiträge zur weltlichen und geistlichen Lyrik des 13. bis 15. Jhs. Berlin 1973, S. 9–39.
Bräuer, Rolf: Walthers Welt der Werte, Gedanken zum 750. Todesjahr Walthers von der Vogelweide. In: ZfGerm. Leipzig 2 (1981), S. 149–165.
Brunner, Wilhelm-Horst: Walthers von der Vogelweide Palästinalied als Kontrafaktur. In: ZfdA 92 (1963), S. 195–211.
Burdach, Konrad: Reinmar der Alte und Walther von der Vogelweide. 2. berichtigte Aufl. mit ergänzenden Aufsätzen über die altdt. Lyrik. Halle a. S. 1928. Nachdruck Hildesheim/New York 1976.
Clark, Susan L.: The ill-fated search for permanence: hand, river and crusade in Walter 124,1. In: MichGS 2 (1976), S. 36–46.
Egert, Eugene: Walther von der Vogelweides attitude to the clerg. In: ABäG 8 (1975), S. 59–83.
Ehnert, Rolf: Reimlisten und Statistiken zu den religiösen und politischen Gedichten Walthers von der Vogelweide. In: NeuphilMitt. 72 (1971), S. 608–648.
Gehrts, Heino: Bereitet ist das velt. Eine Anmerkung zu Walther 124,1. In: ZfdPh 94 (1975), S. 372–376.
Halbach, Kurt Herbert: Walther von der Vogelweide. 4., durchges. u. erg. Aufl., bearb. von Manfred G. Scholz. Stuttgart 1983 (= Sammlung Metzler, Bd. 40).
Heintz, Magdalena: Studien zur Religiosität Walthers von der Vogelweide. Diss. Frankfurt 1968.
Hoffmann, Werner: Walthers sog. Elegie. In: ZfdPh 87 (1968) Sonderheft, S. 108–131.
Jungbluth, Günther: Thesen zu einigen Waltherliedern. In: SdLSM. Berlin 1974, S. 101–112.
Kaiser, Gert: Die Reichssprüche Walthers von der Vogelweide. In: DU 28 (1976), S. 5–24.
Kralik, Dietrich von: Die Elegie Walthers von der Vogelweide. Wien 1952. In: Archiv 190 (1954), S. 89.
Krausse, Helmut K.: 'Jünger mensch und alter got'. Walthers Religiosität im Lichte der literarischen und religiösen Strömungen seiner Zeit. In: GQu 42 (1969), S. 331–342.
Marsh, Christopher: Walther von der Vogelweide: glossary of ethical terms. Diss. Durham 1970.
McLintock, D. R.: Walther's elegy. In: OGS 4 (1969), S. 1–11.
Maurer, Friedrich: Zu den religiösen Liedern Walthers von der Vogelweide. In: Dichtung und Sprache des Mittelalters. Bern/München 1963, S. 116–136 (= Bibl. Germ. 10).

Maurer, Friedrich: Zu den politischen und religiösen Liedern Walthers von der Vogelweide. In: SdLSM. Berlin 1974, S. 41–48.
Maurer, Friedrich: Zu Text und Form der 'Elegie' Walthers von der Vogelweide. In: Festschrift Bischoff. Köln/Wien 1975, S. 390–399.
Müller, Ulrich: Zu Walthers Her keiser, ich bin fronebote (L 12,6). In: ZfdPh 90 (1971) Sonderheft, S. 133–136.
Mundhenk, Alfred: Ist Walther der Verfasser der Elegie? In: DVjs 44 (1970), S. 613–654.
Nellmann, Eberhard: Walthers unzeitgemäßer Kreuzzugsappell. Zur Funktion der 'Her keiser'-Strophen des Ottentons. In: ZfdPh 98 (1979) Sonderheft, S. 22–60.
Niles, Bernd: Pragmatische Interpretation zu den Spruchtönen Walthers von der Vogelweide. Ein Beitrag zu einer kommunikationsorientierten Literaturwissenschaft. Göppingen 1979.
Obermeier, Siegfried: Walther von der Vogelweide. Der Spielmann des Reiches. Biographie. München/Wien 1980.
Pretzel, Ulrich: Zu Walthers Elegie (124,1 ff.). In: Festschrift Starck. 1964. The Hague 1964, S. 223–234.
Schupp, Volker: Septenar und Bauform. Studien zur Auslegung des 'Vaterunser', zu 'De Sigillis' und zum 'Palästinalied' Walthers von der Vogelweide. Berlin 1964.
Stamer, Uwe: Ebene Minne bei Walther von der Vogelweide. Studien zum gedanklichen Aufbau und zum Einfluß der Tradition. Göppingen 1976 (= GAG 194).
Swinburne, Hilda: Walther von der Vogelweide and the crusades. In: MLR 56 (1961), S. 349–353.
Wisniewski, Roswitha: Walthers Elegie (L 124,1 ff.). In: ZfdPh 87 (1968) Sonderheft, S. 91–108.

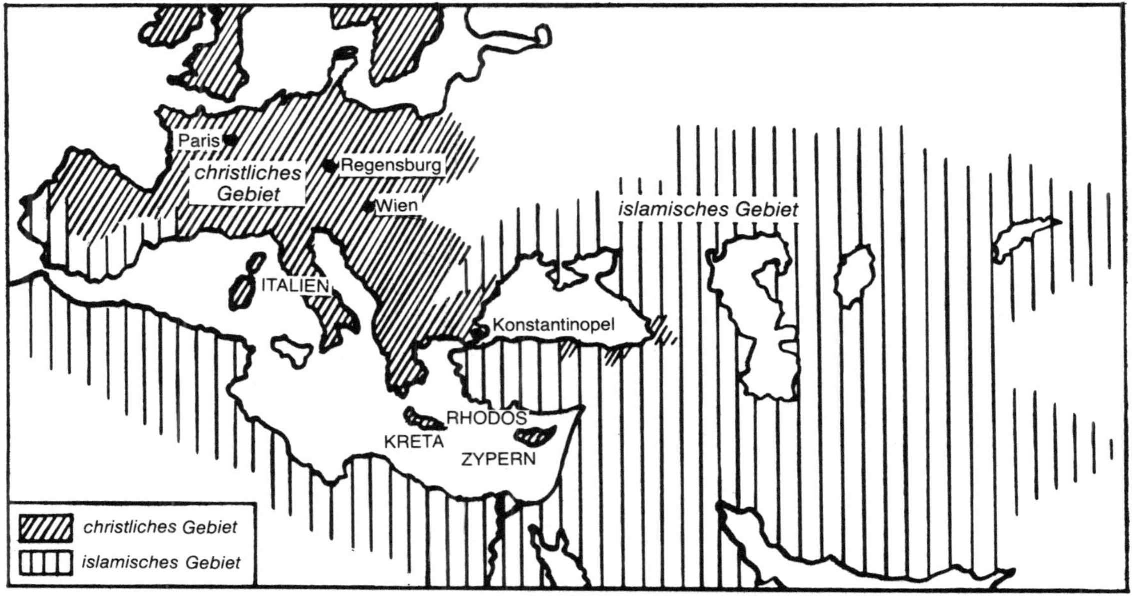

Verbreitung der christlichen und islamischen Religion zur Zeit der Kreuzzüge

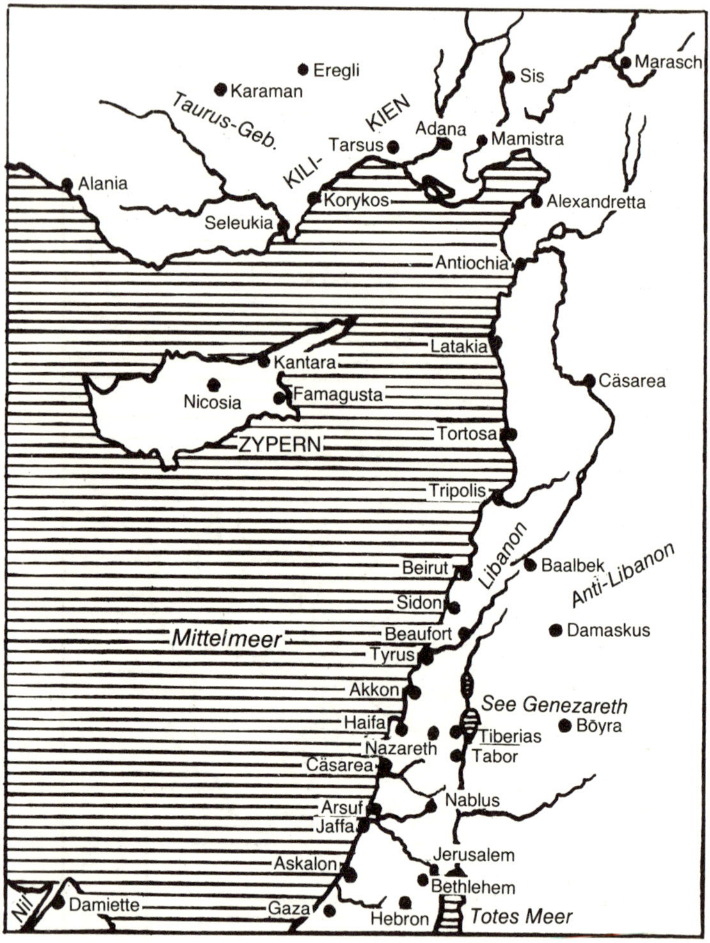

Umkämpfte Stätten im östlichen Mittelmeerraum zur Zeit der Kreuzzüge